國家圖書館出版品預行編目資料

明清文章總集分體與分類研究／蔣旅佳 著 — 初版 — 新北市：

花木蘭文化事業有限公司，2018〔民 107〕

目 2+214 面；19×26 公分

（古典文獻研究輯刊 二七編；第 13 冊）

ISBN 978-986-485-571-1（精裝）

1. 明清文學 2. 文學評論

011.08   107012293

ISBN-978-986-485-571-1

9 789864 855711

古典文獻研究輯刊

二七編　第十三冊   ISBN：978-986-485-571-1

明清文章總集分體與分類研究

作　　者　蔣旅佳

主　　編　潘美月　杜潔祥

總 編 輯　杜潔祥

副總編輯　楊嘉樂

編　　輯　許郁翎、王筑　美術編輯　陳逸婷

企劃出版　北京大學文化資源研究中心

出　　版　花木蘭文化事業有限公司

發 行 人　高小娟

聯絡地址　235 新北市中和區中安街七二號十三樓

　　　　　電話：02-2923-1455 ／傳真：02-2923-1452

網　　址　http://www.huamulan.tw 信箱 hml810518@gmail.com

印　　刷　普羅文化出版廣告事業

初　　版　2018 年 9 月

全書字數　165627 字

定　　價　二七編 24 冊（精裝）新台幣 46,000 元

明清文章總集分體與分類研究

蔣旅佳 著

作者簡介

蔣旅佳（1987～），男，安徽無爲人，中山大學中國語言文學系博士，武漢大學文學院博士後流動站助理研究員，現爲陝西師範大學文學院講師，主要從事中國古代文體學、文體分類學以及地域總集與地域文化方向研究。發表有《論宋代地域總集編纂分類的地志化傾向》、《中國古代總集文體分類研究的歷史、現狀與展望》等論文；主持教育部人文社會科學研究青年基金項目、博士後特別資助項目、博士後面上基金項目等課題。

提　　要

　　文章總集匯聚不同作者詩文作品成集，因此如何運用合理的編纂體例，來實現一部總集的編纂目的和實用功能，是編者最先考慮的重要問題。

　　以「分體」與「分類」兩種不同的視角，介入明清文章總集體例研究，在關注明清文章總集文體分類的基礎上梳理明清文章總集文體分類的演變歷史，把握文體分類的規律，探究文體分類的文學意義。同時，將「分體」與「分類」結合起來，明清文章總集除「分體編錄」外，尚有以人敘次、以時分類、以技敘次、以格編次等多種分類方式，體例複雜多樣，更多的總集分類往往雜糅兩個或兩個以上的方式標準；明清文章總集或借鑒類書體例，或取則地方志類目編次作品；本書在尊重明清文章總集分類體例豐富多樣化的基礎上，重點發掘不同的編次體例與分類方式所體現的分類思維、文學（文體）觀念，以及時代背景下所彰顯的文化意義。

　　附錄部分，明清文章總集以表錄形式呈現明清單本文章總集的類目體系。

本書係教育部人文社會科學研究青年基金項目
「中國古代總集分類體例研究」
（項目編號：17XJC751002）

陝西師範大學中央高校基本業務費專項資金項目
「宋元總集分體與分類研究」
（項目編號：17SZYB14）

中國博士後科學基金第 57 批面上資助項目
「明清總集分體與分類研究」
（編號：2015M572185）部分研究成果

本著作得到陝西師範大學 2017 年度人文社會科學學術
幫扶基金項目、陝西師範大學文學院 2017 年度青年英
才支持計畫資助

目

次

緒　言

　　中國古代總集的出現、形成乃至其概念和內涵的相對確定，經歷了一個長期的發展變化過程。傳統目錄著作的分類中，阮孝緒《七錄》最早設立「總集」類以區別於「楚辭」、「別集」、「雜文」；至《隋書・經籍志》「集」部「楚辭」、「別集」、「總集」三分，云：「總集者，以建安之後，辭賦轉繁，眾家之集，日以滋廣。晉代摯虞，苦覽者之勞倦，於是採摘孔翠，芟剪繁蕪，自詩賦下，各爲條貫，合而編之，謂之《流別》。是後文集總鈔，作者繼軌，屬辭之士，以爲覃奧，而取則焉。」〔註1〕可見，總集產生源於建安以後辭賦「轉繁」、別集「零雜難觀」，爲便於讀者研讀，編者則需「採摘孔翠，芟剪繁蕪」，按照一定體例標準編纂眾家作品成集。唐代以後，總集有了新的發展，《四庫全書總目》云：「文籍日興，散無統紀，於是總集作焉。一則網羅放佚，使零章殘什，並有所歸；一則刪汰繁蕪，使莠稗咸除，菁華畢出。固文章之衡鑒，著作之淵藪矣。」〔註2〕《四庫全書總目》在《隋書・經籍志》「總集類」設類命名的基礎上提出總集之博採和精選兩種類型，使得總集在具備爲讀者免除選擇文章寫作範本的盲目和勞倦，薈萃眾家作品以供學人學習之「文章衡鑒」的功能之外，亦有「網羅放佚」，歸納總結「著作之淵藪」的文獻保存功能。

　　總集之屬性即以匯聚不同作者詩文作品成集，因此如何運用合理的編纂體例來實現一部總集的編纂目的和實用功能，是編者最先考慮的重要問題。

〔註1〕　（唐）魏徵等：《隋書》卷35，北京：中華書局，1973年，第1089～1090頁。

〔註2〕　（清）永瑢等：《四庫全書總目》卷186，北京：中華書局，1965年，第1685頁。

一、選題緣起

中國古代總集的分類，至始至終並未有一個統一嚴格的分類依據與標準，除按「文體」區分之外，尚有以「主題事類」、「創作技法」、「修辭格目」、「時代作家」、「音樂類型」、「聲辭韻律」等多種方式，不同的總集編者出於不同的編纂思想和文學觀念選擇不同的分類方式，從而產生不同的類目名稱以及類目序列。

《隋書・經籍志》總集類錄書不以時代爲序，將編纂時間並非最早的《文章流別集》著錄「總集類」之首〔註3〕，並以其爲後世總集之「軌則」；《四庫全書總目》亦曰總集「體例所成，以摯虞《流別》爲始。」〔註4〕《文章流別集》選文外，兼有「志」、「論」。《晉書・摯虞傳》載摯虞「撰古文章，類聚區分爲三十卷，名曰《流別集》，各爲之論，辭理愜當，爲世所重。」〔註5〕可見，《文章流別集》在作品編排上採用「類聚區分」、「各爲之論」的體例方式，區分「賦」、「詩」、「頌」、「七」、「箴」、「銘」、「誄」、「哀辭」、「碑」等文體類別〔註6〕，分體編錄；同時，論述每一文體的起源、流變以及相關作品優劣得失，將文體分類的選文實踐與品鑒源流的辨體論述結合爲一體。《文章流別集》開啓了中國古代總集編纂體例之先河，是後世總集分類編纂體例之典範。

從摯虞《文章流別集》開始，總集「類聚區分」、「分體編錄」，即按文體類別編錄作品，成爲總集的基本編纂體例。惜《文章流別集》今已經不存，隨後蕭統在借鑒《文章流別集》分類體例的基礎上主持編輯了現存最早詩文總集《文選》，在中國文學史和總集編纂史上具有重要的地位和影響。歷代總集諸如《文苑英華》、《唐文粹》、《宋文鑑》、《元文類》、《明文衡》、《文章辨

〔註3〕 《隋書・經籍志》：「《文章流別集》四十一卷（梁六十卷、志兩卷、論兩卷、摯虞撰）、《文章流別志、論》二卷（摯虞撰）」。（唐）魏徵等：《隋書》卷35，第1082頁。

〔註4〕 （清）永瑢等：《四庫全書總目》卷186，北京：中華書局，1965年，第1685頁。

〔註5〕 （唐）房玄齡等：《晉書・摯虞傳》卷51，北京：中華書局，1974年，第1427頁。

〔註6〕 《論》所涉及文體有頌、賦、詩、七、箴銘、誄、哀辭、哀策、對問、碑、圖讖等。誠然，這十三體僅僅原集的一小部分，據統計，《後漢書》所著錄的文體就有四十餘種推測《文章流別集》所錄文體應在25類至41之間，必少於41類，見鄧國光：《摯虞研究》，香港：香港學橫出版社1990年版，第239～242頁。

體》、《文體明辯》、《古文辭類纂》、《駢體文鈔》等皆沿用《文章流別集》、《文選》分體編次的方式編纂作品〔註7〕。自是而後，總集與分類結下了不解之緣，歷代的總集大都有文必類，按類選文。特別是總集編纂與文體分類，從一開始便相因相成：總集編纂成為文體分類的胚胎，文體分類成為總集編纂的根據。〔註8〕「總集為書，必考鏡文章之源流，洞悉體制之正變，而又能舉歷代之大宗，束名家之精要，符斯義例，乃稱雅裁」〔註9〕。從編纂實踐層面來看，總集編纂需要文體辨析，溯各體之源流，明各體之正變，文體的分類是為總集編纂服務的。同時，總集作為文體分類的實踐性操作〔註10〕，又對文體分類學的興盛起著推動的作用，總集是文體分類淵藪。

　　從分類批評上看，後人在衡量一部總集編纂體例是否科學合理之時，必以考量其文體分類方式標準和文體類目序次是否合理為前提。毋庸置疑，歷代文學批評者對於總集文體分類失當而造成編纂體例乖舛多有批評。《明文海》共分體 28 類，各體之中細分子目，《四庫全書總目》批評其「分類殊為繁碎，又頗錯互不倫」；諸如「議」已別立一門而「奏疏」內復出此體等編纂體例，後人譏其「編次糅雜」〔註11〕之病。《文章辨體匯選》中有一體而兩出者，如「祝文」後既附「致語」，後復有「致語」一卷是也。有一體而強分為二者，如既有「上書」，復有「上言」，僅收《賈山至言》一篇；既有「墓表」，復有「阡表」；「記」與「紀事」之外，復有「紀」，「雜文」之外，復有「雜著」是也。有一文而重見兩體者，如王褒《僮約》，一見「約」，再見「雜文」；沈約《修竹彈甘蕉文》，一見「彈事」，再見「雜文」；孔璋《請代李邕表》，一見「表」，再見「上書」；孫樵書《何易於事》一見「表」，再見「紀事」〔註12〕。如此等等，《總目》皆一一列出，指出賀復徵文體分類不精之處。可見，總集編纂過程中，同一級次分類中應統一保持同一個分類標準，採用一種分類方式，不可「體」、「題」兼用；類目設置應注意命名的合理性，不可繁碎。

〔註 7〕　郭英德：《論歷代〈文選〉類總集的分體歸類》，《中國文化研究》，2004 年第 3 期。

〔註 8〕　郭英德：《中國古代文體學論稿》，北京大學出版社，2005 年，第 102 頁。

〔註 9〕　駱鴻凱：《文選學》，北京：中華書局，1989 年，第 12 頁。

〔註 10〕　呂逸新：《漢代文體問題研究》，濟南：齊魯書社，2011 年，第 130 頁。

〔註 11〕　（清）永瑢等：《四庫全書總目》卷 189，北京：中華書局，1965 年，第 1715 頁。

〔註 12〕　（清）永瑢等：《四庫全書總目》卷 189，北京：中華書局，1965 年，第 1723 頁。

清人章學誠以爲總集類例關乎「編輯撰次之得失」〔註 13〕，將文體類次與義例齊觀。《四庫全書總目》卷一九三《荊溪外紀》提要雖讚賞此書「採摭頗爲詳贍」，而後則批評其「惟詩以絕句居律體前，律體居古風前，稍失次；又四言亦謂之絕句，而七言古詩之外又別出歌行爲二門，亦非體例」。〔註 14〕以上這些批評，都可見出文體分類、類目次序與總集編纂體例的密切關係。

總集分類體例是否合理，不僅體現在其文體分類標準以及文體類目名稱設置上，文體類目的排序亦是重要方面。郭英德先生將歷代「文選」類總集中，各類文體「以類相從」所構成的文體序列大體遵循著「先文後筆」、「先源後流」、「先公後私」、「先生後死」、「先雅後俗」等基本規則，這些規則分別體現了文體排序的語體特徵、時間特徵、空間特徵、功能特徵和審美特徵，並各自根基於中國古代的學術文化分類觀念、「通古今之變」的歷史觀念、尊卑親疏的宗法觀念、「重生」「貴生」的傳統倫理觀念以及雅俗之辨的文化觀念。「文選」類總集文體排序在歷代總集的體類排序中具有普適性。〔註 15〕

「分體編錄」、以文體類別區分編次作品作爲總集最基本的編纂體例，在中國古代總集編纂史上佔有重要的作用，是研究中國古代文體與文體分類學的重要文獻材料。然總集作爲中華文化基本典籍的一種，編纂體例和分類方式呈現多樣化的特點：不同的編次體例與分類方式不僅與纂者的編纂思維、文學（文體）觀念密切相關，同時也受時代特點、文化傾向的影響。除「分體編錄」外，總集又有以「主題事類」劃分、以「創作技法」分類、以「音樂類型」分類、以「聲辭韻律」區分等多種分類方式。若將總集的分類體例局限於文體與文體分類學方向，而忽視總集編纂的其他分類方式所蘊含的文學與文化學意義，自不可取。因此在重點考察總集文體分類的同時，也應將其他分類方式納入研究視野加以整體觀照，顯得尤其重要。

合理的分類方式，不僅能夠幫助總集編者表達文學與文體觀念，實現編纂宗旨和目的，便於讀者取資檢索，同時還能在總集編纂體例上確立分類範式，爲後出總集分類方式的選擇提供借鑒。

〔註 13〕 章學誠著，葉瑛注：《文史通義校注》，北京：中華書局，1994 年，第 82 頁。
〔註 14〕 （清）永瑢等：《四庫全書總目》，北京：中華書局，1965 年，第 1766 頁。
〔註 15〕 郭英德：《論「文選」類總集文體排序的規則與體例》，《北京師範大學學報（社會科學版）》，2005 年第 3 期。

　　現存總集以明清時期最爲豐富，且大都完全保存編纂之時的分類原貌，
這爲我們考察總集分類提供給了最基本的文獻參照。誠然，《文章流別集》、《文
選》所確立的分類體例和分類實踐，後出總集多有仿傚。明清「分體編錄」
類總集在分類方式上固然受二者分類體例的影響，而在具體類目設置和分類
層級上卻與宋元總集更爲密切。明清總集延續宋元總集二級分類成果，在拓
展二次分類範圍、豐富二次分類方式以及建立多層分類結構等方面走得更
遠。在二級分類方式上，明清總集「分體編錄」類總集在延續宋元分類成果
基礎上，又有創新。明清一些總集的二級分類甚至出現了兼用兩種不同的分
類方式和標準的趨勢：《文體明辯》「詔」、「敕」、「箋」等體下分「古體」、「俗
體」2 類，則兼用以文體歷時發展的先後標準和文體審美趣味的「雅」、「俗」
標準。在分類層級上，明清「分體編錄」類總集也形成了多層分類結構，如
《文章辨體彙選》「記」體下二級類目「考工」、「敘事體」、「議論體」、「變體」、
「寓體」中，「敘事體」下再細分爲學宮、佛宇、神廟、祠堂、遺愛、官署、
古蹟、亭閣、園墅、遊覽、興復、圖畫、技藝、花石、雜記 15 類，可知，是
書亦建構了總集三級分類體系。除「分體編錄」之外，明清總集亦在宋元總
集分類基礎上，進一步豐富了中國古代總集分類編次方式。因此，以明清文
章分體與分類爲主題，深入研究總集分類體例，探究分類觀念，總結分類規
律，具有重要的文學意義。

二、選題研究的歷史回顧與研究現狀

　　21 世紀以前，圍於文章總集分體與分類研究尚未完全進入學術研究視
野，學者在論著中雖注意到總集分體與分類現象，但僅限於文獻描述階段。
薛鳳昌《文體論》第一章「歷代辨別文體的著作」中列舉了明清總集的文體
分類情況〔註 16〕。

　　郭紹虞先生於 1981 年提倡「文體分類學」（《復旦學報（社會科學版）》
1981 年第 1 期），隨後，王凱符《古代文章學概論》第六章對《文章辨體》、
《文體明辯》、《古文辭類纂》文體分類進行簡要概述〔註 17〕；徐召勛《文體
分類淺談》談及姚鼐和曾國藩的文體分類思想時簡單梳理《古文辭類纂》、

〔註 16〕薛鳳昌：《文體論》，北京：商務印書館，1934 年。
〔註 17〕王凱符：《古代文章學概論》，武漢：武漢大學出版社，1983 年。

《經史百家雜鈔》的文體分類情況〔註18〕；金振邦《文章體裁辭典》中有不少介紹明清總集分類的條目〔註19〕；褚斌傑《中國古代文體概論》附錄《古代文體分類》詳細列出《文章辨體》、《文體明辯》、《明文衡》、《經史百家雜鈔》、《涵芬樓古今文鈔》等總集的文體分類條目〔註20〕。楊春燕《清代文體分類論》以儲欣《唐宋十大家類選》、姚鼐《古文辭類纂》、曾國藩《經史百家雜鈔》爲例，論述清代文體分類情況，肯定了清人編纂總集文體分類所取得的成就〔註21〕。

值得注意的是，曾棗莊先生在《古籍整理中的總集編纂》一文中雖指出中國古代總集（特別是大型總集）具有「分類鎖屑，類目不清」、「體例不純，標準不一」〔註22〕的通病，然其主要目的在於通過回顧和檢討我國歷代編纂總集的體例得失，總結前人經驗教訓，更好地服務於當下總集整理編纂工作，而不涉及學術研究，故著眼於宏觀的整體描述，尚未涉及學術研究的精微探究。

新世紀以來，吳承學先生在「中國古代文體學之內涵與前景」專題研討會上明確提出了中國古代文體學學科構想，古代文體分類學與文體類型學研究作爲文體學史研究的重點開始走入學術研究視野〔註23〕。這一階段，明清文章總集分體與分類研究取得了一些研究成果如下：

第一，新世紀對於明清總集分體與分類研究，多以個案爲中心，集中於論述某一部總集的文體分類成就。

蹤凡《〈歷代賦匯〉的漢賦編錄與分類》（《天津社會科學》2004 年第 6 期）、吳承學先生與何詩海《賀復徵與〈文章辨體匯選〉》（《學術研究》2005 年第 5 期）、谷曙光《一部久被忽略的文體學集大成之作》（《北京大學學報（哲學社會科學版）》2005 年第 6 期）、仲曉婷《〈文章辨體〉的文體分類數目考》（《上饒師範學院學報》2005 年第 5 期）、蹤凡《〈文章辨體〉的分類與選篇》（《嶺南學報》2017 年第 1 期）、常恒暢《儲欣及其〈唐宋八大家類選〉》（《學術研

〔註18〕 徐召勳：《文體分類淺談》，合肥：安徽教育出版社，1986 年。
〔註19〕 金振邦：《文章體裁辭典》，長春：東北師範大學出版社，1986 年。
〔註20〕 褚斌傑：《中國古代文體概論》，北京：北京大學出版社，1990 年。
〔註21〕 楊春燕：《清代文體分類論》，《長沙大學學報》，1998 年第 3 期
〔註22〕 曾棗莊：《古籍整理中的總集編纂》，《四川大學學報（哲學社會科學版）》，1986 年第 3 期。
〔註23〕 吳承學、沙紅兵：《中國古代文體學學科論綱》，《文學遺產》，2005 年第 1 期。

究》2013 年第 4 期）以及高黛英《〈古文辭類纂〉的文體學貢獻》（《文學評論》2015 年第 5 期）、《〈古文辭類纂〉編纂體例之文體學意義》（《北京大學學報（哲學社會科學版）》2015 年第 3 期）等，即聚焦於明清時期一部重要的總集，在材料挖掘和體例闡釋的基礎上，探究總集的文體分類觀念和體例建樹。又如楊波《張之象與〈唐詩類苑〉》、楊雷《〈古詩類苑〉詩歌分類研究》（遼寧大學 2016 年碩士學位論文）關注到張之象編撰兩部總集採用「以類系詩」的編排方式，形成在類目的細化、題材的拓展與部類的整合等方面都更勝前人一籌的系統性的詩歌分類體系〔註24〕。

　　第二，一些研究者在個案研究的基礎上，開始關注明清總集類別研究。

　　學者們以某一類總集研究入手，在系統地梳理分類體例的基礎上，加以理論總結，得出共性的規律。郭英德先生以《文選》類總集爲例，論述明清總集分體史上「類分」與「類從」的兩種趨勢各自的文體學意義和學術價值；並從明清《文選》類總集二級分類出發，分析總集二級分類的基本體式及其分類原則與分類實踐，研究其與中國古代傳統思維方式之間的密切因緣關係〔註25〕。陳廣宏先生《中晚明女性詩歌總集編刊宗旨及選錄標準的文化解讀》通過解讀該時期女性詩歌總集分類標準，藉以究明這個時代以男性編刊者爲主所體現的女性意識及其文化意義〔註26〕。蔡燕梅《康熙時期明末清初尺牘總集編選研究》（復旦大學 2012 年碩士學位論文）總結歸納了明末清初尺牘總集按照主題、題材、功能等內在組成要素分門別類的方法。謝婉瑩《明代奏議集編纂研究》（安徽大學 2017 博士學位論文）概括歸納出明代奏議總集主要具有四種類目劃分方式，即「以事類劃分」「以朝代劃分」、「以人物劃分」、「以機構劃分」。

　　第三，研究者或以時爲斷，把研究視野集中在某一特定的歷史朝代，通過考察一個時期總集分類體例設置情況，探究該時期分體文類觀念及其文體學意義。

〔註24〕楊波：《張之象與〈唐詩類苑〉》，《中州學刊》，2011 年第 5 期。
〔註25〕郭英德：《中國古代文體學論稿》，北京：北京大學出版社，2005 年。
〔註26〕陳廣宏：《中晚明女性詩歌總集編刊宗旨及選錄標準的文化解讀》，《中國典籍與文化》，2007 年第 3 期。

　　吳承學先生《明代文章總集與文體學——以〈文章辨體〉等三部總集為中心》以明代《文章辨體》、《文體明辨》、《文章辨體匯選》三部總集為考察中心，高度肯定明代文章總集文體分類成就，具有集大成與開拓性的分類特點〔註 27〕。何詩海《從文章總集看清人的文體分類思想》肯定了清人文體歸類觀念的自覺及其在實踐上的成熟以及三級分類體系的確立在文體分類學史上具有深遠的意義〔註 28〕。

　　第四，明清地域總集編纂之風尤為興盛，體例形態日益。一些學者開始關注明清地域總集的分類體例與特色。

　　夏勇《地域總集研究的回顧與前瞻》（《杭州電子科技大學學報（社會科學版）》2017 年第 2 期）已對地域總集研究的學術史作相當系統回顧，此不贅述。一些論文或從某一部地域總集介入分類方式研究，或某一省域多部地域總集綜論整體的分類體例成就。前者，茶志高《〈滇南文略〉的成書、體例及文章評點》（《圖書館情報研究》2016 年第 1 期）以個案的形式論述《滇南文略》分類編次方式、文體排列順序；後者，李美芳《貴州詩歌總集體例安排芻論》（《貴州大學學報（社會科學版）》2013 年第 1 期） 綜合考察貴州詩歌總集分類體例，梳理不同分類方式所傳遞出的關注重點。蔣旅佳《從地方志到地域總集——論〈吳郡文編〉的選文分類新變》（《學術研究》2016 年第 6 期）、《地域文化視野下〈吳郡文編〉編纂分類研究——兼論吳郡地域總集分類的地方志化傳統》（《中國地方志》2016 第 10 期）等論文，從地方志與地域總集的編纂分類體例、錄文方式等方面所體現的文學觀念和文化意義進行一系列的研究，從個案分析到宏觀論述，為後續的地域總集分類體例文學研究提供一個相對可行的研究路徑。

三、明清文章總集分體與分類研究亟待解決的問題

　　明清是傳統學術與文學集大成的時代。作為中國古代總集編纂發展的最後一個階段，明清總集在編纂體例、分類方式等方面，都表現出集大成與新開拓並舉的特色。然而縱觀前人對於明清總集分類體例研究的歷史，雖取得

〔註 27〕 吳承學：《明代文章總集與文體學——以〈文章辨體〉等三部總集為中心》，《文學遺產》，2008 年第 6 期。

〔註 28〕 何詩海：《從文章總集看清人的文體分類思想》，《中山大學學報（社會科學版）》，2012 年第 1 期。

了一定的研究成果，但現代學術史對明清總集分類學的關注程度和研究成績，遠遠不能與之地位相稱。從整體上看，明清總集分類學研究還處於起步階段，存在不少盲點，這些都亟待我們去探索。下文擬就明清總集分類體例中具有重要學術價值，但未得學界關注或關注不夠充分的若干問題略陳淺見。

第一，基礎資料整理相當薄弱。

就僅有的一部分研究成果來看，前人對明清總集分類體例研究大多數還停留在通識的介紹敘述層面，缺乏細緻深入的理論分析；明清總集研究對象多集中於在少數的幾部學人所熟識、易於見到總集。相對於明清總集的龐大數量與巨大價值而言，現有的研究整理工作還相當滯後，目前無法確切地統計出明清總集存世和亡佚情況。一些在總集編纂分類體例上頗有成就的總集，至今尚未走進學術界的視野。研究資料的掌握不足，直接導致研究視野的拓展缺少推力。因此，眼下迫切需要對明清總集分類實踐作出基本的梳理，爲接下來的研究提供文獻依據。

第二，研究視野和格局尚不夠開闊。

現有成果多就事論事，以個案研究爲重點，所涉總集的種數依舊有限；即便是針對一部總集的個案研究，也還存在鑽探不夠深透、聯繫不夠廣泛的缺憾，而且相當數量的成果，存在重複研究的現象。宏觀視角的切入明顯不足，現有成果中雖已經注意到圈定相同類別的明清總集開展研究，但尚缺少整體把握，或就歷史朝代劃分研究對象，或以總集屬性擇取同類總集，沒能很好地做到通古今之變。

第三，受早期總集基本分類體例的影響，學者多關注總集按「文體」分類的編次方式，而於其他分類方式關注不足。

何詩海《明清文體學研究的學術空間》（《文學遺產》2011 年第 3 期）指出明清總集文體分類實踐在文體分類學史上具有獨特的貢獻與地位，應引起高度重視。吳承學、何詩海《文章總集與文體學研究》（《古典文學知識》2013 年第 4 期）提出總集的文體學價值，首先表現在文體分類上，分體編次的傳統，決定了古代文章總集在文體分類學上的研究價值。對於「分體」之外的總集其他的「分類」體例關注甚少。總集作爲中華文化基本典籍的一種，其在編纂體例上和分類方式上呈現多樣化的特點。明清總集初次分類所體現的分類依據與分類標準，除按「文體」區分之外，尚有以「主題事類」、「創作

技法」、「修辭格目」、「時代作家」、「音樂類型」、「聲辭韻律」等方式標準，不同的總集編者根據不同編纂目的選擇不同的分類方式，從而產生不同的分類類目以及類目排列序列。

四、明清文章總集分體與分類研究的前景展望

區別於傳統的總集研究側重正文本研究，關注文學作品體現的文學觀念與文獻價值角度，當下總集研究也應轉而對總集編纂中分類體例的設置及其所蘊含的分類觀念、文學意義、文學批評層面加以關注探究。針對上文所述的研究現狀，明清總集分類體例研究，可從以下幾個方面開展。

第一，加強文獻整理，撰寫明清文章總集分類體例敘錄。

明清存世總集之清單的開列，分類體例敘錄的撰寫，遺佚總集的鉤沉與考索，以及序跋、凡例、目次等文獻資料集成，是該研究得以順利進行的基本保障。明清總集分類體例敘錄，即全面搜集明清總集文獻資料，以個案為中心，通過闡釋總集作品分類的標準依據、分類級次建構、類目序列編排等問題來論述總集的分類特點，探究編纂者的分類觀念與文學思想，確立此本總集的分類建樹，來呈現單本總集分類全貌，建立起以「敘錄」為基礎明清總集分類體例文獻資料庫，便於後人檢索研究。

第二，個案研究，需要拓寬研究對象類型，同時加強細化研究。

當下明清總集分類體例研究成果幾乎多集中在少數幾部學界熟識的詩文總集和詩歌總集上，諸如詞總集、賦總集、樂府總集等（單體總集）以及包括地域總集在內的其他類型總集，則關注甚少。因此，需要全面拓展明清總集研究對象類型，將詩歌體裁之外的單體地域總集和眾多學術尚未觸碰的眾體詩文總集納入研究範圍，才能呈現出明清總集分類體例的整體特點。

由唐宋至明清，論及總集文體歸類，學人繁舉真德秀《文章正宗》、姚鼐《古文辭類纂》、李兆洛《駢體文鈔》、曾國藩《經史百家雜鈔》等文章總集，而明人《詞致錄》隻字不提。李天麟《詞致錄》錄漢晉至宋四六詞命之文，分「制詞」、「進奏」、「啟箚」、「祈告」、「雜著」五門，各門之中以文體分類，個別文體之下亦再分細目。由此可知，明代即有以「門」統攝文體並運用到總集分類之中。李天麟《詞致錄》「門」雖在總集分類結構中與後出《唐宋八大家類選》、《古文辭類纂》「類」所承擔的功能一樣，都是基於「文體」類目

之上高一級次的歸類概念，然而在實質的涵括文體容量層面卻遠非後者所能涵括。特別是《詞致錄》首次在總集分類中確立「門」這一凌駕於「文體」類目之上的更高級次類目，確立了門──體──類（大）──類（小）──作品四級分類結構；在宋眞德秀《文章正宗》以「辭命」、「議論」、「敘事」、「詩賦」四目涵括古今文體的基礎上以「制詞門」、「進奏門」、「啓箚門」、「祈告門」、「雜著門」之分，兼顧文體細化分類的同時進行文體歸類，爲清代文章總集分體歸類確立分類榜樣。「門」之概念至曾國藩之手用於包舉天下文章，在由「體」並「類」的基礎上，由「類」入門，確立起總集基於文體類目之上的二級歸類系統：即門──類──體。因此，現階段整體全面地梳理明清總集文獻材料，將其文體分類特點與文體分類實績一一整理論述，顯得尤爲重要。

第三，轉變研究思路，放寬研究視野，宏觀介入類型研究。

明清地域總集是一個值得探索的廣闊學術空間。明清以前，地域總集存世與亡佚總數不過六十餘中，而明代約有一百三十種，清代數百逾千種。目前學術界對明清地域總集分類體例關注不足，研究成果偏少。

宋代《會稽掇英總集》、《成都文類》取資地方志設置類目名稱，《宣城總集》、《吳都文粹》、《赤城集》則仿傚地方志類目體例編排作品。明清時期，宋代地域總集的這種編次體例和觀念得以繼承、發展，《吳都文粹續集》、《吳郡文編》即套用地方志類目編次詩文作品，並逐步定型、完善，建構起類目清晰、層次分明的分類體例〔註 29〕。由此可見，將明清地域總集分類體例與地方志類目設置關聯起來，來挖掘明清地域總集設置這種不同於傳統總集的分類體例背後所體現的分類觀念和文學認知，以及彰顯編纂者寄寓編纂地域總集彰顯地域風貌和弘揚地域文化價值功用的體例訴求，具有重要意義。

第四，明確「分體」內涵，從「異體」與「同體」兩個維度深化明清文章總集文體分類研究。

然從《隋書·經籍志》著錄總集數量上來看，單體總集約數十倍於眾體總集，則知單體總集是唐前總集編纂的基礎；從成書時間先後來看，多數單體總集又先於《文章流別集》而出，然其著錄順序卻位居其後。《隋書·經籍

〔註29〕 蔣旅佳：《論宋代地域總集編纂分類的地志化傾向》，《中山大學學報（社會科學版）》，2016 年第 3 期。

志》中總集的著錄順序，賦予《文章流別集》、《文選》類眾體總集相對重要的地位。《隋書·經籍志》著錄眾多唐前單體總集，現存唯有《玉臺新詠》等極少流傳下來為，其餘大多散佚不存；歷來對於單體總集的編纂體例研究多有忽略，相比之下，其關注和挖掘尚未眞正開始〔註30〕。單體總集的文體細化分類是明清總集文體分類的重要組成部分。

長期以來，學術史形成一個習慣性的認知，「文體分類」，一般意義上所指稱的是「多種文體」之間的分類，即採用一定分類方式和分類標準將涵括眾多文體的文學作品按文體類別加以分類。具體落實到總集的文體分類，通常將收錄眾體文體的總集作爲研究對象，研究其編纂時採用何種方式標準將眾多的文體加以「分體編錄」、「按體區分」，不同文體類目之間排列序次所反映的文體與文化觀念以及文體的次級分類所構成的分類框架等等問題所體現的文體分類學意義。相對來說，諸如《玉臺新詠》、「唐人選唐詩」、《樂府詩集》、《古賦辯體》等等單體總集則棄置於總集文體分類研究對象之外。值得注意地是，通過研究《文章流別集》、《文選》等眾體總集的編纂體例和文體分類，可以體現一定時期的文體觀念以及編者對於各種文體類別、文體功能性質以及文體間相互關係的全面探索。但，單體總集的編纂體例和分類方式在一定程度上則更多地表現出一定時期內某一種文體內涵的細化分類、題材拓展以及創作方式技巧的具體水平。

其實，這裡涉及到總集「分體」有兩個維度的認知問題，即「異體」分類和「同體」分類。「異體」分類，即關注總集編排不同文體樣式文學作品所採用的分類標準、分類方式、文體類目排列以及文體分類結構等問題。目前，學人多由此介入明清總集分類體例研究，且取得較多的研究成果。「同體」分類，則是以某一種具體文體爲考察，逐層挖掘文體內部細目的分類方式、類目排列、類目體系等分類現象。「同體」與「異體」分類，關注點各不相同，是總集文體分類兩個維度，缺一不可〔註31〕。

明清總集文體分類，一方面保持了傳統的發展態勢，另一方面又體現出鮮明的時代特色。明清「分體編錄」類總集在分類方式上固然受二者分類體例的影響，而在具體類目設置和分類層級上卻與宋元總集更爲密切。

〔註30〕 朱迎平：《單體總集編纂的文體學意義——以唐宋元時期爲例》，《中山大學學報（社會科學版）》，2013年第5期。

〔註31〕 蔣旅佳：中國古代總集文體分類研究的歷史、現狀與展望　J．中南民族大學學報（人文社會科學版），2015年第4期。

　　明清總集延續宋元總集二級分類成果，在拓展二次分類範圍、豐富二次分類方式以及建立多層分類結構等方面走得更遠。明清一些總集的二級分類甚至出現了兼用不同兩種分類方式和標準的趨勢：《文體明辯》「詔」、「敕」、「箋」等體下分「古體」、「俗體」2 類，則兼用以文體歷時發展的先後標準和文體審美趣味的「雅」、「俗」標準〔註32〕。在分類層級上，明清「分體編錄」類總集也形成了多層分類結構，如《文章辨體匯選》「記」體下二級類目「考工」、「敘事體」、「議論體」、「變體」、「寓體」中，「敘事體」下再細分爲學宮、佛宇、遺愛、官署、古蹟、亭閣、遊覽、技藝、花石、雜記等 15 類〔註33〕，建構了總集三級分類體系。

　　中國古代總集在長期的編纂實踐和文體論發展影響下，形成兩個方向的分類傳統，即以文體分中心，一是將文體類目作爲母體，運用題材內容、次級文體樣式、音樂元素、作家時代等等因素進行層層劃分，形成網狀發散的分類結構，即總集文體析類傳統；一是以文體類目爲構成元素，將一定文體按照一定的標準歸納綜合成類，再由類入「門」，即總集文體歸類系統。明清文章總集中，前者以《文體明辯》、《文章辨體匯選》爲代表，後者以《詞致錄》、《唐宋八大家類選》、《古文辭類纂》、《駢體文鈔》、《經史百家雜鈔》、《古今文綜》爲代表。

　　第五，關注「分體」外其他「分類」體例的文學觀念與文化意義。

　　總集作爲中華文化基本典籍的一種，其在編纂體例上和分類方式上呈現多樣化的特點。不同的總集編者根據不同編纂目的選擇不同的分類方式，從而產生不同的分類類目以及類目排列序列。僅南宋時期的文章總集，就有「以人敘次」、「按時編排」、「分體編錄」、「以技敘次」、「依格編次」、「按類四分」等多種分類體例，反映出編纂者獨特的關注視角和分類觀念，具有重要的文章學意義〔註34〕。明清時期總集分類方式更是日益豐富。

　　錢穀《吳都文粹續集》前四十五卷，以收錄文獻主題內容區分爲都邑、

〔註32〕　（明）徐師曾：《文體明辯》，《四庫全書存目叢書》第 310 冊，濟南：齊魯書社，1997 年。
〔註33〕　（明）賀復徵：《文章辨體匯選》，《景印文淵閣四庫全書》第 1402 冊，臺北：臺灣商務印書館，1986 年。
〔註34〕　蔣旅佳、汪雯雯：《科考視野下南宋總集分類的文章學意義》，《海南大學學報（人文社會科學版）》，2017 年第 2 期。

書籍、城池、人物、橋樑、市鎮、墳墓等 29 門〔註35〕；第四十六至五十六卷，則以「雜文」〔註36〕、「詩」、「詩詞」、「詩文集序」爲類目名稱，《補遺》上下卷皆爲「雜文」名之。顧沅《吳郡文編》共分志序、堤防、山水遊記、橋樑、學校、壇廟、僧寺、道院、第宅、園林、記事、贈送、慶挽、形狀、冢墓、書序、集序、書畫金石、雜文、賦等 26 類〔註37〕。《吳都文粹續集》與《吳郡文編》在同一級的分類中雜糅了按主題事類與按文體類別標準設置類目、分類編次作品，從表面上看是其在分類上有受自宋鄭虎臣《吳都文粹》以來吳郡地域總集分類體例傳統的影響因素。然最深層的原因還是基於地域總集與地方志之間的密切關係，從而使得地域總集在分類體例上趨向於借鑒地方志。〔註38〕

　　汪廷訥《文壇列俎》分十類：一曰經翼，二曰治資，三曰鑒林，四曰史摘，五曰清尚，六曰掇藻，七曰博趣，八曰別教，九曰賦則，十曰詩概〔註39〕。

〔註35〕　《四庫全書總目》著錄《吳都文粹續集》分類「二十一門」，今詳檢原文，實則爲二十九門，後人書目多沿其說而實誤。如《中國詩學大辭典》錄其門目爲：「一、都邑、書籍，二、城池、人物；三、學校，四、社學、義塾，五、風俗、令節、公廨，六、倉場，七、古蹟、驛遞，八、壇廟，九、書院，十、祠廟，十一、園池、第宅，十二、山，十三、山水，十四、題畫，十五、花果，十六、食品，十七、徭役，十八、寺院，十九、橋樑，二十、市鎮，二十一、墳墓。」（傅璇琮、許逸民等主編，浙江教育出版社 1999 年版，第 802 頁）。四庫館臣原只抄撮各卷卷首類目名稱爲一門，如卷一卷首類目爲「都邑、書籍」，館臣便合「都邑、書籍」爲門目一。今檢《續集》卷一所錄，自晉左思《吳都賦》始至明徐禎卿《弔故宮賦》終，數文皆爲吳郡「都邑」之賦，以「都邑」門屬之最善；而自朱長文《吳郡圖經》續記續始至卷末錢福《重刊〈吳越春秋〉序》止，皆爲吳郡書籍序跋之類，屬之「書籍」類最爲合適，由此觀來，「都邑」、「書籍」各爲一門目，故《續集》前四十六卷分類遠不止二十一門，實爲二十九門。

〔註36〕　《中國詩學大辭典》言「第四十九卷至五十二卷爲『雜文』，所收皆爲詩。」今據《景印文淵閣四庫全書》原文，則知第四十九卷、五十卷爲「詩」，五十一卷、五十二卷爲「詩詞」，有「詩」、「詩詞」兩個文體類目，並非「雜文」，且兩個類目之中，「詩」類所收皆爲詩歌作品，「詩詞」類亦有少量詞作錄入。可知《中國史學大辭典》著錄《續集》提要分類之說，失檢原文，誤。

〔註37〕　（明）錢穀編：《吳都文粹續集》，《景印文淵閣四庫全書》第 1386 冊，臺北：臺灣商務印書館，1965 年。

〔註38〕　蔣旅佳：《從地方志到地域總集——論〈吳郡文編〉的選文分類新變》，《學術研究》，2016 年第 6 期。

〔註39〕　（明）汪廷訥：《文壇列俎》，《四庫全書存目叢書》第 348 冊，濟南：齊魯書社，1997 年。

前八個類目名稱上看，其分類標準或以文章之出處，或以主題內容之關涉，或以文章辭藻華采之運用，紛繁不一，類目與類目之間完全不在一個分類層級上。至於　「賦則」、「詩概」兩類則又與前八類明顯不同，這是從以作品文體類別層面上區分。但值得注意的是，受總集編纂實用性目的的影響，其分類依據和標準的確立都是相對的。

　　總集繽紛多彩的分類現象背後隱藏著深刻的分類觀念，這是總集分類研究的重要內容。明清時期總集，將文章的文體類別、文章主題內容、文章之功能等等分類標準雜糅起來運用在同一級分類之中，背離了分類的同一性和排他性原則，而在實際運用上卻便於讀者檢索取則，而其分類觀念亦與地方志、類書等其他典籍分類體例密切相關。若僅將明清總集的分類體例研究局限於文體與文體分類層面，實質上忽略了總集編纂的其他分類方式所蘊含的文學與文化意義。

　　縮結而言，將明清總集做整體全面的分類觀照，梳理明清總集分類的發展歷史，探究總集繽紛多彩的分類現象背後隱藏的分類觀念，是當下明清總集分類體例研究的主要內容。除「分體編錄」之外，明清總集在宋元總集分類基礎上，進一步豐富了中國古代總集分類編次方式。在關注明清總集文體分類之外，注重其他「分類」方式。從外部文化透析的角度，將明清總集對於其他典籍編纂體例借鑒及其與文學思潮、文化現象的雙向互動關係進行分析，盡可能還原編者選擇具體分類體例歷史語境，以此使我們對明清總集分類有一個更為鮮活和準確的認識，亦是明清總集分類研究不可忽略的重要組成部分。在此基礎之上，將明清文章總集的分體與分類與宋元總集進行比較分析，見出明清總集在承繼前人分類體例基礎上如何超越建構，最終在中國古代總集分類史上確立起重要地位。

第一章　總　論

第一節　「異體」與「同體」分類

　　在進入總集文體分類研究之前，我們需要明確總集文體分類的具體內涵。這裡需要明確文體分類兩個維度，即「異體」分類與「同體」分類。

　　《文章流別集》、《文選》所開創的「按體區分」、「分體編錄」作品編次方式成為總集編纂最重要的體例，歷代總集沿用相承；其所代表的眾體總集，成為研究中國古代文體分類最為重要的文獻資料。長期以來，學術史形成一個習慣性的認知：「文體分類」僅僅就「多種文體」之間的分類而言，即採用一定分類方式標準，將涵括眾多文體的作品按其體類區分。具體落實到總集，即通常將收錄眾體文學作品的總集作為研究對象，研究其「分體編錄」的方式標準，不同文體類目之間的排列序次，文體分類所構成的級次框架，及其所體現的文體分類觀念等等。相對來說，諸如《玉臺新詠》、「唐人選唐詩」、《樂府詩集》、《古賦辯體》等單體總集，則往往棄置於總集文體分類研究的對象之外。誠然，通過研究《文章流別集》、《文選》等眾體總集的文體分類，可以體現一定時期的文體發展演變情況，以及編者對於各種文體類別、功能性質以及文體間相互關係的全面探索。但，單體總集的編纂體例和分類方式在一定程度上，更能體現出一定時期內某一種文體內涵的細化分類、題材拓展，以及創作技巧的具體水平。探究眾體總集的文體分類有利於宏觀上把握全部文體的整體發展水平，但具體文體的微觀深入研究亦是文體學和文體分類研究不可或缺的重要組成部分〔註1〕。

〔註 1〕　朱迎平：《單體總集編纂的文體學意義——以唐宋元時期為例》，《中山大學學報（社會科學版）》，2013 年第 5 期。

　　顧名思義，「異體」分類是指不同文體的分類，即我們通常意義上理解的文體分類，以收錄眾多文體作品的總集作爲研究對象。通過考察其編纂體例，特別是分類標準和分類方式、文體類目設置命名和排列序次、文體分類級次等方面，來分析總集文體分類所體現的分類觀念；文體類目名稱變動所反映的新舊文體交替變更，文體排序所反映的文體價值判斷和背後所隱藏的文化觀念，以及次級分類所建構的文體框架結構等等。諸如此類總集的文體分類，歷來頗受關注，也取得了一定的成果。

　　以眾體總集爲代表的「異體」分類，主要關注點在於宏觀上把握文體之間的差異，並運用一定標準和方式加以分類編次，而「同體」分類的關注視野則在微觀上以某一種特定的文體的細化深入分類作爲考察對象。

　　單體總集彙集某一種文體作品爲集，編者按照一定的分類標準和分類方式加以編次排列，使之具有一定的分類體例，便於學人檢索取則。不同的總集採用分類方式標準不同，其所反映的分類觀念亦可細加論述。一些文體在初次分類後進行再次分類，而分類方式可能不盡相同，由此形成文體內部細類結構，體現了文體縱向發展的深度。前文已述，「同體」分類是以某一種文體的細化分類作爲研究對象的。從這個層面上說，單體總集是「同體」分類最直接也是最主要的研究對象。此外，我們不能忽視的一點是，眾體總集最初如《文章流別集》、《文選》等採用「分體編錄」的同時，在一些文體之下亦採用了二級分類：現存《文章流別集》的「論」佚文以及相關文獻可知，摯虞在「詩」、「賦」、「頌」體之下又加以細分。其論詩，分三言、四言、五言、六言、七言、九言〔註2〕，論述諸言詩時以具體詩句作品爲例，並逐一標明其運用場合。賦分爲「古詩之賦」、「今之賦」兩種，「銘」分「器銘」、「碑銘」、「墓誌銘」〔註3〕等。摯虞於「詩」、「賦」、「頌」、「銘」等體下細分二級類目，在彰顯文體源流的同時，亦可見出文體的變遷和孳乳。《文選》「賦」、「詩」下有細分二級類目，賦分京都、郊祀、耕籍等十五小類，詩分補亡、勸勵〔註4〕、招隱、反招隱〔註5〕、遊覽、雜擬等二十三小類。《文章流別集》、

〔註2〕　（唐）歐陽詢撰，汪紹楹點校：《藝文類聚》卷56，上海：上海古籍出版社，1965年，第1018頁。

〔註3〕　（宋）李昉等：《太平御覽》卷590，北京：中華書局，1960年，第2657頁。

〔註4〕　歷來所見皆「勸勵」爲類，不知馬建智爲何改爲「勸勉」，見於《中國古代文體分類研究》，北京：中國社會科學出版社，2005年，第204頁。

〔註5〕　褚斌傑先生《中國古代文體概論·緒論》列爲22類，少了反招隱一類，見於《中國古代文體概論（增訂本）》，第21～22頁。

《文選》在經由初步的「異體」分類後，在某一具體文體又進行細化分類，這種文體內部的再次分類，於分類性質上與單體總集並無二致，且有其獨特的文體學意義：

首先，有助於細化文體分類。從《文選》「詩」、「賦」下細目名稱來看，除「詩」之「樂府」、「雜擬」等目，其他如「詩」之詠史、遊覽、詠懷與「賦」之京都、江海、鳥獸等，大致是按照題材內容細分類目的。《文選》「詩」、「賦」細分對於後之學者分類揣摩作品的影響十分明顯，而其題材內容分類也為後人拓展詩歌表現題材提供了參照和延伸的空間。逮及方回編《瀛奎律髓》，其分類則沿襲《文選》的詩歌分類傳統，將唐宋律詩大致依題材內容分「登覽」、「朝省」、「懷古」、「風土」、「升平」、「宦情」、「風懷」、「宴集」、「老壽」、「春日」、「夏日」、「秋日」、「多日」、「晨朝」、「暮夜」、「節序」、「晴雨」、「茶」、「酒」、「梅花」、「雪」、「月」、「閒適」、「送別」、「拗字」、「變體」、「著題」、「陵廟」、「旅況」、「邊塞」、「宮閨」、「忠憤」、「山岩」、「川泉」、「庭宇」、「論詩」、「技藝」、「遠外」、「消遣」、「兄弟」、「子息」、「寄贈」、「遷謫」、「疾病」、「感舊」、「俠少」、「釋梵」、「仙逸」、「傷懷」49 類。可見，眾體總集的二級分類成果被後之編者吸收，並運用於單體總集的分類之中。

其次，見出文體發展演變的歷程。《文章流別集》「詩之流也，有三言、四言、五言、六言、七言、九言。古詩率以四言為體，而時有一句兩句，雜在四言之間，後世演之，遂以為篇。」〔註6〕摯虞「詩」體之下按體式（詩句字數）來劃分次級分類，指出源流關係，推崇四言正體。又如「賦」：

> 賦者，敷陳之稱，古詩之流也。古之作詩者，發乎情，止乎禮義。情之發，因辭以形之；禮義之旨，須事以明之：故有賦焉，所以假象盡辭，敷陳其志。前世為賦者有孫卿、屈原，尚頗有古詩之義。至宋玉則多淫浮之病矣。《楚辭》之賦，賦之善者也。故揚子稱賦莫深於《離騷》。賈誼之作，則屈原儔也。〔註7〕

> 古詩之賦，以情義為主，以事類為佐。今之賦，以事形為本，以義正為助。情義為主，則言省而文有例矣；事形為本，則言當而辭無常矣。文煩省煩，辭之險易，蓋由於此，夫假象過大則與類相遠，逸辭過壯則與事相違，辯言過理則與義相失，麗靡過美則與情

〔註 6〕 （唐）歐陽詢撰，汪紹楹點校：《藝文類聚》卷 56，第 1018 頁。
〔註 7〕 （宋）李昉等：《太平御覽》卷 580，第 2644 頁。

相悖：此四過者，所以背大體而害政教。是以司馬遷割相如之浮説，

揚雄疾「辭人之賦麗以淫」。〔註8〕

摯虞因「賦」之「假象盡辭，敷陳其志」的性質分爲「古詩之賦」、「今之賦」兩類。孫卿、屈原之賦頗有古詩之義，發展至宋玉則多淫浮之病，因而後人每每指稱《楚辭》爲賦之善者。《文章流別集》賦體的古、今對比分類，在元祝堯《古賦辯體》中得到進一步的發展。

「異體」、「同體」分類概念僅是文體分類的兩個維度，以這兩個維度來研究總集文體分類時，切不能將此作爲總集研究對象畛域分明的劃分，而走向另一個研究誤區：即總集的「異體」分類指向眾體總集，而「同體」分類則僅限於單體總集。誠如上文所述，一些眾體總集經由「異體」分類後，在具體文體中又加以層層細化，形成文體分類的級次框架，舉凡此類總集針對具體文體加以細分類目，在分類性質上與單體總集並無二致，也是「同體」分類的研究對象。「異體」分類與「同體」分類，前者適用於諸多文體之間，而後者則限同一文體內部。因此，除單體總集作爲總集「同體」分類的最直接和最主要的研究對象之外，諸多進行次級分類的眾體總集也是「同體」分類所關注的重點。可見從歷代總集數量統計上看，「同體」分類所涉及的總集文獻遠遠多於「異體」分類，其研究範圍和基本內涵相對於「異體」分類來說，區別主要有以下兩點：

首先，分類標準和分類方式的豐富性與多樣化。

總集「異體」分類即通過辨析文體類別，將眾多作品按「文體」分類編次，其分類標準和分類方式趨於固定。而相對來說，總集「同體」分類的方式和標準則明顯呈現多樣化的特點。

或以「題」分類，即按照作品所反映的題材內容加以區分，諸如《文選》「賦」、「詩」體二級分類，唐顧陶《唐詩類選》〔註9〕、南宋趙孟奎《分類唐歌詩》以及張之象《唐詩類苑》皆以主題分類唐詩。

或按「體」區分，即按收錄作品的文體內在「體式」加以分類，如《松陵集》分「往體詩」（即古體詩）、「今體五言詩」、「今體七言詩」、「今體五七言詩」、「雜體詩」；高棅《唐詩品匯》分體爲「五言古詩」、「七言古詩」（長

〔註8〕 （唐）歐陽詢撰，汪紹楹點校：《藝文類聚》卷56，第1018頁。

〔註9〕 《唐詩類選》是按著題材加以分類的唐詩總集，已佚。《文苑英華》中現存《唐詩類選序》、《唐詩類選後序》二篇。

短句附)、「五言絕句」(六言絕句附)、「七言絕句」、「五言律詩」、「五言排律」、「七言律詩」(七言排律附)。

　　《樂府總集》採用以音樂曲調爲基礎的分類標準，將宋前樂府劃分爲「郊廟歌辭」、「燕射歌辭」、「鼓吹曲辭」、「橫吹曲辭」、「相和歌辭」、「清商曲辭」、「舞曲歌辭」、「琴曲歌辭」、「雜曲歌辭」、「近代曲辭」、「雜謠歌辭」、「新樂府辭」十二類。

　　或以「時(人)」序次，現存「唐人選唐詩」通常以人繫詩，以作家先後爲序。祝堯《古賦辯體》正集中將「古賦」按歷史朝代分「楚辭體」、「兩漢體」、「三國六朝體」、「唐體」、「宋體」5類，每類之中遴選數位賦家作品，編次成集。

　　或依「韻」編排，現存諸多唱和詩集多以「韻」編次作品。明康麟編《雅音會編》，以平聲三十韻爲綱，諸詩按韻分隸。此外尚有以「辭格」，以「節氣時令」，以「五倫綱常」分類等作品編次方式。

　　相對於「異體」分類標準的固定性來說，總集「同體」分類所採用的分類方式和標準不一，不僅不同總集分類方式大不相同，甚至一部眾體總集，針對不同的文體採用「同體」分類的標準也不一樣。「同體」分類更多時候並不遵循分類學的排他性和同一性原則，即每一次分類只能採用一種分類方式和一個標準，中國古代「同體」分類更多地採用兩個或兩個以上的標準，以至於分類產生的子目指代不清，而造成不同類別篇章作品相互雜糅的現象。

　　如《元詩體要》分體有「四言」、「騷」、「選」、「樂府」、「柏梁」、「五言」、「七言」、「長短句」、「雜古」、「言」、「詞」、「歌」、「行」、「操」、「曲」、「吟」、「怨」、「引」、「謠」、「詠」、「篇」、「禽言」、「香奩」、「陰何」、「聯句」、「集句」、「無題」、「詠物」、「五言律」、「七言律」、「五言長律」、「五言絕」、「六言絕」、「七言絕」、「拗體」類目，「或以體分，或以題分，體例頗不畫一。其以體分者，選體別於五言古，吟歎怨引之類別於樂府，長短句別於雜古體，未免治絲而棼。其以題分者，香奩、無題、詠物，既各爲類，則行役、邊塞、贈答諸門，將不勝載，更不免於掛漏。」〔註10〕。每一部總集每一次分類標準和分類方式所體現的分類觀念，以及文體縱向內化的發展程度是「同體」分類的研究範圍之一。

　　其次，門目命名的延續性與變動性。

〔註10〕　(清)永瑢等：《四庫全書總目》卷188，第1714頁。

不同的分類標準和分類方式，會產生不同的文體次級細目，其命名以及排序亦是「同體」分類的重要關注點之一。「異體」分類產生的文體類目是基於特定歷史時期文體發展實際情況的，如《文選》分體 39 類，《文苑英華》分體 38 類，《唐文粹》26 類，《文章辨體》59 類、《明文衡》41 類、《文體明辯》127 類、《明文在》46 類，不同時期總集文體類目的變更直接反映了文體發展演變情況，新文體的出現，舊文體的淡出，都可以在總集「異體」分類的文體類目上有直接的體現。某種文體一旦被命名確立則具有約定俗成的恆定性，除特定時代的稱謂，如《文苑英華》變更《文選》「移（移書）」為「移文」，變「彈事」為「彈文」之外，歷代總集文體分類皆相沿用。

「同體」分類，其文體細目命名設置雖有一定的歷史延續性之外，但在很大程度上亦有變動性。《文選》「詩」分 24 小類，《文苑英華》「詩」在《文選》24 類的基礎上又分天部、地部、帝德、應制、應令、應教、省試附州府試、朝省、樂府、音樂、人事、釋門、道門、隱逸、寺院附塔、酬和、寄贈、送行、留別、行邁、軍旅、悲悼、居處、郊祀、宿齋、祠堂、花木、禽獸 28 類；《文苑英華》「賦」分天象、歲時、地類、水、帝德、京都、邑居、宮室、苑囿、朝會、禋禮、行幸、諷諭、儒學、軍旅、治道、耕籍附田農、樂、鐘鼓、雜伎、飲食、符瑞、人事、志、射博弈、工藝、器用、服章、圖畫、寶、絲帛、舟車、薪火、獵漁、道釋、遊覽、哀傷、鳥獸、蟲魚、草木 40 類，二級類目遠遠豐富於《文選》「賦」分 15 類。《文苑英華》在沿用《文選》「賦」、「詩」類目的基礎上加以替換、增設，反映了唐代詩賦表現內容的擴展，而二級類目的設置也在一定程度上帶有編者主觀隨意性。

可見，「異體」與「同體」分類是總集文體分類兩個重要的維度，缺一不可。本文總集文體分類既在宏觀上關注文體之間的差異，亦在微觀層面上以某一種特定文體的細化深入分類作為考察對象。

第二節 「分體」與「分類」辨析

「分體編錄」作為總集最基本的編纂體例，在中國古代總集編纂史上佔有重要的地位，這些總集也成為研究中國古代文體與文體分類的重要文獻材料。然總集編纂體例和分類方式亦有多樣性。

　　《隋書‧經籍志》著錄的早期總集今多不存，但其編次分類方式大概可
考。《文章流別本》十二卷，此本或爲《文章流別》別本，曾經謝混刪，後人
轉寫遂成誤筆爲謝混撰〔註11〕。《續文章流別》，《北齊書‧文苑傳》記載此本
乃北齊文林館諸人所撰〔註12〕，舊題孔寧撰。二集今已不存，然一爲刪本，
一爲續本其編纂體例應與摯虞《文章流別集》無甚差距。今參以《文章流別
論》散佚條例，自可推論其文體分類情況大致與《文章流別集》相似。《隋書‧
經籍志》載南朝孔逭撰有《文苑》一百卷，今已不存。南宋王應麟《玉海》
卷54引用《中興書目》有關《文苑》記載「孔逭集漢以後諸儒文章，今存十
九卷。賦、頌、騷、銘、誄、弔、典、書、表、論，凡十屬。」〔註13〕以上
總集，則與《文章流別集》、《文選》分類體例大致相同，按「體」區分。《隋
志‧經籍志》著錄杜預《善文》、傅玄《七林》、陳勰《雜碑》和《碑文》等
匯聚某一體的文章總集，大致以主題內容類別分類。此外，《經籍志》著錄「婦
人」集的四部〔註14〕，因其編纂目的是爲女性提供專門讀物，所錄皆爲關涉
婦人事蹟之文〔註15〕，且多爲女性傳記，故而是類總集編次體例很有可能根
據收錄作品中關涉婦女事蹟的內容特點分類編次。「分體編錄」與按主題事類
分類編次之外，徐陵《玉臺新詠》或以作家時代先後編次，「唐人選唐詩」亦
多以「人（作家）」分類編次作品。

　　宋元明清時期，文章總集在承繼前人分類方式的基礎上，極大地豐富了
總集分類方式。總集所呈現的多樣化編次體例與分類方式，既是編者分類思
維和文學（文體）觀念的體現，同時也是時代特點、文化傾向的反映。

〔註11〕（清）姚振宗：《隋書經籍志考證》卷40，李萬健、羅瑛輯：《歷代史志書目
　　　　叢刊》（第六冊），北京：國家圖書館出版社，2009年，第372頁。
〔註12〕《北齊書‧列傳》著錄：「齊武平中，署文林館待詔者僕射陽休之、祖孝徵以
　　　　下三十餘人，之推專掌，其撰《修文殿御覽》、《續文章流別》等皆詣進賢門
　　　　奏之」。（唐）李百藥等：《北齊書》卷45，北京：中華書局，1972年，第624
　　　　頁。
〔註13〕（宋）王應麟：《玉海》卷54，南京：江蘇古籍出版社、上海：上海書店，1987
　　　　年，第1016頁。
〔註14〕《婦人集》二十卷（不著撰人）、《婦人集》三十卷（宋殷淳撰）、《婦人集》
　　　　十一卷（亡，不著撰人）、《婦人集鈔》二卷（不著撰人）。（唐）魏徵等：《隋
　　　　書》，第1082頁。
〔註15〕許雲和先生曾作《南朝婦人集考論》一文，考證所謂婦人集，即撰錄一些寫
　　　　婦女事蹟的文章成集以給後宮。詳見許雲和：《漢魏六朝文學考論》，上海：
　　　　上海古籍出版社，2006年。

分門別類的思想是認知水平發展演進的產物。最早對事物做出具體劃分的是《爾雅》。字書《爾雅》中十五篇釋有名物宮、器、樂、天、地、丘、山、水、草、木、蟲、魚、鳥、獸、畜等類。《周易》將事物分門別類，構建起一個有序的宇宙體系。魏晉南北朝所興起的類書分類體例即與《爾雅》分類方法相似，而影響到總集的分類。《隋書・經籍志》總集賦之屬及注解音訓圖譜共計有十八部〔註16〕，首錄謝靈運撰《賦集》、宋明帝《賦集》、無名氏《賦集鈔》、崔浩撰《賦集》以及殘本《續賦集》，後錄《皇德瑞應賦頌》、《五都賦》、《雜都賦》、《齊都賦》、《相風賦》、《迦維國賦》、《遂志賦》、《乘輿赭白馬》、《述征賦》、《神雀賦》、《獻賦》、《圍棋賦》、《觀象賦》、《洛神賦》、《枕賦》等收錄某一題詠對象的賦體總集。可見，將特定題材內容的賦體作品分類收錄成集已經成為總集纂者之通識。因而我們有理由猜測以上謝靈運《賦集》、宋明帝《賦集》、崔浩撰《賦集》等以「集」為名的賦體總集在具體作品編次上採用了以「題」分類的體例。逮及《文選》以題材內容類分「賦」為15細目，則開啓了總集以主題內容區分的分類體例。

宋孫紹遠編《聲畫集》八卷，將集中所錄唐宋題畫詩分「古賢」、「故事」、「佛像」、「神仙」、「仙女」、「鬼神」、「人物」、「美人」、「蠻夷」、「贈寫真者」、「風雲雪月」、「州郡山川」、「四時」、「山水」、「林木」、「竹」、「梅」、「窠石」、「花卉」、「屋舍器用」、「屏扇」、「畜獸」、「翎毛」、「蟲魚」、「觀畫題畫」、「畫壁雜畫」共二十六門；元方回《瀛奎律髓》選錄唐宋兩代五七言近體律詩，區分「登覽」、「朝省」、「懷古」、「風土」、「升平」、「宦情」、「風懷」、「宴集」、「老壽」、「春日」、「夏日」、「秋日」、「冬日」、「晨朝」、「暮夜」、「節序」、「晴南」、「茶酒」、「梅花」、「雪月」、「閒適」、「送別」、「拗字」、「變體」、「著題」、「陵廟」、「旅況」、「邊塞」、「宮闕」、「忠憤」、「山岩」、「川泉」、「庭宇」、「論詩」、「技藝」、「遠別」、「消遣」、「兄弟」、「子息」、「寄贈」、「遷謫」、「疾病」、「感舊」、「俠少」、「釋梵」、「仙逸」、「傷懷」49 類。

此外，宋元時期《樂府詩集》以樂府音樂類型為劃分依據，分類編次樂府歌詞。宋蒲積中編《古今歲時雜詠》將古來時令之詩，分為元日、立春、人日、上元、晦日、中和節、春社、寒食、清明、上巳、春盡日、端午、夏至、立秋、七夕、中元、秋社、中秋、重陽、初冬（立冬附）、冬至、除夕等二十八目，以「時令」、「節氣」編次詩歌。

〔註16〕　（唐）魏徵等：《隋書・經籍志》，第 1082 頁。

　　僅以南宋與科舉頗相關聯的總集分類來看，就有以「人」敘次分類（《增注東萊呂成公古文關鍵》）、以「時」分類編次（《崇古文訣》）、以「體」區分（《古文集成》）、以「類」分類編次（《文章正宗》）、以「技」敘次分類（《文章軌範》）以「格」分類編次（《論學繩尺》）六種分類編次方式。這其中「分體編錄」、「以時敘次」、「以人敘次」以及以主題事類這四種方式，前人總集多有運用，而以「技」、以「格」分類，則是宋人總集中最先使用的。這兩種分類方式根深於宋代文章學對於章法技巧的重視，以及科舉時文創作需要的雙重歷史文化語境，將此分類方式運用到《文章軌範》、《論學繩尺》作品編次中，更能體現編纂者在充分把握文章創作規律和讀者心理接受層次的基礎上，將創作技巧通過範文示例和評點注解結合起來的編纂用心，當然也更具實用性。

　　分類學的觀念是對事物作怎樣的分類，首先取決於研究的目的。研究的目的不同，分類的依據和分類的標準也隨之做出相應變化，自然劃分的類目也千差萬別〔註17〕。每一次分類中只允許採用一個分類依據和分類標準，是分類學的最基本原則〔註18〕。由於人的社會實踐活動內容意旨和功能目的豐富性，反映到文學創作上，即表現爲一篇文學作品同時具備多種內容意旨和功能目的，可以納入不同的類別之中。

　　宋以後，文章總集突破《文選》選文範圍，在單篇獨行的文章之外，大量節錄《左傳》、《國語》等史部文章，《莊子》、《淮南子》等先秦諸子之作也選錄在內。子、史文章的選錄，斷章以及篇章的重新命名，往往出現「同文異題」的現象，即同樣出處的文字在不同總集中擁有兩個或兩個以上的篇名；在此基礎上出現另外一種分類現象──「同文異體」，同一出處文字，在不同總集中被收錄不同的文體類型中。出於實用性的編纂目的，中國古代總集分類中出現了將不同的分類標準混合使用的趨勢。《文章正宗》「辭命」、「議論」、「敘事」、「詩賦」四分顛覆了傳統詩文總集以「文體」、「作家（時代）」、「題材內容」爲主的分類編纂方式，則將文體功用與文體類別並用。《文章正宗》依文章所反映具體內容的表達方式的不同，分「議論」、「敘事」兩類；又以文章運用的具體場合、領域和讀者對象等因素來揭示其實際功用的特點，確立「辭命」類，而「詩賦」則以文體形態分類劃分。《文章正宗》四分法將文

〔註17〕　陸儉明：《關於分類》，劉利民、周建設主編：《語言》第 3 卷，北京：首都師範大學出版社，第 17 頁。
〔註18〕　陸儉明：《關於分類》，第 18 頁。

章功用與表現方式（文章功能）以及文體形態綜合起來加以分類，與真德秀標舉選文「源流之正」，強調文章「明義理」、「切世用」之用的文學觀念，以及宣揚理學思想全面控制文壇的編纂目的是密切相關的〔註 19〕。當然，這種違背普適性分類原則的分類實踐實際上是為了方便後人寫作，能根據不同的寫作目的參考檢索到不同類別的作品。

歷代總集在編纂體例上和分類方式上呈現多樣化的特點：不同的編次體例與分類方式不僅與纂者的編纂思維、文學（文體）觀念有關，同時也受時代特點、文化傾向的影響。若將總集的分類體例局限於文體與文體分類視角，則容易忽視總集其他分類方式所蘊含的文學與文化意義，因此在重點考察其文體分類的同時也應將其他方式的分類納入研究視野，將總集分體與分類研究結合起來，這顯得尤其重要。

除「分體編錄」之外，明清總集亦在宋元總集分類基礎上，進一步豐富了中國古代總集分類編次方式。

明賀泰編《唐文鑒》雜採《唐書》及諸典籍所載奏議、表記策賦等有裨於風教者，匯為一集。林瀚序稱，宋陳石壁編有《兩漢文鑒》，呂祖謙編《文鑒》，「惟唐一代闕焉。」〔註 20〕可見是編欲與漢、宋《文鑒》並傳於世。與呂祖謙《宋文鑒》按文體類別分類編纂的體例不同，《唐文鑒》將李唐一代三百餘年名臣文士之文，按帝王朝代先後分為高祖朝、太宗朝、高宗朝、中宗朝、睿宗朝、玄宗朝、肅宗朝、代宗朝、德宗朝、順宗朝、憲宗朝、穆宗朝、敬宗朝、文宗朝、文宗朝、武宗朝、宣宗朝、懿宗朝、僖宗朝、昭宗朝二十類，各類選文數量不一。卷一高祖朝只選錄傅奕《請更革隋制》、李綱《諫不以伶人為近侍》、傅奕《請除佛法》、孫伏加《上言三事》和《諫責賊支黨》5篇文章，而憲宗朝之文則有 6 卷（卷 13～卷 18）73 篇，相對來說，憲宗朝收錄文章的文體類別涵括有策、論、奏記、書、碑、詩、表、祭文、題跋、傳、狀、原、序、箴、銘、議、說、解、頌、賦等。

明朱升編《風林類選小詩》分直致、情義、工致、清新、高逸、富麗、艷冶、淒涼、衰暮、曠達、豪放、俊逸、清潤、沉著、邊塞、宮怨、閨情、客況、離別、悲愁、異鄉、感舊、癡想、寄贈、慨歎、消遣、諷諫、頌善、

〔註 19〕 袁行霈：《中國文學史（第三卷）》，北京：高等教育出版社，1999 年，第 114 頁。

〔註 20〕 （明）林瀚：《唐文鑒序》，（明）賀泰輯：《唐文鑒》卷首，《四庫全書存目叢書補編》，第 11 冊，第 494 頁。

戲嘲、懷古、景物、風土、時事、樂府、風人、問答、摘句共三十八類。而附錄閨閣、仙鬼詩於末，實三十九門。

　　明郭鈇輯《石洞貽芳集》取正德中諸人有關石洞山之碑刻題詠及誌銘、狀序諸作匯成此編。是集以「芳音」、「芳紀」、「芳澤」、「芳傳」、「芳緒」五分，其中「芳音」集古詩附評釋，「芳紀」集記、序之文，「芳澤」錄書、銘、序等書瀚之文，「芳傳」集「時詠」諸作，「芳緒」則收錄石洞山景物二十六勝作品〔註21〕。

　　明沈易編《五倫詩》，五卷。《四庫全書總目》本分內外兩集，內集以「父子」、「君臣」、「夫婦」、「兄弟」「朋友」五倫分類，外集則分「睦族」、「並言」、「務本」、「尚志」、「比喻」、「警省」、「詩餘」七類，此本但有內集，闕後七卷。

　　明楊瞿崍編《嶺南文獻軌範補遺》六卷，是編在張邦翼《嶺南文獻》三十二卷基礎上增補成集，自序謂張刻詳於人，補則詳於事理。故其一改張書以文體分類編次之體例，分「事理疏議」（制敕附）、「理類雜文」、「事類雜文」、「理類語錄」、「事類語錄」等類。

　　明汪廷訥編《文壇列俎》十卷，所錄之文上及周、秦，下迄明代。汪廷訥博雅多通，「冥搜經子，捃摭玄釋，裒達人之短章，採英儒之鴻撰。漢、宋畢收，古今咸載。斯亦六觳九鼎，千珍百葉，總而為賓筵之獻也。擅文苑之大觀，極詞人之巨麗」〔註22〕汪廷訥《文壇列俎》廣搜博採之性質近於類書，而其分類亦與前人總集頗不相同。《文壇列俎》分十類：一曰經翼，二曰治資，三曰鑒林，四曰史摘，五曰清尚，六曰掇藻，七曰博趣，八曰別教，九曰賦則，十曰詩概。經翼類所錄之文「以闡繹經指為本」，要以詔迪芚迷，使經學者睹指識歸〔註23〕；治資類選錄「最關政要」之文，稟於前訓而附以今議〔註24〕；鑒林類取「立論之極精」者編次其中「用為心印」〔註25〕。史摘類擇錄《春秋左傳》、《史記》、《漢書》敘事議論尤佳者數十篇，以見史之一班。清

〔註21〕　（明）郭鈇：《石洞貽芳集總目》，《四庫全書存目叢書》集部，第 300 冊，第 833～839 頁。
〔註22〕　（明）焦竑：《文壇列俎序》，《澹園續集》卷 2，金陵叢書本。
〔註23〕　（明）汪廷訥編：《文壇列俎》卷 1，《四庫全書存目叢書》集部，第 348 冊，第 3 頁。
〔註24〕　（明）汪廷訥編：《文壇列俎》卷 2，第 65 頁。
〔註25〕　（明）汪廷訥編：《文壇列俎》卷 3，第 167 頁。

尚之文，即所謂「會心不遠者，其清風亦可挹也」〔註 26〕，因而莊誦，以袪鄙氣云。掇藻類以「鏤采流華」為準，而「燁燁明燦而無俾聖學主術者，又有論失中而文特新麗奇瑰為可愛」之說理刺事之文亦多收錄，蓋有合《文選》、《文章正宗》二書選文之未足之意〔註 27〕。博趣之文往往使人諷之可思、可解頤、可寄玄邈之象〔註 28〕，釋家、老莊與二氏誦說之文與及後世儒者為二氏指者之作視為「別教」〔註 29〕。從以上八個類目名稱上看，其分類標準或以文章之出處，或以主題內容之關涉，或以文章辭藻華采之運用，紛繁不一；類目與類目之間完全不在一個分類層級上。至於「賦則」、「詩概」兩類則又與前八類明顯不同，是從作品文體類別層面上區分。《文壇列俎》所分十個類別門目，所採取的分類標準不一，將文章的文體類別、文章主題內容、文章之功能等等分類標準雜糅起來運用在同一級分類之中，背離了分類的同一性和排他性原則。

明陳仁錫選評《奇賞齋古文匯編》二百三十六卷，根據選文出處分為「選經」、「選史」、「選子」、「選集」四類。各類再分細目，如「選經」類再以選文出處細分「周禮」、「儀禮」、「大戴禮」、「水經」、「太玄經」五類，「選集」類則分體編錄，有「賦」、「詔敕」、「詔制」、「詔冊」、「制書」、「哀冊」、「諡議」、「雜議」、「策問」、「策對」、「表」、「奏疏」、「判」、「檄文」、「頌」、「銘」、「贊」、「箴」、「誡」、「規」、「訓」、「序」、「論」、「記」、「啓」、「書」、「碑」、「行狀」、「傳」、「墓表」、「墓誌」、「弔古」、「祭文」、「雜著」三十五類。

地域總集編纂至宋代而興盛，其中一些總集如《會稽掇英總集》、《成都文類》等在借鑒《文選》等「分體編錄」類總集分類體例的基礎上，其二級類目命名設置已帶濃厚的地方志色彩；另一些總集如《吳都文粹》，其作品分類編次則以地方志（《吳郡志》）的類目設置與分類方式為參照，而具有了相對明確的分類意識，這為明清時期地域總集直接借用地方志類目體例分類編次作品打下了堅實的理論和實踐基礎。明清地域總集如《吳都文粹續集》、《吳郡文編》等仿傚《吳郡志》「平列門目」體例分類編次作品，並逐漸固定成地域總集最基本的體例之一。

不僅如此，明清分體編錄類總集外的其他總集，其分類在縱向上亦建立

〔註 26〕 （明）汪廷訥編：《文壇列俎》卷 5，第 401 頁。
〔註 27〕 （明）汪廷訥編：《文壇列俎》卷 6，第 451 頁。
〔註 28〕 （明）汪廷訥編：《文壇列俎》卷 7，第 533 頁。
〔註 29〕 （明）汪廷訥編：《文壇列俎》卷 8，第 626 頁。

了多層級的分類結構。明沈易編《五倫詩》，其內集一級分類以父子、君臣、夫婦、兄弟、朋友五倫類分詩作，各類之中再次分類，以詩歌「言」（字數）分類爲「五言」、「六言」、「七言」，視爲二級分類；「五言」、「七言」又依次按詩歌體式類別分類爲「古詩」、「絕句」、「律詩」、「長律」。《五倫詩》將詩歌按其倫理歸屬劃分爲五，各類倫理詩歌再按「言（字數）」不同分「五言」、「六言」、「七言」三種，「五言」、「七言」之下再以詩歌體式類別細分而形成三級分類結構〔註30〕。

　　本文的主要內容，即是在釐清「異體」與「同體」分類兩個維度的區別和聯繫之後，再將總集「分體」與「分類」結合起來，透過明清文章總集紛繁複雜的分類體例現象，分析其分類觀念，探究其分類的建樹，從而進一步總結其分類規律。正文除第一章「總論」外，第二章將「異體」分類與「同體」分類結合起來，考察分析明清分體編錄類總集的文體分類觀念；第三章第四章重點關注明清文章總集「樂府」、「賦」分類，注重單體總集的分類體例與分類觀念研究。第五章，通過梳理分析明清地域總集分類體例，發掘其編纂分類地方志化的文化意義。結語部分，總結歸納明清文章總集的分類趨勢和分類建樹。

〔註30〕　（明）沈易：《五倫詩》，《四庫全書存目叢書》集部，第 290 冊。

第二章 明清分體編錄類總集分類的文體學意義

傳統目錄學著作一般都將摯虞的《文章流別集》視爲總集編纂體例之始，《隋書·經籍志》、《四庫全書總目》等皆有此說〔註1〕。《文章流別集》開創運用的「類聚區分」〔註2〕、「分體編錄」〔註3〕之法在很大程度上實現了總集便捷讀者翻檢閱讀和作者取則學習的基本功能，因此而成爲總集的基本編纂體例。現存最早的詩文總集《文選》即用《文章流別集》分類體例編次作品，從而成爲後世總集分類體例的藍本。

第一節 《文選》與明前分體編錄類總集分類

蕭統秉承「事出於沉思，義歸乎翰藻」、「能文爲本」的選錄原則，收錄先秦至南朝梁時期作家一百三十人作品七百餘篇。在編纂體例上，堅持「凡

〔註1〕《隋書·經籍四》：「總集者，以建安之後，辭賦轉繁，衆家之集，日以滋廣，晉代摯虞苦覽者之勞倦，於是採摘孔翠，芟剪繁蕪，自詩賦下，各爲條貫，合而編之，謂爲《流別》。是後文集總鈔，作者繼軌，屬辭之士，以爲覃奧，而取則焉。」（唐）魏徵等：《隋書》卷35，第1089～1090頁；《四庫全書總目》「總集類序」曰：「文籍日興，散無統紀，於是總集作焉。……《三百篇》既列爲經，王逸所裒又僅《楚辭》一家，故體例所成，以摯虞《流別》爲始。其書雖佚，其論尚散見《藝文類聚》中，蓋分體編錄者也。」（清）永瑢等：《四庫全書總目》卷148，第1267頁。

〔註2〕（唐）房玄齡等：《晉書·摯虞傳》卷51，第1427頁。

〔註3〕（清）永瑢等：《四庫全書總目》卷186，第1685頁。

次文之體，各以匯聚」的作品分類方式，又因「詩賦體既不一」，故「又以類分。類分之中，略以時代相次」〔註4〕。

一、《文選》分類體例範式的確立與影響

　　蕭統《文選》初次分類以文體類別「分體編錄」，除「詩」、「賦」外，其餘三十七類文體下直接按時間先後編次作品。「詩」、「賦」收錄作品數量眾多，為便捷檢索閱讀，蕭統進行了二次分類。總體來說，「詩」、「賦」體下二級分類大致以作品的主題事類區別分類，但「詩」中個別類目兼用以「體」區分的標準。這說明其二級分類並沒有執行嚴格統一的分類標準。

　　「賦」、「詩」二級分類於體裁之下再以作品題材、內容劃分細目，這與傳統目錄學分類著錄之法頗有關聯。劉歆在《七略》雜賦類分「客主賦」、「雜行出及頌德賦」、「雜四夷及兵賦」等 12 種，則是以「賦」體作品的主題內容分類設置。《文選》詩賦體下以「題材內容」進行二級分類，在一定程度上是借鑒了類書的編纂體例。〔註5〕通過考察《文選》成書前後蕭梁皇室所編纂的總集和類書情況，便可進一步瞭解編纂主體的文化心態和編纂宗旨。〔註6〕

　　《文選》作為現存最早的文章總集，後世流傳和接受頗廣，在中國古代總集發展史上具有重要地位。《文選》採用「次文之體，各以匯聚」這一按文體類別分類編排作品的體例，所分各文體類目按照一定的順序加以排列，「詩」、「賦」體下再以「類」分，各體類之下作品按作者時代先後編次。《文選》在借鑒前人文體分類成果的基礎之上將「分體編錄」運用到總集編纂中，最終成為一部不朽的經典，深刻地影響著後世文章總集的編纂分類。歷代總集諸如《文館詞林》、《文苑英華》、《唐文粹》、《宋文鑒》、《五百家播芳大全文粹》、《元文類》、《文章辨體》、《明文衡》、《文體明辯》、《明文在》等皆沿用《文選》的選錄方式與選文範圍、分類歸類、體類排序的規則、分類的體式與原則（次級分類）等體例。

〔註4〕　（梁）蕭統編、（唐）李善注：《文選》卷首，第 1〜2 頁。

〔註5〕　方師鐸：《傳統文學與類書之關係》，天津：天津古籍出版社，1986 年，第 107 〜118 頁。

〔註6〕　屈守元：《略談〈文選〉成書前後蕭梁皇室所纂輯的一些類書和總集》，《文史雜誌》，1991 年第 51 期。

二、明前分體編錄類總集的分類觀念

　　褚斌傑先生《中國古代文體概論》（1990 年增訂本）以附錄的形式列舉了歷代有關文體分類方面的文獻資料，並對《文選》、《文苑英華》、《樂府詩集》、《唐文粹》、《宋文鑒》、《元文類》、《文章辨體》、《文體明辯》、《明文衡》、《唐宋十大家類選》、《宋文苑》、《古文辭類纂》、《駢體文鈔》、《六朝文絜》、《經史百家雜鈔》、《涵芬樓古今文鈔》等總集的文體分類細節進行了總結〔註7〕。郭英德先生以《文選》類總集爲考察，在《中國古代文體學論稿》中，製成「歷代《文選》類總集文體分類對照表」〔註8〕。一般說來，學界對以上總集的分類文體數目已達成共識。當然，分別學者所據版本或統計方法之別而產生的差異，我們姑且擱置不議。《文選》分體 39 類〔註9〕，《文苑英華》分爲38 類〔註10〕，《唐文粹》分體 20 類〔註11〕，《宋文鑒》分體 54 類〔註12〕，《元文類》分體 43 類〔註13〕，《五百家播芳文粹大全》（《宋人珍本叢刊》一百五十卷本）分體 32 種〔註14〕，《天下同文集》分體 28 類〔註15〕。

〔註7〕　褚斌傑：《中國古代文體概論（增訂本）》，第 484～511 頁。

〔註8〕　郭英德：《中國古代文體學論稿》，第 123～131 頁。

〔註9〕　類目有：賦、詩、騷、七、詔、冊、令、教、策文、表、上書、啓、彈事、箋、奏記、書、移、檄、對問、難、設論、辭、序、頌、贊、符命、史論、史述贊、論、連珠、箴、銘、誄、哀、碑、墓誌、行狀、弔文和祭文。

〔註10〕　類目有：賦、詩、歌行、雜文、中書制誥、翰林制詔、策問、策、表、判、箋、狀、檄、露布、彈文、移文、啓、書、疏、序、論、議、連珠、喻對、頌、贊、銘、箴、傳、諡哀冊文、諡議、誄、碑、誌、墓表、行狀、祭文。

〔註11〕　類目有：古賦、古調、頌、贊、表、書、疏、狀、制策、文、論、議、古文、碑、銘、記、箴誡銘、書、序、傳錄紀事。

〔註12〕　類目有：賦、律賦、詩、騷、詔、敕、赦文、冊、御劄、批答、制、誥、奏疏、表、箋、箴、銘、頌、贊、碑文、記、序、論、義、策、議、說、戒、制策、說書、經義、書、啓、策問、雜著、對問、移文、連珠、琴操、上樑文、書判、題跋、樂語、哀辭（附誄）、祭文、諡議、行狀、墓誌、墓表、神道碑表、神道碑銘、神道碑、傳、露布。

〔註13〕　類目有：賦、騷、樂章、四言詩、五言詩、樂府歌行、七言古詩、雜言、雜體、五言律詩、七言律詩、五言絕句、七言絕句、詔敕、冊文、制、奏議、表、箋、箴、銘、頌、贊、碑文、記、序、書、說、題跋、雜著、策問、啓、上樑文、祝文、祭文、哀辭、諡議、行狀、墓誌銘、墓碑、墓表、神道碑、傳。

〔註14〕　類目有：表、箋、啓、狀、制誥、奏狀、奏劄、上皇帝書、書、疊幅小簡、劄子、尺牘、青詞、疏、祝文、婚書、生辰賦頌詩、樂語、勸農文、檄文、雜文、上樑文、祭文、挽詞、記、序、碑、銘、贊、箴、頌、題跋。

〔註15〕　類目有：制誥、表箋、獻書、歌頌、記、碑、序、賦、論、傳、書、啓、牒、狀、說、贊、頌、箴、銘、題跋、祝文、祭文、辭、誌碣、墓誌、雜著、詩、詞。

（一）文體類目數量與明前文章總集分類趨勢

從前述總集文體類目的名稱數量上看，從六朝時期《文選》39 類，到宋代《文苑英華》38 類、《古文苑》19 類、《唐文粹》20 類、《宋文鑒》54 類、《聖宋名賢五百家播芳大全文粹門類》32 類，再到元代《元文類》43 類、《天下同文集》28 類。明前「分體編錄」類總集文體分類雖體目數量多少不一，但總體呈現出分類越來越精細，類目越來越繁多的趨勢。明前「分體編錄」類總集文體分類之所以呈現這種趨勢，原因有二：一是文學創作中新文體不斷出現，二是宋元文學批評中辨體意識的增強。文學創作中新文體的出現和定名，在一定時期內得以傳播和接受，總集是最為集中的體現方式之一。反映到「分體編錄」型的總集之中，則是新的文體類目得以確立。而在文學批評上，隨著辨體意識高漲，文體之間的界限愈加分明，文體區分更加細密，在總集編纂中文體類目也更加豐富。

雖明前《文選》類總集在分類體例上借鑒《文選》「分體編錄」的形式編次作品，其文體分類大致呈現「趨繁」的發展態勢，然具體的分類實踐所產生的文體類目各有不同。一些基礎文體諸如「賦」、「表」、「箋」、「書」、「序」、「論」、「贊」、「頌」、「箴」、「銘」、「碑文」、「誄」、「祭文」等在後世大多數總集中均有出現〔註16〕。而另一些文體如「判文」、「律賦」、「字說」、「日記」等類目在特定歷史時期總集中才被確立下來，還有一些文體類目如「令」、「教」、「史述贊」等在《文選》中確立成類，後世總集不再選錄〔註17〕。吳承學先生從文體學的角度考察宋代文章總集，指出「宋代文章總集具體而準確地反映出宋人的文體觀念以及相關的文學觀念。從新、舊文體的衍生、變遷來看，唐宋新文體的出現、定名、傳播和接受，正是通過宋代文章總集的編錄得以集中體現。一些文體的邊緣化、演變、增殖以及文體內涵的變化，

〔註16〕 個別文章總集在選文上不錄「詩」、「賦」，則不在統計範圍之內，如《文章辨體匯選》。

〔註17〕 郭英德先生曾參照《文苑英華》、《唐文粹》、《宋文鑒》、《元文類》、《文章辨體》、《明文衡》、《文體明辯》、《明文在》文體類目，將《文選》39 類文體分體歸類為 6 種類型：（1）古有定名、歷代相承不變的文體，賦、表、箋、書、移、檄、序、頌、贊、論、連珠、箴、銘、行狀。（2）古有定名、後世衍生繁滋的文體，《文選》有詩、碑文、墓誌。（3）古有定名、歷代分合有異的文體，騷、七、詔、冊、策、上書、啟、彈事、對問、誄、哀、弔文、祭文。（4）古有定名、後世未再列類的文體，令、教、奏記。（5）始立其名、後世併入他類的文體，難、設論、辭、符命。（6）始立其名、後世未再列類的文體，史論、史述贊。

也在文章總集的編纂中反映出來。」〔註18〕因此，每一部總集在借鑒《文選》分類方式的基礎上都形成一個文體分類個案。從明前《文選》類總集文體類目出發，通過對比分析，可以考察新舊文體變遷、文體增殖以及內涵變化所體現的文體觀念。

（二）文體類目變遷與文體的衍生和消亡

　　《文苑英華》一級文體類目與《文選》完全相同的有二十種。有一些文體名稱因時代等因素略有變化，如《文選》中的「彈事」、「移（移書）」，在《文苑英華》中則分別為「彈文」、「移文」。《文選》「墓誌」體下僅選任彥升《劉先生夫人墓誌》一文，而《文苑英華》中的「誌」體中收錄大量的「墓誌文」。《文苑英華》所分「雜文」、「狀」、「露布」、「喻對」、「疏」、「議」、「傳」等體，《文選》並未收錄。值得注意的是，一些在《文選》中獨立成類的文體如「七」、「騷」、「辭」等，在《文苑英華》中不再立類，而統歸於「雜文」。《文苑英華》在《文選》「墓誌」之外，增設「墓表」一體。《文選》僅有「策文」，《文苑英華》則有「策問」、「策」。總的來說，《文苑英華》中這些文體名稱的沿用、變更，反映了這一時期不同文體的創作情況，同時也體現了文學觀念的演變。《文苑英華》中「中書制誥」、「翰林制詔」、「諡哀冊文」「諡議」則是《文苑英華》首次命名的文體名稱。「歌行」、「記」、「判」，《文苑英華》最先在總集中將其立類，後人總集多有沿用。

　　《宋文鑒》54 類文體中於朝廷下行文體「詔」、「敕」、「赦文」、「冊」類之外，卷33 立「御箚」、「批答」類，細分「墓誌」、「墓表」、「神道碑表」、「神道碑銘」、「神道碑」等門類。《宋文鑒》在《文選》一級類目基礎上進行增刪替換，是文體的發展演變以及文學創作上的古今差異在總集文體分類上的直接體現。在文體發展的過程中，一些文體趨於衰弱，甚至消亡，而另一些文體逐漸興起和繁盛。如《文選》中的「七」、「檄」體，《宋文鑒》不再列目，而原先《文選》「上書」、「彈事」類亦已經被「奏疏」、「表」、「書」相近文體類目所取代。《宋文鑒》立「律賦」，選取因唐宋科舉考試而產生的律賦十九篇，單列為一類，從賦類中分出來。除「律賦」之外，《宋文鑒》收錄了另一科舉文體——「經義」，值得注意的是，「律賦」和「經義」歷代總集收錄不

〔註18〕吳承學先生：《宋代文章總集的文體學意義》，《中國社會科學》，2009 年第 2 期。

多。《宋文鑑》收錄「上樑文」、「樂語」等民間實用文體,並首次將「雜著」和「題跋」作爲文體類別收錄,這些都是《宋文鑑》一級分類的特別之處。

《聖宋名賢五百家播芳大全文粹》一百五十卷收錄的「劄子」、「青詞」、「婚書」、「生辰賦頌詩」、「勸農文」等文體類目,前人總集未見載錄。

周南瑞《天下同文集》卷二十三收錄盧摯《移嶺北湖南道肅政廉訪司乞致仕牒》一文,標注爲「牒」類。魏晉時期,各不相屬的官府之間多用「牒」文磋商政事。唐、宋時期,牒已經成爲重要的公文文體。宋朝六部之間往來文移多用公牒。據《元典章》記載,元代平牒一般用於不相隸屬、品級相當差三級之內公務聯繫〔註19〕。《天下同文集》以盧摯一篇牒文獨爲「牒」體一類,在一定程度上豐富了總集收錄公文文體體系。

明前「分體編錄」類總集文體類目的變遷,從一個側面展示了中國古代文體的發展演變歷程:中國古代文體的發展、衍化、增殖、消亡以及文體內涵、文體地位的變化都在總集文體類目的變動中動態呈現出來。每一部總集文體類目的設置命名都是不同時代、不同編者的文體觀念的客觀反映,明前「分體編錄」類總集在《文選》經典體例的基礎上,將不同時期的文學觀念和文體發展的時代特點,以及編者個人的主觀文體觀念融入總集分類實踐之中,於承繼中加以超越,建構自身的文體分類體例,在總集分類史上具有重要的文體與文體分類學意義。

(三)文體分類層級與明前「分體編錄」類總集文體分類體系建構

單體總集匯聚多人某一文體作品成書,或以時代先後分類編次,或以主題事類區分,一次分類即可使作品編次有序,便於作者檢索取資。其後,在單體總集的基礎上匯聚多種文體的眾體總集應運而生。在辨體論深入發展的

〔註19〕 《元典章》卷十四「吏部八・公規二・行移・品從行移等第」條記載:「諸外路官司不相統攝應行移者,品同,往復平牒。三品於四品、五品並今故牒,六品以下皆旨揮;回報者,四品牒上,五品牒呈上,六品以下並申。其四品於五品往復平牒,於六品、七品今故牒,八品以下旨揮;回報者,六品牒呈上,七品以下並申。五品於六品以下今故牒;回報者,六品牒上,七品牒呈上,八品以下並申。六品於七品往復平牒,於八品今故牒;回報者,八品牒上,九品牒呈上。其七品於八品,及八品於九品,往復平牒。七品於九品今故牒;回報者牒上。即佐官當司有應行移往復者,並比類品從。職雖卑,並今故牒,應申並諮。」陳高華等點校:《元典章》(第一冊),北京:中華書局、天津:天津古籍出版社,2011年,第514頁。

魏晉南北朝時期，眾體總集最先將眾多作品按文體分類，分體編錄，各體之下根據編纂需要選擇是否再次分類。

1、《文選》與明前「分體編錄」類總集二級分類

《文選序》云：「凡次文之體，各以匯聚。詩、賦體既不一，又以類分。類分之中，略以時代相次。」〔註20〕《文選》39 類文體類目中，「詩」、「賦」類下以「類分」若干類目，形成二級分類體系。據現存《文章流別集》「論」佚文以及相關文獻可知，摯虞在「詩」、「賦」、「頌」體之下又加以細分。其論「詩」，分三言、四言、五言、六言、七言、九言，論述各言詩體時用具體詩句作品為例，並逐一標明其運用場合。其「賦」分為「古詩之賦」、「今之賦」兩種，「銘」分「器銘」、「碑銘」、「墓誌銘」等。《文章流別集》具體二級分類情形已不可考，然「論」中已將「詩」、「賦」、「銘」等體細分二級類目，我們大約可見其二級分類對於後世總集編纂分類之影響。自《文選》確立初次分類分體編錄、再次分類以類（主題內容）編次的二級分類結構，後世總集多借用之。《文選》二級分類尚局限於「詩」、「賦」兩類，其餘三十七體經由一級「文體」分類後便以時代先後編次作品，而明前總集如《宋文鑒》、《唐文粹》、《聖宋名賢五百家播芳大全文粹》等則將二級分類運用於「詩」、「賦」之外多種文體。

《文苑英華》所錄的 38 類文體中有 24 類進行了二級分類〔註21〕，《唐文粹》對其中的 20 類文體中 19 類進行了二級分類，二十一卷本《古文苑》「詩」、「賦」體下進行二級分類，《聖宋名賢五百家播芳大全文粹》收錄 33 種文體中「表」、「啓」、「疊幅小簡」、「青詞」、「朱表」、「頌詩」、「樂語」、「上樑文」、「祭文」9 類進行二級分類。

明前「分體編錄」類總集的二級分類在承繼《文選》確立初次分類分體編錄、再次分類以類編次的編纂體例基礎上不斷超越建構。《文選》二級分類大致以「詩」、「賦」作品主題事類為標準，而明前「分體編錄」類總集二級分類標準則有多樣化的特點。《文苑英華》「中書制誥」分「北省」、「翰院」、

〔註20〕（南朝梁）蕭統編，（唐）李善注：《文選》，第 2 頁。
〔註21〕如「詩」分天部、地部、帝德、花木、禽獸等 28 類；「歌行」分天、四時、仙道、紀功、征伐、博戲、雜歌等 24 類；「翰林制詔」分敕書、德音、冊文、制書、詔敕、批答、蕃書、鐵券文、青詞、歎文」等類；「策」體分類 22；「判文」分類 70；「疏」分類 10；「論」體細分 20 類；「議」分 14 類；「頌」分 4 類；「贊」分 6 類；「銘」分 6 類；「記」分 30 類等。

「南省」、「憲臺」、「寺卿」、「諸監」、「館殿附監官」、「環衛」、「東宮官」、「王府」、「京府」、「諸使」、「郡牧」、「幕府」、「上佐」、「宰邑」、「封爵」、「加階」、「內官」、「命婦」等類，是據「誥書」所關涉的行政機構劃分二級類目。《宋文鑒》中的「詩」體分四言、樂府歌行（雜言附）、五言古詩、七言古詩、五言律詩、七言律詩、五言絕句、六言、七言絕句、雜體、騷（如騷者附）11類，則主要著眼於語言和韻律的文體形式特徵。《文苑英華》「狀」分「謝恩」、「賀」、「薦舉」、「進貢」、「雜奏」、「陳情」6類，則是以文體功用與應用場合作為分類依據。《唐文粹》「古調」類下有古今樂章、琴操、楚騷、效古、樂府辭、古調歌篇六個二級類目，主要以文體形式和音樂因素分類。可知，明前「分體編錄」類總集的二級分類或仿傚類書分類體例設置以「部類」分之；公文文體除按作品主題事類區分外，或根據文體關涉行政機構劃分，或以文體功用與應用場合劃分細目；或在一級文體之下再分文體細目；或以音樂屬性類分細目。明前「分體編錄」類總集在《文選》「類分」基礎之上，開創了多樣化的分類方式和分類標準，反映了中國古代總集分類觀念的複雜多樣性。《文選》「詩」、「賦」體下二級分類基本上採用同一個分類依據，即以「題」區分，明前「分體編錄」類總集即使是同一部總集中不同的文體其二級分類標準亦不相同。

通常情況下我們將《文選》「詩」體下二級分類概括為以「題」區分，嚴格意義上來說，《文選》「詩」體二級分類採用以「體」區分和按「題」分類兩重標準，背離了分類學的基本原則。明前「分體編錄」類總集二級分類繁複紛雜。但總體來看，大致遵循《文選》「賦」體二級分類所確立的一次分類採用一個分類標準的體式，即「排他性」原則。在分類實踐上克服了《文選》「詩」體二級分類混用不同分類標準從而背離分類基本原則的流弊，一定程度上避免了不同類別篇章重複、雜糅的現象。

不可否認的是，受實用性要求的影響，中國古代總集二級分類的分類依據和標準的確立都是相對的。事實上，中國古代總集分類實踐往往背離分類學最基本的原則，明前「分體編錄」類總集二級分類在一次分類中採用兩個或者兩個以上分類依據和標準加以編次作品的事例比較常見。

《文苑英華》「雜文」類中「帝道」、「明道」、「雜說」、「辯論」、「贈送」、「箴誡」、「諫刺說」、「記述」、「諷諭」、「論事」、「雜職作」、「征伐」、「雜制作」、「職行」、「紀事」等是以「題」區分，而「問答」、「騷」則明顯地是以

「體」分類。又如《唐文粹》「傳錄紀事」類中兼用以「體」分類與以「題」分類，前者有「題傳後」、「錄」、「紀事」3 個二級類目，後者有「假物」、「忠烈」、「隱逸」、「奇才」、「雜妓」、「妖惑」6 個二級類目。

2、明前「分體編錄」類總集多級分類與文體分類體系

明前總集不僅在二級分類的範圍上將《文選》「詩」、「賦」二體擴展至多體，在分類標準上也將單純以主題事類為主擴展至按文體細目、歷史朝代、「古」「今」「雅」「俗」不同區分等多種方式。最為重要的是，明前總集編纂者在分類層級上將《文選》二級分類延伸至多級分類，形成級次豐富、分類標準多樣的總集分類結構。

事實上，中國古代總集的這種多層級的分類結構在唐人編纂的總集中已有體現。從現存日藏弘仁本《文館詞林》各卷次的具體分類情況可見，《文館詞林》基本的文體分類體系為：文體——部——類（大）——類（小）——作品（具體作品又按時代先後編排）。涉及某一文體分類時，其分類體系相對比較靈活，「碑」體分類結構則為：文體——部——類——作品（按時代順序）。「頌」、「碑」採用「文體——部——類——作品（時代相次）」三級分類，而《文館詞林》的「詩」建構起「文體（初級）——部——類（大）——文體（次級）——類（小）——作品（時代相次）」五級分類結構，這種複雜的文體分類是之前總集中所未見的。後出的總集在文體分類上，也未能超越《文館詞林》。《文館詞林》在繼承魏晉南北朝總集編纂和文體分類成果的基礎上，極大地豐富了文體分類的級次體系，擴展「分體編錄」類總集的二級分類至「文體——部——類（大）——類（小）——作品」多級分類結構；在部、類命名和分類標準上趨於統一，較之《文選》更具有體系，而其取經類書、囊括宇內的「部」「類」統攝體例，亦為豐富總集文體分類級次與分類方式提供了示例之本。〔註22〕

《文苑英華》的編纂體例是「撮其類列，分以布居」。具體到詩體，首先分天部、地部、郊祀……寺院附塔、禽獸等二十五個二級類目，二級類目下除應令附應教、省試、樂府、釋門、寺院附塔、酬和、寄贈、留別八類外，其餘均有子類：天部再細分為日、月、冬……除夜等四十三類；地部細分有山、終南山、太山、華嶽、南嶽、溪……遊泛、雜題等三十六類個次級類目；

〔註22〕詳見蔣旅佳：《〈文館詞林〉文體分類建樹與影響》，《湖北民族學院學報（哲學社會科學版）》，2013 年第 5 期。

應制細分賜宴、酺宴、侍宴、巡幸、寺院、雜題、宮觀……雜題等四十一類；朝省分趨朝和寓直兩類；音樂下細目十二類；人事分宴集、宿會、逢遇三類；道門細分十三類；隱逸分徵君、居士、處士、山人、隱士五類；送行分送人省親、賦物送人、歌三類〔註 23〕；行邁分奉使、館驛兩類〔註 24〕；軍旅分講閱、征伐、邊塞、邊將四類；悲悼分十類；居處分十七類；郊祀分宿齋和祠廟兩類；花木附果實草分五十三類；禽獸分三十三類。

　　除「詩」類外，「中書制誥」、「翰林制詔」下的一些二級類目亦進行三級分類。如「中書制誥」先根據涉及機構劃分十七個二級類目，而於二級類目「北省」又根據其關涉對象分侍中、中書令、門下侍郎、中書侍郎、左右常侍、給事中、諫議大夫、中書舍人、知制誥、起居郎、起居舍人、左右補闕、通事舍人等。「翰林制詔」分赦書、德音、冊文等十個二級類目，而於「赦書」下又細分登基赦書、改元赦書、尊號赦書、禋祀赦書、平亂赦書、雜赦書六類。「記」類二十九個二級類目中「廳壁」、「釋氏」、「宴遊」細分三級類目。分類細緻，劃分標準不盡相同。

　　《唐文粹》一級分類「以類相從」，分二十類，後又「各分首第門目」，除「制策」之外，其餘十九類均進行二次分類。「古調」類下有古今樂章、琴操、楚騷、效古、樂府辭、古調歌篇〔註 25〕六個二級類目，主要以文體形式和音樂因素分類。其中，「古今樂章」按時間先後分為古樂章和今樂章兩類，「樂府辭」、「古調歌篇」又主要以題材內容細分十六類和四十三類。

　　《聖宋名賢五百家播芳大全文粹》對「表」、「啟」、「疏」、「生辰賦頌詩」四類一級文體類目進行了二次文類，並在二級分類基礎上進行三級、四級分類。「表」下根據文體功用與應用場合分為皇帝表箋、賀表、賀箋、起居表、陳情表、進文字表、進貢表、慰國哀表、辭免表、謝表、陳乞（遺）表十一個二級類目。二級類目中的「賀表」、「賀箋」、「辭免表」、「謝表」又進行三級分類。「賀表」分賀登極表、賀遜位表、賀上尊號表、賀慶壽表、賀祥瑞等

〔註 23〕前面十九卷未立子類，後面列送人省親、賦物送人、歌三目。

〔註 24〕前面七卷未立子類，後面列奉使、館驛二目。

〔註 25〕而宋刊本十四卷至十八卷未有「古調歌篇」之名，以「雜興」、「傷感」類與「古今樂章」、「琴操」、「楚騷」、「效古」、「樂府辭」平行，同為二級類目，而原十四卷上收錄的 64 首詩卻沒有二級類目，直接統攝在「古調」的一級類目之下。明刊本以「古調歌篇」為十四至十八的二級類目，十四卷上收錄 64 詩歌，則標「古詩」二級類目下。此說以明刊本為主。

類，大致按照「賀表」所慶賀的內容劃分類目。《聖宋名賢五百家播芳大全文粹》已經形成了相對完整的三級分類體系，個別三級類目下又進一步分列次級類目，如「謝表」中三級類目「除授」分宰相、樞密、參政昭文、尚書侍郎、中書舍人翰林學士、中司、丞轄、加職、經帷東宮官、封爵、帥座、大尹都督、漕使、提刑茶馬、提舉、守等四級類目，大抵按職官類別分類。

明前「分體編錄」類總集在承繼《文選》二級分類結構的基礎上，將集中收錄的文體作品層層細分，宋代《文苑英華》、《唐文粹》在一級文體類目下形成三級分類結構，《五百家播芳大全文粹》個別文體如「表」則形成四級分類體系。這種建立在「分體編錄」體例基礎上的總集文體分類形式，在一級文體類目基礎上逐層細化、分類，而形成二級、三級、四級以至於更為豐富的分類結構。明前總集文體分類體系的建立，一方面是方便讀者閱讀、檢索的需要，另一方面是文體發展演變及細化分類的結果。毋庸置疑，明前「分體編錄」類總集所確立的多層級文體分類結構，不僅在一定程度上推進了文體與文體分類理論的探索，同時也在編纂實踐上為後出總集分類提供了借鑒的範本，豐富了中國古代總集分類框架結構，具有重要的文體分類學價值。

第二節　明清分體編錄類總集的分類觀念與文體學意義

中國古代總集編纂分類方式豐富多樣，但《文章流別集》、《文選》開創的「類聚區分」、「分體編錄」編次作品方式成為中國古代總集基本分類體例。《文選》「以類相從」所構成的文體序列在明前總集的實際編次排列加以運用並一直延續到明清。《文選》文體排序遵循「先文後筆」、「先源後流」、「先公後私」、「先生後死」、「先雅後俗」等基本規則，這些規則依次體現了文體排序的語體、時間、空間、功能和審美五大特徵，並分別根基於中國古代的學術文化分類觀念、「通古今之變」的歷史觀念、尊卑親疏的宗法觀念、「重生」「貴生」的傳統倫理觀念以及雅俗之辨的文化觀念，在歷代總集的體類排序中具有普適性。〔註26〕當然一些總集編者根據自身的編纂理念和分類思維也對《文選》文體排序適當地加以調整，形成新的文體序列。

〔註26〕郭英德：《論「文選」類總集文體排序的規則與體例》，《北京師範大學學報（社會科學版）》，2005 年第 3 期。

　　明前總集在《文選》所確立初次分類分體編錄、再次分類以類編次的體例基礎上，根據文體發展的時代特點和實際編纂需要加以選擇，並積極建構，形成更為豐富的文體分類體系。明前總集二次分類將《文選》僅限「詩」、「賦」兩體擴展到多種文體之下，在二次分類方式上亦在《文選》以主題事類為劃分標準的基礎上，或仿傚類書分類體例設置以「部類」分之，或根據文體關涉行政機構劃分，或再分文體細目，或以文體功用與應用場合劃分二級類目，或根據文體歷史演變以朝代區別分類，或以作品音樂曲調區別分類，這些多樣化的分類方式和分類標準反映了明前總集分類方式和分類觀念的複雜多樣性特點。不僅如此，明前總集更在縱向上將《文選》二級分類延伸至多級分類，形成級次豐富、分類標準多樣的總集分類結構。明前總集的這種建立在「分體編錄」體例基礎上，在一級文體類目基礎上逐層細化分類而形成二級、三級、四級以至於更為豐富的總集分類結構，豐富了中國古代總集分類框架結構。

　　合理的分類方式，不僅能夠幫助總集編者表達文學與文體觀念，實現編纂宗旨和目的，便於讀者取資檢索，同時還能在總集編纂體例上確立分類範式，為後出總集分類方式的選擇提供借鑒。《文章流別集》、《文選》所確立的分類體例和分類實踐，後出總集多有仿傚。明前總集在承繼前人分類體例基礎上，根據總集編次的需要創建新的分類體例，這種分類體例在流傳和接受中又影響到明清總集分類編次體例。

一、文體類目數量與明清文章總集的分類趨勢

　　明程敏政《明文衡》分體 41 類：檄、詔、制、誥、冊（謚冊文）、遺祭文、賦、騷、樂府、琴操、表箋、奏議、議、論、說、解（附釋）、辯、原、箴、銘（物銘）、頌（附詩，指以詩名之頌文）、贊、七、策問、問對、書、記、序、題跋、雜著、雜記、傳、行狀、碑、神道碑、墓碑、墓誌、墓表、哀誄、祭文、字說。

　　明吳訥《文章辨體》分體 59 類：古歌謠辭、古賦、樂府、古詩、諭告、璽書、批答、詔、冊、制、誥、制冊、表、露布、論諫、奏疏、議、彈文、檄、書、記、序、論、說、解、辨、原、戒、題跋、雜著、箴、銘、頌、贊、七、問對、傳、行狀、謚法、謚議、碑、墓碑、墓碣、墓表、墓誌、墓記、

埋銘、誄辭、哀辭、祭文、連珠、判、律賦、律詩、俳律、絕句、聯句詩、雜體詩、近代詞曲〔註27〕。

明徐師曾《文體明辯》分體 121 類：古歌謠辭（附諺）、四言古詩、楚辭、賦、樂府、五言古詩、七言古詩、雜言古詩、近體歌行、近體律詩、排律詩、絕句、六言詩、和韻詩、聯句詩、集句詩、命、諭告、詔、敕（附敕牓）、璽書、制、誥、冊、批答、御箚、赦文（附德音文）、鐵券文、諭祭文、國書、誓、令、教、上書、章、表（附筍記）、箋、奏疏、盟（附誓）、符、檄、露布、公移、判、書記、約、策問、策、論、說、議、辨、解、釋、問對、序（附序略）、小序、引、題跋、文、雜著、七、書、連珠、義、說書、箴、規、戒、銘、頌、贊、評、碑文、碑陰文、記、誌、紀事、題名、字說、行狀、述、墓誌銘、墓碑文、墓碣文、墓表、謚議、傳、哀辭、誄、祭文、弔文、祝文、齠辭、雜句詩、雜言詩、雜體詩、雜韻詩、雜數詩、雜名詩、離合詩（附口字詠、藏頭詩、歇後詩）、詼諧詩、詩餘、玉牒文、符命、表本、口宣、宣答、致辭、祝辭、貼子詞、上樑文（附寶瓶文說、上牌文）、樂語、右語、道場榜、道場疏、表、青詞、密詞、募緣疏、法堂疏。

明汪宗元《皇明文選》分詔、制、誥、冊文、表、頌、贊、箴、銘、述、論、議、說、文、解、辯、對、雜著、記、序、題跋、引、傳、原、書、碑、神道碑、墓碑、行狀、墓表、祭文 30 類。

明何喬遠《皇明文徵》分體 67 類：賦、樂章、琴操、古樂府、三言古詩、四言古詩、五言古詩、七言古詩、五言律詩、五言律詩、六言律詩、七言律詩、五言排律、七言排律、五言絕句、六言絕句、七言絕句、詩餘、冊文、詔、制、誥、敕諭、檄、策問、表、露布、疏、舉業、頌、贊、箴、銘、文、辭、枚乘體、連珠、讀、考、辯、解、問、對、原、篇、論、議、說、序、題、引、跋、記、書事、疏、啓、書、傳、述、雜記、碑、神道碑、祭文、誄、墓表、墓碣、墓誌銘。

明賀復徵編《文章辨體匯選》七百八十卷。此書清《欽定續文獻通考》卷一百九十八「經籍考」、《欽定續通志》卷一百六十三「藝文略」與《四庫

〔註27〕 又一說《文章辨體》分體 60，仲曉婷通過考證論述將內集中「歌行」從「古詩」中獨立出來，自成一體。參見仲曉婷：《〈文章辨體〉的文體分類數目考》，《上饒師範學院學報》，2005 年第 5 期。

全書總目》著錄略同〔註28〕。四庫館臣當日所見，已是傳播甚稀的抄本，今
存只有四庫本。賀復徵《文章辨體匯選》多因吳訥《文章辨體》「所收未廣」，
有意接踵《文章辨體》與徐師曾《文體明辯》二書，其文體分類亦在吸收二
者成果的基礎上更爲宏富浩大。以下爲《文章辨體匯選》文體分類表。

序　號	類　目	卷　次	序　號	類　目	卷　次
1	詔	1～11	2	制	12～18
3	誥	19～25	4	策問	26～27
5	九錫文	28	6	鐵券文	29
7	赦文（附德音文）	30	8	諭祭文（附發引文）	31
9	祝文	32～39	10	盟	40
11	誓	41	12	禱（附禡牙文）	41
13	檄	42～43	14	露布	44
15	教	45	16	榜	46
17	公移	47～49	18	判	50
19	約	51	20	論諫	52～60
21	說	61～65	22	上書	66～86
23	疏	87～120	24	奏	121～122
25	章	123～124	26	表	125～139
27	彈事	140～141	28	封事	142～143
29	條事	144	30	奏對	145～148
31	奏議	149～154	32	讞議	155～158
33	奏狀	159～169	34	箚子	170～177
35	奏啓	178～180	36	奏箋	181～182
37	奏揭	183	38	箚記	184
39	制策	185～191	40	試策	192
41	進策	193～197	42	符命	198
43	上壽辭	199	44	致語	200

〔註28〕「《文章辨體匯選》七百八十卷，浙江巡撫採本。明賀復徵編。復徵，字仲來，
　　　　丹陽人。」（清）永瑢等：《四庫全書總目》卷189，第1723頁。

序　號	類　　目	卷　次	序　號	類　　目	卷　次
45	故事	201	46	說書	202
47	義	203	48	連珠	204
49	書	205～258	50	尺牘	259～265
51	啓	266～272	52	奏記	273
53	私箋	274～275	54	簡	276
55	帖	277	56	私狀	278
57	私疏	279	58	私令	280
59	序	281～360	60	引	361～362
61	題辭	363	62	題	364～367
63	跋	368～371	64	書	372～376
65	讀	377～378	66	募緣疏	379～381
67	史論	382～391	68	論	392～423
69	議	424～426	70	說	427～429
71	字說	430	72	原	431～432
73	辨	433～434	74	解	435～436
75	喻	437	76	難	437
77	考證	437	78	評	438
79	品	439	80	釋	440
81	問對	441	82	設	442～443
83	箴	444～446	84	銘	447～455
85	頌	456～462	86	贊	463～471
87	訓	472	88	誡	473～474
89	規	475	90	儀	476
91	偈	477	92	本紀	478～482
93	史傳	483～527	94	傳	528～547
95	實錄	548～549	96	儀注	550
97	行狀	551～555	98	世表	556
99	世譜	557～558	100	年譜	559

序　號	類　目	卷　次	序　號	類　目	卷　次
101	記	560～615	102	誌	616～624
103	錄	625～627	104	述	628～629
105	篇	630	106	表	631
107	帳詞	632	108	題名	633
109	紀事	634～636	110	紀	637～638
111	日記	639～641	112	碑	642～664
113	墓碑	665～685	114	墓表	686～692
115	阡表	693	116	碣銘	694～696
117	碑陰文	697	118	墓誌銘	698～735
119	誄	736～739	120	哀辭	740～743
121	弔文	744～746	122	弔書	747～748
123	祭文	749～765	124	謁文	766
125	雜文	767～772	126	雜著	773～780

　　清陳廷敬編，張廷玉續編《皇清文穎》一百二十四卷，收錄順治元年（1644年）至乾隆九年（1744年）之文，卷首錄聖祖、世宗、高宗御製詩文二十四卷，正文錄諸臣之作一百卷。卷首聖祖、世宗、高宗三人作品詩文分開錄入，先御製文後御製詩。如聖祖皇帝御製文分論、說、解、序、記、碑文、雜著、連珠、頌、贊、箴、銘、賦，御製詩分四言古詩、五言古詩、七言古詩、五言律詩、七言律詩、五言排律、五言絕句、六言絕句、七言絕句。諸臣之作分體編錄，有表、論、說、解、序、記、跋、辨、策問、策對、議、疏、碑、贊、箴、銘、對、書、詩問、考、雜文、頌、賦、詩〔註29〕。

　　清董誥在陳廷敬、張廷玉《皇清文穎》基礎上編輯《皇清文穎續編》，其分類體制與《皇清文穎》相類。卷首錄高宗與仁宗御製詩文，詩文各以體分，如高宗御製文分：論、說、解、諭、詔、訓、祝文、序、記、題辭、書後、跋、考、辯、書事、雜著、連珠、頌、贊、銘、碑文、賦。高宗御製詩分：

〔註29〕　「詩」下分「樂府」、「四言古詩」、「五言古詩」、「七言古詩」、「九言詩」、「五言律詩」、「七言律詩」、「六言律詩」、「五言排律」、「七言排律」、「五言絕句」、「七言絕句」。（清）陳廷敬、張廷玉編：《皇清文穎・目錄》，《景印文淵閣四庫全書》集部，第 1449 冊，第 9～112 頁。

樂府、「四言詩」、「五言古詩」、「七言古詩」、「五言律詩」、「七言律詩」、「五言排律」、「七言排律」、「五言絕句」、「六言絕句」、「七言絕句」。正文錄諸臣之作，亦分體編錄，有表、論、說、解、序、記、跋、議、疏、箚子、碑、贊、箴、銘、講義、答問、連珠、露布、雜著、頌、賦、詩〔註30〕。

　　清薛熙編《明文在》分體49類：賦、樂章、古詩、律詩、騷、七、演連珠、詔、制、誥、祝冊諭祭文、策問、檄、露布、頌、表、箋、啓、疏、奏疏、贊、箴、銘〔註31〕、原、議、論、辯、說、書、序、壽序、記、碑、神道碑、墓碑、墓表、墓誌銘、傳、行狀、事狀、錄、書事、雜志、冠辭、字辭、哀辭〔註32〕、誄辭、祭文、公移、題跋。〔註33〕

　　清仲方編《南宋文苑》分體編錄，有賦、騷、辭、樂章樂歌、四言、樂府歌行、五言古詩、詔敕、冊文、批答、赦文、制誥、檄文、奏疏、繳指揮、進故事、經筵進義、表、箋、啓、書、箴、銘、頌、贊、廟碑、御試策、試策、策問、記、序、策、議、論、說、言、辨、解、史斷、義、答問、講義、題跋、勸諭、祈謝文、上樑文、祭文、哀詞、諡議、行狀、傳記、書事、墓銘、墓表（含墓碣）、神道碑55類。

　　上文繁舉明清各「分體編錄」類總集文體類目，是爲了更好地將其與《文選》和宋元「分體編錄」類總集文體類目相比較。明清文章總集在沿用《文章流別集》、《文選》以及宋元分體編錄類文章總集分類方式和分類體例的基礎上，結合所處時代的文體發展和編纂者自身的文體觀念等因素形成新的文體分類結構。明文章總集，如《明文衡》分體 47 類，《文章辨體》分體 59 類，《文體明辯》分體 121 類，《皇明文選》分體 31 類，《皇明文徵》分體 67 類，《文章辨體匯選》分體 126 類〔註34〕；清文章總集，如

〔註30〕　「詩」下分「樂府」、「三言」、「四言詩」、「五言古詩」、「七言古詩」、「九言詩」、「五言律詩」、「七言律詩」、「五言排律」、「七言排律」、「五言絕句」、「六言絕句」「七言絕句」。(清) 陳廷敬、張廷玉編：《皇清文穎續編・目錄》，《續修四庫全書》集部，第 1663 冊，第 11～197 頁。

〔註31〕　清康熙三十二年本古涑水園刻本。《明文在》卷 92「雜誌」後又以「銘」爲目，收錄方孝孺《雙桂軒銘》、《五雲山房銘》和歸有光《書齋銘》三首。

〔註32〕　《文淵閣四庫全書》本《明文在》卷 94 卷目錄作「哀詞」，今改曰「哀辭」。

〔註33〕　郭英德先生統計文體數目爲 46 類，今依清康熙三十二年本古涑水園刻本《明文在》重新統計爲 50 類，「銘」目重複，故而爲 49 類。

〔註34〕　《文章辨體匯選》收文不錄詩賦樂府類作品，若收，僅對比吳訥《文章辨體》文體類目，則《文章辨體匯選》至少可增添「古歌謠辭」、「古賦」、「樂府」、

《明文在》分體 49 類，《南宋文苑》55 類，明清「分體編錄」類總集所分文體類目在《文選》及宋元分體編錄類文章總集文體類目基礎上增減，大體呈現文體分類越來越精細，類目越來越繁多的發展演變趨勢。這種趨勢，一方面是文學創作中新文體不斷出現的客觀事實在文體分類上的必然體現，另一方面也與明清文學批評中辨體意識的增強密切相關。文學創作中新文體的出現和定名，在一定時期內得以傳播和接受，總集是最爲集中的體現方式之一。反映到「分體編錄」型的總集之中，則新的文體類目得以確立。而在文學批評上，明清辨體意識高漲，文體之間的界限愈加分明，文體區分更加細密，在總集編纂中文體類目也更加豐富。誠如徐師曾《文體明辯·序》所言：「蓋自秦漢而下，文愈盛；文愈盛，故類愈增；類愈增，故體愈眾；體愈眾，故辯當愈嚴。」〔註35〕

　　宋代文章總集開始突破《文選》的選文範圍，在單篇獨行的文章之外，大量節錄《左傳》、《國語》等史部文章，《莊子》、《淮南子》等先秦諸子之作也選錄在內。到明清時期，文章總集大量選錄子、史部典籍文章，並給予節錄篇章重新命名，在此基礎上命體。如明汪廷訥輯《文壇列俎》十卷，立「史摘」類摘錄《春秋左傳》、《史記》、《漢書》敘事議論尤佳之作。《文章辨體》「傳」類收錄《孟子荀卿列傳》（《史記》）、《董仲舒傳》（《漢書》）、《黃憲傳》（《後漢書》）等正史傳作。不僅如此，經部篇章也進入明清文章總集選錄範圍。如明陳仁錫選評《續古文奇賞》（三十四卷）以「選經」、「選傳」、「選子」、「選集」四類錄文，《奇賞齋古文匯編》（二百三十六卷）亦以「選經」、「選史」、「選子」、「選集」選錄經史子集四部典籍文章。賀復徵《文章辨體匯選》則選錄先秦至明末（個別清初）經、史、諸子、百家、山經、地志等文章，類聚區分爲 126 大類，其「本紀」、「世表」、「世譜」、「儀注」等體類，則是前人文章總集未曾設立的。除此之外，明清文章總集選文在宋元總集的基礎上進一步突破《文選》「綜緝辭采」、「錯比文華」、「事出於沉思，義歸乎翰藻」

「古詩律詩」、「排律」、「絕句」、「聯句詩」、「雜體詩」等 8 類，而對比《文體明辯》，則可添列「古歌謠辭（附諺）」、「四言古詩」、「賦」、「樂府」、「五言古詩」、「七言古詩」、「雜言古詩」、「近體歌行」、「近體律詩」、「排律詩」、「絕句」、「六言詩」、「和韻詩」、「聯句詩」、「集句詩」、「雜言詩」、「雜體詩」、「雜韻詩」、「雜數詩」、「雜名詩」、「離合詩（附口字詠、藏頭詩、歇後詩）」、「詼諧詩」等 22 類。

〔註35〕　（明）徐師曾撰，羅根澤校點：《文體明辨序說》，第 78 頁。

的準則〔註36〕，大量收錄文人「以文爲戲」之文與民間實用文體，也在一定
程度上豐富了文體類目數量。

二、文體類目名稱的變遷與文體的衍生發展

　　明清「分體編錄」類總集文體類目的變遷，從一個側面展示了中國古代
文體的發展演變歷程：中國古代文體的發展、衍化、增殖、消亡以及文體內
涵、文體地位的變化都在總集文體類目的變動中動態呈現出來。每一部總集
文體類目的設置命名都是不同時代、不同編者的文體觀念的客觀反映，明清
「分體編錄」類總集在《文選》「分體編錄」體例經典的基礎上，將不同時期
的文學觀念和文體發展的時代特點，以及編者個人的文體觀念融入總集分類
實踐之中，於承繼中加以超越，建構自身的文體分類體例，在總集分類史上
具有重要的文體與文體分類學意義。

　　「郊廟」、「樂府」、「輓歌」、「雜歌」在《文選》中尚屬「詩」體下二級
類目，宋元時期已列爲與「詩」同類的平行類目。《文苑英華》將「歌行」區
別於「詩」並單獨立類，《宋文鑒》「詩」外又設「琴操」一體，《古文苑》平
列「詩」、「歌」體目。《宋文鑒》「詩」體下細分二級類目在《元文類》中已
成爲一級類目。這種以「詩」體下二級類目替代「詩」，並將其與其他一級文
體類目平列於總集文體類目的類目設置，在明清總集文體分類中得以延用。

　　《皇明文徵》於樂章、琴操、古樂府後，又平列三言古詩、四言古詩、
五言古詩、七言古詩、五言律詩、五言律詩、六言律詩、七言律詩、五言排
律、七言排律、五言絕句、六言絕句、七言絕句類目；《文章辨體》錄「古歌
謠辭」、「樂府」、「古詩律詩」、「排律」、「絕句」、「聯句詩」、「雜體詩」類；《文
體明辯》則分爲「古歌謠辭（附諺）」、「四言古詩」、「賦」、「樂府」、「五言古
詩」、「七言古詩」、「雜言古詩」、「近體歌行」、「近體律詩」、「排律詩」、「絕
句」、「六言詩」、「和韻詩」、「聯句詩」、「集句詩」、「雜言詩」、「雜體詩」、「雜
韻詩」、「雜數詩」、「雜名詩」、「離合詩（附口字詠、藏頭詩、歇後詩）」、「詼
諧詩」類。

　　宋元總集在選文分類中表現出對唐宋古文運動出現的新文體的關注，如
姚鉉《唐文粹》中設置「古文」類目收錄唐代文人日常應用文章，同時下列

〔註36〕　（梁）蕭統：《文選序》，《文選》卷首，第2頁。

「五原」、「三原」、「五規」、「讀」、「辨」、「解」、「說」、「評」等十九類目，明清總集如《文章辨體》、《文體明辯》、《明文衡》、《皇明文選》、《皇明文徵》、《明文在》、《皇清文穎》、《南宋文苑》等則將「原」、「解」、「說」、「讀」、「辨」等單獨列類。

　　明清總集對「以文為戲」之文和民間俗文體關注更甚，從上文所列文體類目中即可得知。《文體明辯》設置「詼諧詩」、「離合詩」兩類，「離合詩」後又附「口字詠」、「藏頭詩」、「歇後詩」，收錄古人遊戲詩作。徐師曾廣泛收錄「閻巷家人之事，俳優方外之語」〔註 37〕作品，除宋元總集中已經列入的「上樑文」、「樂語」、「祝文」、「青詞」等民間俗文體之外，又錄「寶瓶文說」、「上牌文」〔註 38〕、「詛辭」、「題名」、「玉牒文」、「貼子詞」、「右語」、「道場疏」、「募緣疏」、「法堂疏「、「道場榜」、「祝辭」、「密詞」等類。

　　中國古代的日記之法，淵源久遠。而「日記」作為一種文體，興盛始於宋代。趙抃《御試備官日記》首「日記」命名，而宋元及明代前期文章總集未見收錄。賀復徵《文章辨體匯選》正式將其確立成體。序題曰：「復徵曰：日記者，逐日所書，隨意命筆，正以瑣屑畢備為妙，始於歐公《于役志》、陸放翁《入蜀記》，至蕭伯玉諸錄而玄心遠韻，大似晉人，各錄數段以備一體。」〔註 39〕

三、錄與不錄——明清文章總集錄「詞」考

　　《宋文鑑》、《元文類》、《明文衡》等分體編錄類總集在編纂之時即以「一代之書」為目標，因此如何通過作品的選錄和文體類目的選擇來全面反映一代文學盛況則顯得尤為重要。一定時期內，新近產生的文體類型在傳播與接受中，逐漸得到社會認可，又因其創作興盛，名家輩出，影響較大，一般都會在分體編錄的總集中有所體現，這點前文已述。當然，一部總集是否選取某一文體，既受前人總集文體分類傳統的影響，又受當下文體發展和文學觀念的限制，還與編者的主觀傾向和價值判斷有關。

〔註 37〕　（明）徐師曾撰，羅根澤校點：《文體明辨序說》，第 78 頁。
〔註 38〕　《文體明辯》「寶瓶文」、「上牌文」附於「上樑文」後。
〔註 39〕　（明）賀復徵：《文章辨體匯選》卷 639，《景印文淵閣四庫全書》集部第 1409 冊，第 645 頁。

　　當不同歷史時期「分體編錄」類總集文體類目的選錄呈現一定規律性的傳統和定論時，它們在文體類目選擇上對於某一種文體表現出不約而同地置之不顧，是必隱含著另一種深層的文體觀念。現以「詞」體爲例，試作探討。

　　《文章辨體》附錄「近代詞曲」序題云：

　　　　又按致堂胡先生曰：「近世歌曲，以曲盡人情而得名。故文章豪放之士，鮮不寓意於此，隨亦自掃其跡曰：『此諧浪遊戲而已。』唐人爲之者眾，至柳耆卿乃掩眾製而盡其妙，篤好者以爲不可復加。及眉山蘇氏出，一洗綺羅香澤之態，擺脱綢繆宛轉之度，使人登高望遠，舉首高歌，而逸懷浩氣，超乎塵垢之表矣。」竊嘗因而思之：凡文辭之有韻者，皆可歌也。第時有升降，故言有雅俗，調有古今爾。昔在童稚時，獲侍先生長者，見其酒酣興發，多依腔填詞以歌之。歌畢，顧謂幼稚者曰：「此宋代慢詞也。」當時大儒，皆所不廢。今間見《草堂詩餘》。自元世套數諸曲盛行，斯音日微矣。迨余既長，奔播南北，鄉邑前輩，零落殆盡，所謂填詞慢調者，今無復聞矣。庸特輯唐宋以下辭意近於古雅者，附諸《外集》之後，《竹枝》《柳枝》，亦不棄焉。好古之士，於此亦可以觀世變之不一云。〔註40〕

　　《文體明辯・附錄》卷三「詩餘」下「序題」云：

　　　　按詩餘者，古樂府之流別，而後世歌曲之濫觴也。蓋自樂府散亡，聲律乖闕，唐氏始作《清平調》、《憶秦娥》、《菩薩蠻》諸調，時因倣之，厥後行衛尉少卿趙崇祚輯爲《花間集》，凡五百闋。此近代倚聲填詞之祖也。宋初，創制漸多，至周待制邦彥領大晟府樂，比切聲調十二律，各有篇目；柳屯田永增至二百餘調，一時文士，復相擬作，富至六十餘種，可謂極盛，然去樂府遠矣。故陸游云：「詩至晚唐五季，氣格卑陋，千人一律，而長短句獨精巧高麗，後世莫及，此事之不可曉者。」蓋傷之也。〔註41〕

唐中期一些文人開始創作詞，數量不多，且僅限於小令；晚唐時期，以溫庭筠、韋莊等爲代表的文人大力創作，詞體開始走進文人的創作視野；緣及五代，西蜀、南唐詞創作大盛，其詞的體式和風格趨向於成熟，並出現了中國

〔註40〕　（明）吳訥著，於北山點校：《文章辨體序説》，北京：人民文學出版社，1982年，第58～59頁。

〔註41〕　（明）徐師曾撰，羅根澤點校：《文體明辨序説》，第164頁。

古代第一部文人詞總集《花間集》。北宋前期詞體創作延續花間傳統，內容多關涉男女之情，情致婉約，用語工麗，填詞以小令爲主。

成書於北宋初年的《文苑英華》是距離晚唐五代詞體成熟後最近的一部「分體編錄」類總集。《文苑英華》選文非常關注新興文體，如它首次將「判」文作爲獨立文體收錄在集，又有意將「歌行」與樂府區別開來。然卻未錄「詞」體。宋太宗本人對詞喜愛有加，《文苑英華》編撰者亦尚填詞。《文苑英華》不避豔詩，可見錄不錄詞與作品內容並無關係。北宋初年，受維護儒學「雅」文化正統地位的需要，「詞」體不可能贏得人們的重視，當然也更不具備獨立成體的資格。「詞」體於《文苑英華》中不被收錄，與北宋初期的上層文化特徵、文化矛盾心理以及詞體本身的文體特性和文體發展有關〔註42〕。此外，《文苑英華》不錄「詞」體也與當時的詞體意識和詞體觀念有關。誠然，北宋初年，詞體已然客觀成立，但詞體成立與文學觀念中的詞體意識的形成還是兩回事。作爲一種新興的音樂文學，詞體從產生開始就作爲音樂的附屬，其傳播與接受主要是在民間的勾欄瓦舍，抑或是私人宴所，是不登大雅之堂的。北宋時期，詞體尚未脫離音樂而作爲一種獨立的案牘化文學，其與傳統的詩歌文體還是有比較大的差異，尚未形成明確地詞體意識，故《文苑英華》不予收錄。

第一次於詩文總集中錄「詞」爲體，可考證的是元代周南瑞所編的《天下同文集》。《天下同文集》錄盧摯、姚雲、王夢應、顏奎、羅志可、詹玉、李琳等七人詞作二十五首。七人均與周南瑞同屬江西籍，其中盧摯係由金入元的北方文學家，另六人爲由宋入元的南方詞人。從政治身份看，以上諸人是前朝遺民，然於文學傳承上來看，則又可算元朝文學的開創和奠基者，收錄諸人詞作，足可見出周南瑞對於本朝文學的肯定。元代前期，北方以元好問爲宗，詞風清新雄健，而南方詞壇依舊淺酌低唱，詞風婉約綺靡，地域性差異明顯。逮及一統天下之時，詞風開始南北融合。《天下同文集》選錄盧摯諸作，則有合北人的清剛質樸與南人的婉麗情韻爲一體的跡象，如《鷓鴣天》頗有姜夔清雅之致。

以「天下同文」命名，即是元初文人的盛世心態。劉將孫於《天下同文集序》中數言「混一」，以爲周南瑞所刻「三千年間混一盛時僅此耳」，又言當世「文治方張，混一之盛」，反映到詞之選錄，則有兼容並包、南北融合之

〔註42〕 何水英：《「分體編錄」型文學總集不錄詞體辨——以〈文苑英華〉爲例》，《新世紀圖書館》，2009年第4期。

意。劉將孫於《序》中推崇渾厚深重、格高雅正盛世文風，反映到詞選上，則以詩爲尺，提倡雅詞。選詞都袪除脂粉之氣，謹遵清雅之旨，在文學風格上延續姜夔、張炎清剛醇雅之美。

　　《天下同文集》將「詞」與其他詩文之體同錄爲集，前人詩文總集罕有見之。周南瑞選錄雅詞，則是其崇尚「渾厚深重、格高雅正」的時代和個人文學理想的直接反映，然其本身亦有推崇詞體的意識。北宋眾多詞集中，未見有以「詞」命名者，而由南宋時期《樂府雅詞》、《絕妙雅詞》等編纂流傳可知，明確的詞體意識在南宋已然盛行。詞體的「雅」化、「詩」化，反映到文學觀念中，則是詞體與一般的詩體差別不大的認知。《天下同文集》將「詞」收錄集中，跟南宋以來詞體意識的確立不無關係。

　　周南瑞於詩文總集中別立「詞」類，將「詞」作爲獨立的文體置於其他詩、文、賦體之中，則有從文體上爲「詞」立類之意，這在總集文體分類史上具有重要意義。至明吳訥《文章辨體》，其云：「謂文辭宜以體制爲先，因錄古今之文人正體者，始於古歌謠辭，終於祭文，釐爲五十卷；其有變體若四六、律詩、詞曲者，別爲《外集》五卷附其後」，明確地將近代詞曲列爲一體，收錄總集附錄中。徐師曾《文體明辯》於附錄卷三錄「詩餘」爲一體。吳、徐二書皆以「辨體」爲編纂目的，重在文章體裁的源流、種類以及體質規定的辨析。《文章辨體》以「詞」爲變體，別錄於《外集》，《文體明辯》繼之，以「詩餘」名之附錄於正集之後。從《文苑英華》視「詞」不錄，到《宋文海》錄「詞」爲體，《宋文鑒》刪「詞」不錄，再到周南瑞《天下同文集》別立「詞」體，明吳訥、徐師曾繫之於外集附錄，這反映出人們對「詞」這種文體體性進行探索、辨析、接受的漫長歷程。

　　《文苑英華》與《宋文鑒》皆爲官修總集，不錄詞體既反映出上層維護儒學「雅」文化正統地位的需要，亦與詞體本身的文體特性和文體發展有關，前文已述。「分體編錄」詩文總集不錄「詞」體的傳統於《文苑英華》遂已確立，後世斷代詩文總集如《宋文鑒》、《元文類》等皆沿襲之，明代《文章辨體》、《文體明辯》二書因其是以「辨體」爲旨，以包羅眾體、求全求備爲其「辨體」依據，故而錄「詞」爲體。《明文衡》則亦棄「詞」不錄。收錄「詞」體的詩文總集，《天下同文集》首錄「制誥」、「表箋」、「歌頌」類文學作品，而將「詞」體次於卷末，且收錄皆爲雅詞，可見周南瑞是以作品渾厚深重、格高雅正爲其收錄標準；吳、徐二書錄「詞」不入《正集》，皆編次於外集附錄之中；這與「詞」體本身的文體特性亦有很大關聯。

四、文體分類層級與明清「分體編錄」類總集分類體系

（一）明清「分體編錄」類總集的二級分類

　　明前總集在《文選》二級文體分類體例的基礎上根據文體發展的時代特點和實際編纂需要加以選擇，並積極建構，形成更爲豐富的文體分類體系。明清總集延續宋元總集二級分類成果，在拓展二次分類範圍、豐富二次分類方式以及建立多層分類結構等方面走得更遠。

　　以賀復徵《文章辨體匯選》爲例：卷三十二至三十九收錄「祝文」，其「序題」曰：「徐師曾曰：『按祝文者，饗神之辭也。劉勰所謂『祝史陳信，資乎文辭』者，是也。昔伊祈始蠟以祭八神，此祝文之祖也；厥後虞舜祠田，商湯告帝，《周禮》設太祝之職，掌六祝之辭。春秋已降，史辭浸繁，則祝文之來尚矣。考其大旨，實有六焉：一曰告，二曰修，三曰祈，四曰報，五曰辟，六曰謁，用以饗天地山川、社稷宗廟、五祀群神，而總謂之祝文』。其辭亦有散文、儷語之別也，今去辟、謁二體。」〔註43〕賀復徵在「祝文」體下進行二級分類，分「告辭」、「修辭」、「祈辭」、「報辭」、「古辭」、「祝辭」、「冠昏辭（祭射侯辭附）」、「玉牒」、「青詞」、「歎佛」、「歎道」、「上樑文」等類。

　　卷一百二十五「表」類在援引吳訥《文章辨體》序題基礎上參以己見：「按表有三體，分而別之，一曰古體，二曰唐體，三曰宋體。學者宜有以考云。」〔註44〕賀復徵將「表」體分爲「古體」、「今體」兩個二級類目。卷二百六十六「啓」體序題云：「劉勰曰：『啓者，開也，開陳其意也』。一云：跪也，跪而陳之也。分古體、今體二種。」〔註45〕《文章辨體匯選》「啓」體分「散體」、「律體」兩個二級類目。《匯選》收錄「序」體作品八十卷，分「經類」、「史類」、「文類」、「籍類」、「騷類」、「賦類」、「詩類」、「集類」、「奏議類」、「政類」、「學類」、「圖類」、「志類」、「譜牒類」、「紀錄類」、「目錄類」、「試錄類」、「齒錄類」、「時藝類」、「詞曲類」、「名字類」、「社會類」、「遊宴類」、「古蹟」、「贈送類」、「賀祝類」、「俳類」、「律體」、「釋類」、「變體」、「小序」等 31 小類。

　　卷三百九十二「論」類「序題」曰：「劉勰云：『論者，倫也，彌綸群言而研精一理者也。論之立名，始於《論語》，若六韜二論，乃後人之追題耳。

〔註43〕　（明）賀復徵：《文章辨體匯選》卷32，《景印文淵閣四庫全書》集部，第1402冊，第176頁。
〔註44〕　（明）賀復徵：《文章辨體匯選》卷125，第440頁。
〔註45〕　（明）賀復徵：《文章辨體匯選》卷266，第327頁。

其爲體則辨正然否，窮有數，追無形，鑽堅求通，鉤深耴極，乃百慮之筌蹄、萬事之權衡也。至其條流實有四品：一陳政，二釋經，三辨史，四銓文。此論之大體也。而蕭統《文選》則分爲三：設論居首，史論次之，論又次之，較諸彪說差爲未盡。惟設論則彪所未及，而乃取《答客難》、《答賓戲》、《解嘲》三首以實之，夫文有答有解，已各自爲一體，統不明言其體而概謂之論，豈不誤哉？愚謂析理亦與議說合契，諷寓則與箴解同科，設辭則與問對一致，今兼二子之說例爲八品：一曰理論，二曰政論，三曰經論，四曰史論（有評議述贊二體），五曰文論，六曰諷論，七曰寓論，八曰設論。其題或曰某論，或曰論某，則各隨作者命之無異義也。」〔註46〕《文章辨體匯選》「論」下有「論史」、「理論」、「論經」、「政論」、「文論」、「諷論」、「寓論」、「設論」8個二級類目。卷四百五十六「頌」體「序題」，賀復徵在劉勰、吳訥解說之後按曰：「後世所作諸頌皆變體也。其體不一，有謠體，有賦體，有騷體，有箴銘體，有散文體，不能各分，或注題下一二，使讀者自別云。」〔註47〕

　　《文章辨體匯選》「頌」體下有「散體」、「整體」、「佛仙類」、「庶物類」4個二級類目。《文章辨體匯選》卷五百六十「記」體序題曰：「記如絲之有紀，謂編事實以備遺忘也。按記有序事，有兼雜議論，今列爲二體。外有排體，韻文體，律體，託物寓意體，皆爲別體。又有墓碑記、墳記、塔記則皆附於墓誌之條，茲不復列。」〔註48〕賀復徵將「記」分類「考工」、「敘事體」、「議論體」、「變體」、「寓體」5類〔註49〕。此外卷六百四十二至卷六百六十四「碑」體下分「紀功」、「敘事體」、「議論體」、「排體」4類〔註50〕；卷六百九十四至六百九十六「碣銘」分「正體」、「別體」2類；卷六百九十八至七百二十九「墓誌銘」分「正體」、「變體」、「排體」、「別體（墓誌、墓銘）」、「雜誌（雜墓誌銘，附雜文、諸記、槨銘、諸誌）」5個二級類目。

〔註46〕　（明）賀復徵：《文章辨體匯選》卷392，第699頁。

〔註47〕　（明）賀復徵：《文章辨體匯選》卷456，第588頁。

〔註48〕　（明）賀復徵：《文章辨體匯選》卷560，第1頁。

〔註49〕　「敘事體」下再細分爲學宮、佛宇、神廟、祠堂、遺愛、官署、古蹟、亭閣、園墅、遊覽、興復、圖畫、技藝、花石、雜記15類。「議論體」下有學宮、佛宇、祠堂、官署、古蹟、亭閣、園墅、遊覽、興復、懿範、書翰、圖畫、花鳥、雜記14個三級類目。

〔註50〕　「敘事體」細分文廟、釋教、道教、神廟、古賢、忠節、遺愛、家廟、文廟、佛宇10類，「議論體」分神廟、帝王、古賢、遺愛、寓言5類，排體分文廟、佛宇、神廟、雜碑4類。

在二級分類方式上，明清總集「分體編錄」類總集在延續宋元分類成果基礎上，又有創新。

《文體明辯》「古歌謠辭」下細分「歌」、「謠」、「謳」、「誦」、「詩」、「辭」、「諺」7個二級類目，賀復徵在「祝文」體下進行二級分類，分「告辭」、「修辭」、「祈辭」、「報辭」、「古辭」、「祝辭」、「冠昏辭（祭射侯辭附）」、「玉牒」、「青詞」、「歎佛」、「歎道」、「上樑文」等類，則以更細一級文體類目區別分類。

《文體明辯》中「戒」體分「散文」、「韻語」2類，則以語言的韻散特點進行二級分類。

《文體明辯》「箴」分「官箴」、「私箴」，則以宗法儀禮秩序中「公」、「私」分類。

《文體明辯》「記」體細分「託物以寓意者」、「首之以序而以韻語爲記者」、「篇末係繫以詩歌者」3類，則以文體表現方式和文體體制篇章結構區分二級類目。

《文章辨體》「古賦」體下分「楚」、「兩漢」、「三國六朝」、「唐」、「宋」、「元」、「國朝（明）」7類，《文體明辯》「表（附笏記）」分「古體」、「唐體」、「宋體」3類，則以歷史朝代劃分二級類目。

《文章辨體》「樂府」的「郊廟歌辭（吉禮）」、「慢樂歌辭（軍禮）」、「燕饗歌辭（賓禮、嘉禮）」、「琴趣歌辭」、「相和歌辭」、「清商曲辭」6個二級類目，在兼顧樂府禮樂儀式的同時大致按照音樂曲調區別分類。

《文體明辯》「序」分「正體」、「變體」2類，「碑文」分「正體（主於敘事者）」、「變體（主於議論者）」、「變而不失其正（敘事而參之以議論者）」3類；《文章辨體匯選》「碣銘」分「正體」、「別體」2類，「墓誌銘」分「正體」、「變體」、「排體」、「別體（墓誌、墓銘）」、「雜誌（雜墓誌銘，附雜文、諸記、椰銘、諸誌）」5個二級類目；則以文體源流「正」、「變」區別分類。

明清一些總集的二級分類甚至出現了兼用兩種不同分類方式和標準的趨勢：

《文體明辯》「詔」、「敕」、「箋」等體下分「古體」、「俗體」2類，乃兼用文體歷時發展的先後標準和文體審美趣味的「雅」、「俗」標準。

《文章辨體匯選》收錄「序」體中「經類」、「史類」、「文類」、「籍類」、「騷類」、「賦類」、「詩類」、「集類」、「奏議類」、「政類」、「學類」、「圖類」、

「誌類」、「譜牒類」、「紀錄類」、「目錄類」、「試錄類」、「齒錄類」、「時藝類」、「詞曲類」、「名字類」、「社會類」、「遊宴類」、「古蹟」、「贈送類」、「賀祝類」、「釋類」27 類，大致按「序」作品內容性質分類，而「小序」作為「序」體一種，是以「體」區分產生的二級類目，「俳類」、「律體」以文體的語言聲律劃分立類，而「變體」則以文體源流演變中的「正」、「變」區分。《文章辨體匯選》「頌」體下有「散體」、「整體」、「佛仙類」、「庶物類」4 個二級類目；「記」分類「考工」、「敘事體」、「議論體」、「變體」、「寓體」5 類；「碑」體下分「紀功」、「敘事體」、「議論體」、「排體」4 類等等，皆是在二級分類中兼用不同的分類方式。

（二）明清「分體編錄」類總集的多級分類

　　分類結構是一個有層次的系統。一些事物經由一次分類即可滿足研究需求，而在實際的科學研究中，初次分類之後往往要進行再次分類。總集的編纂分類亦是如此。總集分類系統中每一層級分類所採用的分類依據和分類標準都是總集分類橫向研究的基本觀照點，而事實上總集次級分類所採用的劃分標準一般多利用初次分類已有的經驗成果，故而需要將總集每一次分類所秉持的分類標準與分類結果綜合起來加以研究，在從縱向上建構總集分類的層級結構。

　　明清「分體編錄」類總集形成了多層分類結構，如《文章辨體匯選》「記」體下二級類目「考工」、「敘事體」、「議論體」、「變體」、「寓體」中，「敘事體」下再細分為學宮、佛宇、神廟、祠堂、遺愛、官署、古蹟、亭閣、園墅、遊覽、興復、圖畫、技藝、花石、雜記 15 類，「議論體」下有學宮、佛宇、祠堂、官署、古蹟、亭閣、園墅、遊覽、興復、懿範、書翰、圖畫、花鳥、雜記 14 個三級類目。「碑」體下分「紀功」、「敘事體」、「議論體」、「排體」4 個二級類目中，「敘事體」細分文廟、釋教、道教、神廟、古賢、忠節、遺愛、家廟、文廟、佛宇 10 類，「議論體」分神廟、帝王、古賢、遺愛、寓言 5 類，排體分文廟、佛宇、神廟、雜碑 4 類。可知，是書建構了總集三級分類體系。

第三節　明清《文選》廣續補遺本總集的文體分類觀念

　　《文選》對後世總集編纂的影響在前文中已有論述。如果說，《文苑英華》、《唐文粹》、《宋文鑒》、《五百家播芳大全文粹》、《元文類》、《文章辨體》、《明文衡》、《文體明辯》、《文章辨體匯選》、《明文在》等總集是在《文選》所確立的總集編纂經典範式影響下另起爐灶自行編纂成書，與《文選》並列同屬於「分體編錄」類總集；那麼，從《文選》中摘錄部分作品獨立成書〔註51〕，或在《文選》基礎上加以廣續補遺成書〔註52〕，則屬於《文選》收錄內容的刪減、續補之作，其成書與《文選》最爲密切。一般來說，《文選》刪減本只在作品內容上刪繁簡要，編次體例一般不作變動。如元方回《文選顏鮑謝詩評》即取《文選》中所錄顏延之、鮑照、謝靈運、謝瞻、謝惠連、謝朓之詩成集，其分類體例亦依《文選》，大致以主題內容設立類目，取《文選》「詩」體下二十四類目中「述德」、「公宴」、「祖餞」、「詠史」「遊覽」、「詠懷」、「哀傷」、「贈答」、「行旅」、「樂府」、「雜詩」、「雜擬」等十二類加以編次作品，類目排列順次與《文選》相同。廣續補遺本或在《文選》既定的選文時段中增收補遺，或在《文選》後繼的時段中續收。如何將續補、增輯的作品進行合理編次，在分類體例上體現「廣續」、「補遺」《文選》的用意，則是編纂者首先要考慮的重要問題。

　　歷代廣續補遺《文選》總集層出不窮。唐代有按《文選》義例續補《文選》的多種集子，如孟利貞《續文選》十三卷、卜長福《續文選》三十卷及卜隱之《擬文選》三十卷。宋代有陳仁子《文選補遺》，明代有劉節《廣文選》、馬繼銘《廣文選》、周應治《廣廣文選》、湯紹祖《續文選》、胡震亨《續文選》等。還有一些集子屬於廣續補遺《文選》詩類，如元劉履《選詩補遺》二卷、《選詩續編》四卷、明楊愼《選詩外編》九卷等。

〔註51〕　《文選》刪減本，或整體節錄《文選》作品獨立成書，如明余國賓《文選刪注》等；或節錄《文選》某一種文體作品成書，如《選詩》、高似孫《選詩句圖》、劉履《選詩補注》、方回《文選顏鮑謝詩評》等。

〔註52〕　《文選》廣續補遺本，或在《文選》既定的選文時段中增收補遺，或在《文選》後繼的時段中加以續補，有孟利貞《續文選》、卜長福《續文選》、卜隱之《擬文選》、陳仁子《文選補遺》、劉節《廣文選》、馬繼銘《廣文選》、周應治《廣廣文選》、湯紹祖《續文選》、胡震亨《續文選》以及劉履《選詩補遺》、《選詩續編》、楊愼《選詩外編》等。

一、宋元《文選》廣續補遺本總集文體分類

　　《文選補遺》初次分類仿照《文選》，分體 37 類。相比於《文選》少了「七」、「冊」、「令」、「教」、「啓」、「彈事」、「箋」、「移」、「辭」、「符命」、「史述贊」、「連珠」、「墓誌」、「行狀」、「弔文」等一級類目，增加了「璽書」、「賜書」、「策書」、「敕書」、「告諭」、「議」等詔令奏議類文體，其文體細化分類，注重文體應用場合和功能。同時於「詩」之外，增添「樂歌」、「謠」、「歌」、「操」一級類目，與「詩」並列。因「七」、「連珠」類作品數量較少，且《文選》已經盡選精華，故未選錄。「史述贊」與「贊」在文體形式上差別不大，故而併入「贊」類。在調整《文選》類目數量基礎上，又變《文選》「奏記」爲「奏疏」，變「設論」、「史論」爲「論」、「史敘論」，用「離騷」類代替《文選》中「騷」，「詔誥」替「誥」，「對」替「對問」，衍《文選》「哀文」爲「哀策文」、「哀辭」兩類。

　　首先，《文選》將文學與經、史、子區別開來，其以「詩賦」爲中心，強調其純文學的性質，側重於文學的審美功能，是基於魏晉南北朝時期文人文學發展的文學史事實的〔註53〕。而《文選補遺》的序言明確指出其宗旨爲「君臣政治之典章、輔治之方略皆可考見，而爲世教民彝之助」。〔註54〕可見，《文選補遺》更加關注「詔令奏疏」類文體。這反映了陳仁子注重文章治國從政之功用，體現在選文數量上則多選關乎政教世用之文，在文體類目命名設置上將詔令奏疏類文體細化分類，這些都是遠遠背離了《文選》以文學性爲宗旨的原典初衷。

　　其次，「詩」體外設置「樂歌」、「謠」、「歌」、「操」等類，收錄大量的民間謠歌。《文選》「詩」體下有「輓歌」、「雜歌」兩類，收錄作品皆文人之作，相比之下，《文選補遺》於「詩」之外，立「謠」類，收錄《康衢謠》以下十七首無名氏歌謠；又立「歌」類，主要收錄「民歌」類作品，如《白渠民歌》、《漁陽民歌》、《蜀民歌》、《臨淮民歌》、《順陽民歌》、《交趾民歌》等。《文選》

〔註53〕　錢志熙先生指出：「文人文學發源於修辭之美的獨立價值的認識，成立於個體寫作經驗的推廣，具體來講，就是戰國後期以來從子、史寫作中獨立出來的，以辭章之美爲主要追求目標的各類篇章之文。」詳見《〈文選〉「次文之體」雜議──〈文選〉在文體學與文學史學上的貢獻與局限》，《文藝理論研究》，2009 年第 6 期，第 86 頁。

〔註54〕　（元）趙文：《〈文選補遺〉序》，（宋）陳仁子《文選補遺》卷首，第 3 頁。

詩選錄以「典雅」為尚，這樣雖可以將六朝以來的浮豔詩歌排斥在外，同時也不可避免地漏選了許多優秀的民間歌謠，一些樂府民歌如《孔雀東南飛》等優秀之作也沒能入選。《文選補遺》在《文選》「詩」體之外，另立「樂歌」、「謠」、「歌」、「操」等體類，收錄上古歌謠、樂府民歌等作品，在文體層面上肯定其獨立性，同時也是對《文選》以及《文選序》錄文體系的補充和完善。

此外，陳仁子《文選補遺》的文體類目排序以「詔誥」、「璽書」、「賜書」為首，這與《文選》以「賦」、「詩」為首是不同的。陳仁子從文體的應用場合和功能出發，認為「詔令，人主播告之典章；奏疏，人臣經濟之方略」，關乎國家政用、君臣倫理。故其文體類目排序以「詔令奏疏」類人主、臣子運用之文體凌駕於「詩」、「賦」類之上，先國家政用後詩賦等日常生活之體。

《文選》文體類目編次中先賦、詩後文的「次文之體」方式，客觀地揭示了作為中國古代文學主體的文人文學的發展歷史，這與蕭統欲標立「文」之獨立地位有密切關聯。而陳仁子通過選文排序糾正蕭統文學觀念之闕失，補《文選》錄文之脫漏，是為了體現《文選補遺》「世教民彝之助」的編纂目的和宗旨。

《四庫全書總目》有《文選補遺》「蓋與劉履《選詩補注》皆私淑《文章正宗》」〔註55〕之說。《文章正宗》秉持「明理致用」的選文標準，在具體類目編次上先「辭命」、「議論」、「敘事」後「詩賦」的排列順序，是以理學家眼光來選文，與《文選》止於選文的編纂目的並不相同。現陳仁子以《正宗》之選文標準和類目排序之法撰《文選補遺》，則已離《文選》遠矣。《總目》評其「律以《正宗》之法，皆為自亂其例」。〔註56〕究其原因，則此書既因襲《文選》名號，應以能文為本，仁子以《正宗》為律，已使體制多歧，而「以立意為宗」，「事異篇章，義乖準的」〔註57〕，故「其說云補《文選》，不云竟以廢《文選》」，「使兩書並行，各明一義，用以濟專尚華藻之偏，亦不可謂之無功」〔註58〕。可見，四庫館臣對陳仁子仿傚《文章正宗》編次《文選補遺》的做法存有微詞，在批評其背離《文選》編纂初衷的同時，也在一定程度上肯定了《文選補遺》對《文選》「專尚華藻之偏」的糾正之功。

〔註55〕（清）永瑢等：《四庫全書總目》卷187，第1703頁。
〔註56〕（清）永瑢等：《四庫全書總目》卷187，第1703～1704頁。
〔註57〕（清）龍啓瑞：《題明茶陵陳氏〈文選補遺〉後》，第636頁。
〔註58〕（清）永瑢等：《四庫全書總目》卷187，第1704頁。

　　陳仁子批評《文選》選文之陋，秉持自身選文標準，廣輯詩文加以補遺，在文體類目命名設置上對《文選》多有增刪更替，在編次分類上亦對《文選》文體類目排序加以調整。其以「補遺」爲名，而實質卻是在《文選》選文時段內以理學家眼光來選文，遠不同於《文選》僅以選「文」作爲編纂目的，這些都可以從《文選補遺》的文體類目選擇和排序上體現出來。

二、明代《文選》廣續補遺本總集的分類觀念

　　受中唐古文運動以及北宋詩文革新運動的影響，宋代逐漸形成以古文爲中心的時代風氣；宋元科舉制度的改革以及理學興起，也在一定程度上影響《文選》的接受和傳播。相對於唐，宋元《文選》學呈現衰落之勢。受宋元理學的影響，《文選補遺》秉持「明義理」、「助世教」的文學思想和編纂宗旨，在選文上收錄合乎「性情」、「義理」等政教世用之文，在文體類目命名設置上細化詔令奏疏類文體，增「璽書」、「賜書」、「策書」、「敕書」、「告諭」、「議」等類，設「樂歌」、「謠」、「歌」、「操」收錄大量民間謠歌；《選詩補遺》亦收錄散見於史籍傳記、諸子百家以及樂府詩集中「古歌謠辭」；在文體類目排序上，《文選補遺》以「詔令奏疏」類人主、臣子運用之文體凌駕於「詩」、「賦」之上，先國家政用後詩賦等日常生活之體；《選詩補遺》、《選詩續編》變《文選》「詩」體類編的方式而以時代爲目編次作品，這些都遠遠背離了《文選》標注「文」之獨立、展現文人文學發展歷史的編纂初衷。特別是《文選補遺》逐漸脫離原典而帶有濃重的宋元理學時代氣息，其根本原因在於陳仁子是以《文選補遺》選文作爲治國從政的參考教材而非單純的文學性審美對象，其編纂宗旨也由《文選》創作垂範性轉變爲政教實用性。

　　在宋元廣續補遺本《文選》總集影響下，明代廣續《文選》總集編纂興盛，有劉節《廣文選》、馬繼銘《廣文選》、周應治《廣廣文選》、湯紹祖《續文選》、胡震亨《續文選》等，更有單獨廣續補遺《文選》「詩」類之編，如楊愼《選詩外編》九卷等。相對於《文選補遺》等宋元廣續補遺《文選》總集沾染的理學時代氣息，明人在「文」、「道」關係的處理上體現出通融達觀的態度〔註59〕，其文學復古思想中對於古風的追求和《文選》原

〔註59〕陳蕙在《重刻〈廣文選〉後序》中指出劉節《廣文選》在文道問題上持文道融合的觀點，（明）陳蕙：《重刻〈廣文選〉後序》，（明）劉節撰，（明）陳蕙重刻：《廣文選》，《四庫全書存目叢書》集部第 298 冊，第 391 頁。周應治則

典收錄詩文典範的認同，使得其編纂理念更貼近蕭統「事出於沉思，義歸乎翰藻」的選文標準，體現出明人在經典的續補中重塑《文選》文學性的編纂理念。

明代廣續補遺《文選》總集在《文選》文體分類的基礎上自覺利用文體類目的增刪、合併，以及文體類目排序的調整設置等方面，來表達自身的編纂思想和文體觀念。

明劉節（1476～1555）編《廣文選》，六十卷。此書舊本八十二卷，嘉靖十二年揚州守候秩刊梓行於世。卷首有王廷相、呂柟嘉靖十二年所作序，劉節嘉靖十一年自序，王、呂序稱八十二卷。嘉靖十六年（1537），晉江陳蕙與王子松以其「訛字逸簡雜出」，故將其刪補分卷六十於揚州刊刻，則知此本為陳蕙等人重編之集。

劉節以《文選》選文「法言大訓，懿章雅歌，漏逸殊多。詞人藻客，久為慨惜，然未有能繼其舊貫者」〔註60〕，故旁搜群書，凡蕭統選文缺漏，悉數「類摘門補」，總二千餘篇，為卷八十二，然其「門分類析，皆準昭明之舊」〔註61〕。卷末陳蕙跋稱「節舊本所錄凡千七百九十六篇，其中訛字逸簡雜出，又文義之甚悖而俚者間在焉。乃以視釐之暇，與楊郡守王子松，教授林璧，訓導曾辰、李世用，共校讎增損之，刻置淮揚書院。刪去二百七十四篇，增入三十篇」。

劉節《廣文選序》曰：

> 序曰：《廣文選》何？廣蕭子之選也。何廣乎蕭子之選也？蕭子之選文也，……或遺焉。是故廣之以備遺也。
>
> 鳥獸草木皆物也，鳥獸選矣，草木遺焉，是故次之草木以廣遺也。賦諸目具遺，弗目者遺，故次之雜賦以廣遺也。
>
> 夫詩六義備矣。逸詩，詩之遺也，廣之。自逸詩始補亡無矣。操，樂府之遺也。謠，雜歌之遺也，廣之，詩斯備矣。

認為「文之所廣者在於文」，文理「分之或乖」，提出選錄標準是「爾雅瑰麗，不詭於體者」，這已然是在文道並重的基礎上更偏重於「文」。（明）周應治：《廣廣文選‧義例》，《四庫全書存目叢書補編》第19冊，第10～12頁。

〔註60〕（明）王廷相：《廣文選序》，（明）劉節撰，（明）陳蕙重編：《廣文選》，《四庫全書存目叢書》集部，第297冊，第506頁。

〔註61〕（明）呂柟：《廣文選序》，（明）劉節撰，（明）陳蕙重編：《廣文選》，第508頁。

　　夫詔，王言也，璽書、賜書、敕諭，皆王言也。廣之類也。策，冊類也，策問，詔類也，廣之以從類也。疏，上書類也，封事、議對皆疏類也，廣之以從類也。對策對厥問也，策問，詔類矣，對策，對類也，廣之從其類也。而文則無矣。問次於對，有問斯有對也，廣之以類也。

　　夫記者，序之實也；傳者，史論贊之紀也；說者，論之要署也；哀辭者，哀之緒餘也；祝文者，祭告之大典也；是故廣之，廣其類也。

　　夫文猶賦也，諸類具矣，弗類者遺。是故次之雜文以廣遺也。

　　夫騷作於屈宋者也，《九歌》遺焉，《九章》遺焉，《九辨》遺焉，景賈以下不錄也。

　　漢詔盛矣，選其二焉，遺者多矣。是故廣之以備遺也。表、箋、啓、檄署矣；奏、記、設論、箴、贊署甚矣；史論、述贊署益甚矣；銘也，頌也，誄也，古而則者遺矣，書、序之遺猶夫銘也，論之遺猶夫書也，碑文之遺猶夫論也，諸類之遺猶夫頌也、誄也。

　　故今考之，文之遺猶夫詩也，十六七也，詩之遺猶夫賦也，十四五也，賦之遺猶夫騷也，十二三也，是故廣之以備遺也。〔註62〕

由劉節自序及《廣文選》正文可知，劉節在遵循《文選》「分體編錄」編次作品體例的基礎上，做出以下調整：首先，增設一級文體類目。《廣文選》增設「璽書」、「賜書」、「敕諭」三類「王言」之體，從類中又增「冊」類之體「策」，「詔」類之體「策問」；增設上書類文體之「疏」，同時又將「疏」類文體之「封事」、「議對」增設入集；區別「對策」與「策問」，錄對類之「對策」一體；「記」、「傳」、「說」、「哀辭」、「祝文」各爲一類，故廣之；而「夫文猶賦也，諸類具矣，弗類者遺，是故次之雜文，以廣遺也」，增設「雜文」之體，收錄先秦諸子散文、春秋傳、《國語》等作品。其次，一循《文選》「詩」、「賦」類分之例，《廣文選》詩賦再以主題事類區分，在《文選》類目基礎上，「賦」體增設「天地」、「草木」二級類目，「詩」體於「樂府」類外，增「操」一類。

〔註62〕　（明）劉節：《〈廣文選〉序》，（明）劉節撰，（明）陳蕙重編：《廣文選》，第508～509頁。

　　明周應治在劉節《廣文選》基礎上編《廣廣文選》二十三卷。此書乃應治萬曆間纂於南都，刻於東粵。清華大學藏有明崇禎八年刊本，係爲其子元孚覆刻本，目錄附有元孚識語。卷首有李維楨、屠隆、周應賓序及應治自序，除李序未署年月外，屠隆序署萬曆癸卯，周應賓署萬曆庚子，周應治自序署萬曆二十四年。

　　周應治自序稱劉節《廣文選》「有功於文苑」，乃「肆力編摩，旁搜散佚」〔註63〕，廣劉節之所未廣。其具體分類體例，《廣廣文選義例》有明確說明：

>　　《文選》賦類目依舊，間有象數、時令之類目，不嫌蛇足。詩參閱《詩紀》廣之於古於漢，所遺者十九，今摭之，詳於古於漢，晉以下則並收其逸。

>　　《選》有詔，有令，有冊，有教，而《廣》有璽書、賜書、有策、有敕；《選》有表，有上書，有啓，有彈事，有奏記，而《廣》有疏、有封事，有議，有對策，有問；《選》有贊、論有序、史論、有論，而《廣》有記，有說、令。於《廣》之目而或缺焉，如行狀之類；於《廣》之外而增廣之，若盟、誓，若章，若移，若符，若訓，若誡，若體，若難，若讖，若解，亦因文之本來之目而列之耳。

〔註64〕

《義例》將《廣廣文選》與《廣文選》、《文選》文體類目相比較，大體可知，《廣廣文選》分體有賦、騷、詩、賜書、盟誓、敕、誥、策問、敕文、移、符、表、章、疏、箋、上書、啓、箋、奏、彈事、議、檄、書、訓、誡、篇、體、問、對、對策、難、讖、解、設論、辭、繇辭、序、自敘、論、連珠、記、頌、贊、符命、史論、箴、銘、誄、哀策、碑文、墓誌、祭文、祝文。

　　《文選序》有「戒」、「誓」、「篇」、「符」之體，《文選》正文未有選錄，《廣廣文選》因之而廣。「誥」、「敕文」、「章」、「訓」、「體」、「讖」、「解」，「因文之本來之目」而設類；劉節《廣文選》「自序」合於「序」中，《廣廣文選》另析爲一體。《文選》不收史傳類作品，《廣文選》有「傳」之體目，《廣廣文

〔註63〕　（明）周應治：《〈廣文選〉序》，（明）周應治輯：《廣廣文選》，《四庫全書存目叢書補編》第 19 冊，第 8 頁。

〔註64〕　（明）周應治：《廣廣文選・義例》，第 10～11 頁。

選》不復錄入，周應治以「傳莫善於《史記》，無一傳不可入者，詎勝其載。自三國而下傳不能匹馬班，且一傳而載數人，去首尾序贊則不成文，並載則不勝繁複，故去此目。」﹝註65﹞可見《廣廣文選》的類目在「傳」體類目的選擇上與《文選》原典趨同。在二級類目上，《廣廣文選》「賦」體下增設「象數」、「時令」、「草木」、「寺觀」、「雜詩」五個二級類目，「詩」體下有「古遺詩」、「古樂府」、「操」、「謠」、「誦」五個次級類目。

　　《廣文選》、《廣廣文選》之外，又有國家圖書館藏明大梁書院刻本《文選增定》二十三卷，舊題為李夢陽編，疑假託耳。全書在《文選》篇目基礎上增輯三十五篇作品，在文體分類上設置「古歌辭」目，收錄《黃鵠歌》、《榜枻歌》上古歌謠，一些文體類目再加以合併，「奏記」併入「箋」體，「史述贊」併入「贊」體，於文體功能層面而言，實現了文體類目設置的科學性。

　　胡震亨撰《續文選》十四卷。該集編纂於萬曆二十九年，三十年刊梓行世，崇禎十四年重刻。進化書局、臺北商務印書館先後有影印本問世。胡本接續《文選》選梁、陳、魏、北齊、北周、隋歷代文。在具體作品編次時，《文選》「賦」十四類中，《續文選》僅存「紀行」、「鳥獸」、「誌」、「音樂」四目，而增設「法集」、「草木」兩類；詔令類文體，刪「冊」、「策」，存「詔」、「令」、「教」三體；典章奏疏類文體，刪「上書」、「奏記」，留「表」、「啓」、「彈事」、「箋」四體，在兼顧文體功能的同時，儘量精簡類目。

　　湯紹祖輯《續文選》三十二卷，有明萬曆三十年希貴堂刻本。《續文選序》稱「《文選》，選之最都也。胤是以降，齊周病於椎樸，陳隋傷於浮豔」，「五代局於促運，宋元淪於卑習，並文太纖靡，詩涉近體，以非本旨，並從刪黜」，而「李唐嗣興」，明「文章篇翰，並為一新。」﹝註66﹞是編惟取唐、明兩代之文，編次分類亦尚精簡：「賦」體少《文選》「京都」、「郊祀」、「耕藉」三類，「詩」體少「補亡」、「述德」、「招隱」、「反招隱」四目。

　　郭英德先生依《文選序》所敘及的文體脈絡將 38 種文體分成若干文體序列：

﹝註65﹞（明）周應治：《廣廣文選‧義例》，第 11～12 頁。

﹝註66﹞（明）湯紹祖：《〈續文選〉序》，（明）湯紹祖：《續文選》，《四庫全書存目叢書》集部，第 334 冊，第 1～2 頁。

序列號	文體類目	文　筆	備　註
A1	1 賦、2 騷、3 詩、4 頌	有韻之文	本「詩之六義」
A2	5 箴、（6 戒、7 論）、8 銘、9 誄、10 贊	有韻之文	「詩」之流變
B2－1	（6 戒、7 論）	無韻之筆	文人應用文體
B1	11 詔、12 誥、13 教、14 令、15 表、16 奏、17 箋、18 記、19 書、20 誓、21 符、22 檄	無韻之筆	官府應用文體
B2－2	23 弔、24 祭、25 悲、26 哀、27 答客指事、28 三言八字、29 篇、30 辭、31 引、32 序、33 碑、34 碣、35 誌、36 狀	有韻之文	文人應用文體
C	37 贊論、38 序述	文筆相兼	史籍摘錄

郭先生通過考察《文選》、《文苑英華》、《唐文粹》、《宋文鑒》、《元文類》、《文章辨體》、《明文衡》、《文體明辯》、《明文在》文體排序，總結歷代「分體編錄」類總集文體排序的基本體例：

通例：A1——B1——B2－1——A2——B2－2

變例：A1——B1——A2——B2－1——B2－2

郭先生根據上表中文體序列之間與文體序列之內的排序，總結了《文選》類總集文體類目排序的基本規則：第一，以文體的語體特徵排序，大致遵循先文後筆的原則；第二，按文體的時間特徵排序，一般先源後流；第三，按照文體所體現的行為方式的空間秩序排列，一般先公後私，先君後臣，先中央後地方；第四，按文體所體現的社會功能排序，一般先生後死；第五，按照文體所體現的審美價值排序，一般先雅後俗。這五條基本規則又分別對應於中國古代的學術文化分類觀念、中國古代「通古今之變」的歷史觀念、中國古代尊卑親疏的宗法觀念、「重生」、「貴生」的傳統倫理觀念以及中國古代雅俗之辨的文化觀念，具有深厚的其文化淵源〔註67〕。

總的來說，相對於宋元廣續補遺《文選》總集，明代此類總集編纂更關注於「文」之本身，故而更貼近原典。明代廣續補遺《文選》在尊崇原典選文與分類典範的前提下，廣搜博取樂府詩歌、遠古歌謠，以及史部、子部文章，對《昭明文選》進行補充和完善，在具體的作品分類編次中，以選錄作品的文體屬性設置類目名稱，在文體類目的增設、刪減、合併以及文體類目的排序中實現分類的體系化。明代廣續補遺《文選》總集在《文選》既有分

〔註67〕詳參郭英德：《中國古代文體學論稿》，第 165～197 頁。

類秩序的影響下各有變化，重建新的文體分類體系，這既是編者文體分類觀念等主體素質在總集編纂實踐中的具體運用，也是明人崇尚簡約、清晰、系統化、重邏輯的分類思維特點的直接反映。

第三章　明清文章總集樂府分類與
觀念演變

　　樂府本爲官署之名，後人並以之稱其所採之詩。秦代已有樂府官署設置，最遲至漢初即有樂府機關的建置，王應麟、吳訥、王先謙等人亦持此論。趙敏俐先生在考論西漢初年分設太常與少府的基礎上，認爲漢初的少府中已有樂府官署的存在，漢武帝「立樂府」則是在規模和職能上加以擴充，最直接的變更，即以樂府承擔爲郊祀之禮配樂之職。漢代有以「新聲變曲」爲祭祀之禮配樂的樂府觀念，採民歌之調製作頌神歌，促進了先秦雅樂的衰亡與新聲俗樂的發展，自此，「樂府」逐漸由國家音樂官署之名衍化爲詩體之名。〔註1〕

　　《隋書・經籍志》最早著錄樂府總集中，《古樂府》（八卷）、《樂府歌辭鈔》（一卷）、《歌錄》（十卷）、《古歌錄鈔》（二卷）、《晉歌章》（八卷，梁十卷）、《吳聲歌辭曲》（一卷，梁二卷），以上皆不著撰人；《陳郊廟歌辭》（三卷，徐陵撰）；《樂府新歌》（十卷，秦王記室崔子發撰），《樂府新歌》（二卷，秦王司馬殷僧首撰）。《舊唐書・經籍志》、《新唐書・藝文志》亦有相關記載，惜年代久遠，皆已不傳。

第一節　《樂府詩集》與明前樂府觀念演變

　　《宋書・樂志》引：「蔡邕論敘漢樂曰：一日郊廟神靈，二日天子享宴，

〔註1〕趙敏俐：《漢代樂府官署興廢考論》，《文獻》，2009 年第 3 期，第 17～33 頁。

三曰大射辟雍，四曰短簫鐃歌。」〔註2〕《隋書‧音樂志》、《通典‧樂典》皆沿蔡邕四分之說。又據《晉書‧樂志》記載可知，晉代樂府分「五方之樂」、「宗廟之樂」、「社稷之樂」、「辟雍之樂」、「黃門之樂」和「短簫之樂」六類。總體來說，晉代樂府分類沿襲漢樂四品分類思維，即以禮樂制作與適用場合作為區分的標準。《古今樂錄》收錄漢至陳時音樂資料，旁徵博引，是研究漢魏六朝樂府的重要文獻書籍。郭茂倩編纂《樂府詩集》時，頻引《古今樂錄》之樂府題解與歌辭記載。據王謨輯本《古今樂錄》佚文可知，智匠明言「清商西曲」之語，又有「橫吹」、「鼓吹」類名，而其提及相和四引、相和十五曲、吟歎四曲、四絃與平調、清調、瑟調、楚調等曲，或吳聲歌、西曲歌、神絃歌，或類似與舞曲歌辭之巴渝舞、鐸舞、拂舞、巾舞以及《思親操》之琴操歌辭等，《古今樂錄》至少涵蓋了類似於《樂府詩集》中鼓吹歌辭、橫吹歌辭、相和歌辭、清商曲辭、舞曲歌辭和琴曲歌辭六類〔註3〕。故而清人王謨《序錄》言「郭茂倩所編次《樂府詩集》一百卷，分十二門，包括傳記辭曲，略無遺軼，大率據此書（作者注：《古今樂錄》）及吳兢《樂府解題》為多」〔註4〕。

　　自西晉崔豹《古今注》以題解形式首開樂府批評之風，至唐宋時期，題解類樂府著作遂成為樂府理論建構和批評研究的重要組成部分。唐吳兢《樂府古題要解》採用分類題解之著錄形式。《古題要解》將其所釋一百三十八組的古題分為「樂府相和歌」、「樂府鞞舞歌」、「樂府拂舞歌」、「樂府白紵歌」、「樂府鐃歌」、「樂府橫吹曲」、「樂府清商曲」、「樂府雜題」、「樂府琴曲」、「雜出諸家文集亦有非樂府所作者」。就其類目名稱來說，吳兢以音樂曲調不同而加以區別分類，這一點與《古今樂錄》頗為相像。然吳兢所著於音樂史則較少關注，故其分類僅從古辭本身的音樂屬性來分，並不以當時的實際音樂演奏實踐為基礎。《古題要解》分類最顯著的特點即將漢魏以來的郊廟、燕射歌辭剔除在外，而舞曲歌辭、相和歌辭、清商曲辭、琴曲歌辭、橫吹曲、鐃歌（鼓吹曲）則逐漸於樂府分類中獨立為類，相對於東漢、晉代以禮樂制作類分樂府，吳兢分類則更偏重與樂府本身的音樂曲調分類，此點在後代的樂府分類之中影響深遠。

〔註2〕　（梁）沈約：《宋書》卷20，北京：中華書局，1974年，第565頁。

〔註3〕　顏餘慶：《樂府分類述評》，《古籍整理研究學刊》，2007年第3期。

〔註4〕　（清）王謨輯：《漢魏遺書鈔》本《古今樂錄》卷首，《續修四庫全書》集部，第1199冊，第693頁。

　　劉次莊著有《樂府題解》十卷，為題解《樂府集》編錄樂府歌辭題名之作，分類目錄為「古樂府之所起」、「橫吹曲」、「日月雲霞」、「時序」、「山水」、「佛道」、「古人」、「童謠」、「古婦人」、「美女」、「酒」、「音樂」、「遊樂」、「離怨」、「雜歌行」、「都邑」、「宮殿樓臺」、「征戌弋獵」、「夷狄」、「蟲魚鳥獸」、「草木花果」二十一類，其中除「古樂府之所起」、「橫吹曲」、「童謠」、「雜歌行」外，其餘皆以樂府題材內容分類。劉次莊《樂府集》脫離樂府音樂屬性而以樂府詩歌題材內容分類，使得樂府與徒歌並無二致，或可反映宋代樂府詩歌發展音樂屬性流失之狀。當然這種「類分」樂府之法後世並不多見，但鄭樵的《通志‧樂略》「遺聲」類卻頗與此相似。

　　宋人郭茂倩編纂的《樂府詩集》是現存最早的樂府總集。郭茂倩《樂府詩集》收錄上起陶唐，下迄五代之樂府 5290 首，是宋前樂府詩之集大成之作。《樂府詩集》採用依類系調，依調繫辭的編錄法則，將所錄樂府以音樂曲調不同大致分為十二類：郊廟歌辭、燕射歌辭、鼓吹曲辭、橫吹曲辭、相和歌辭、清商曲辭、舞曲歌辭、琴曲歌辭、雜曲歌辭、近代曲辭、雜謠歌辭、新樂府辭。從類目名稱以及總序題解來看，《樂府詩集》十二類，大致沿用了釋智匠《古今樂錄》、吳兢《樂府古題要解》以音樂曲調劃分的分類標準。

　　《樂府詩集》十二類先樂府古題，後樂府新題；先「鼓吹曲辭」後「橫吹曲辭」，先「相和歌辭」後「清商曲辭」，蓋因後者皆從前者獨立而出；大致遵循歌辭產生先後順序。而將「雜歌謠辭」與「新樂府辭」置於後，則體現了郭茂倩依音樂性由強至弱編次排列類目的標準。在另外一個層面上，古題樂府以「郊廟」、「燕射」居首，「鼓吹曲辭」、「舞曲歌辭」位後，則體現了郭茂倩以禮儀性強弱以及禮樂制作官署類別與應用場合差異編排樂府作品的分類觀念。至於相和歌辭、清商曲辭本源於民間，故列於後。

　　《樂府詩集》十二類之分，即尊重了樂府發展的歷史，體現了音樂曲調的發展變化，注重樂府音樂屬性的同時，亦注重保存樂府歌辭在失聲之後的徒歌文獻，在清晰地呈現樂府古題發展全貌的基礎上又包容了唐人新題樂府。總的來說，《樂府詩集》類目設置與分類，詳明而不繁瑣，因此後世的樂府總集分類雖與是書不盡一致，然大抵不出此本。元左克明獨錄隋前古樂府辭為《古樂府》，其分樂府為「古歌謠辭」、「鼓吹曲辭」、「橫吹曲辭」、「相和曲辭」、「清商曲辭」、「舞曲歌辭」、「琴曲歌辭」、「雜曲歌辭」八類。除了「古歌謠辭」外，其餘七類幾乎全部來源於《樂府詩集》。

　　元末李孝光評價《樂府詩集》十二類目排列順次曰：「太原郭茂倩所輯樂府詩百卷，上採堯舜時歌謠，下迄於唐，而置次起漢郊祀，茂倩欲因以為四詩之續耳。郊祀若頌，鐃歌鼓吹若雅，琴曲雜詩若國風。」〔註5〕《樂府詩集》十二類的排列順序，大致上體現了先「頌」後「雅」再「風」編次觀念。

　　事實上從宋代開始，以《詩經》六義之風、雅、頌來劃分和解說樂府之說盛行。鄭樵《通志·樂府總序》以為「得詩而得聲者三百篇，則繫於風、雅，頌；得詩而不得聲者則置之，謂之逸詩，如《河水》，《祈招》之類，無所繫也。今樂府之行於世者，章句雖存，聲樂無用，崔豹之徒，以義說名，吳兢之徒，以事解目，蓋聲失則義起，其與齊、魯、韓。毛之言詩無以異也。」〔註6〕鄭樵《樂府總序》以樂府之音樂屬性先三分為正聲、別聲、遺聲。遺聲因不得聲，是不入樂逸詩之流，故而別於正聲、別聲。別聲雖入樂，然非「正樂之用」又別於正聲。又將琴五十七曲歸為「正聲之餘」，以舞二十三曲歸為「別聲之餘」〔註7〕。從《樂府總序》正聲、別聲所分二十七個類目名稱來看，多繼承沿用前人以音樂曲調不同而加以分類的方法，正聲之餘與別聲之餘亦如是。而遺聲所錄既失其聲，鄭樵只能以「義」類相屬，而其所分二十五門目則與劉次莊《樂府集》頗為相像。表面上看似複雜繁瑣，分類標準和分類方式亦不盡統一，實則其分類本質兼顧樂府入樂與否這一屬性，且以禮樂為本，分風、雅、頌。鄭樵於《樂略第一》採用「正聲之風雅之聲」、「遺聲」、「正聲之頌聲」和「別聲」的編排順序，又將正聲之頌聲改稱為「祀饗正聲」，別聲改稱為「祀饗別聲」，由此可見鄭樵此類編次順序已然隱含以風、雅、頌三分樂府之意，彰明禮樂淪亡之道，凸顯樂府的禮樂屬性。

第二節　以音樂曲調為基準──《樂府原》、《古樂苑》的分類觀念

　　自晉以來，樂府由之前以禮樂制作與應用場合為基礎的分類方式，逐漸演變為以音樂曲調為分類基準，《樂府詩集》正是晉宋以來以音樂曲調分類樂府的集大成之作，其十二類之分系統地總結了宋前樂府發展演變歷史，體現

〔註5〕　（元）李孝先：《〈樂府詩集〉序》，《五峰集》卷1，《景印文淵閣四庫全書》集部，第1215冊，第92頁。

〔註6〕　（宋）鄭樵：《樂府總序》，《通志·樂略》卷49，第625頁。

〔註7〕　（宋）鄭樵撰：《樂府總序》，第625頁。

了音樂曲調的發展變化，注重樂府音樂屬性的同時，亦注重保存樂府歌辭在失聲之後的徒歌文獻，在清晰地呈現樂府古題發展全貌的基礎上，又包容了唐人新題樂府。《樂府詩集》十二類目排列順序所隱含的「頌」、「雅」、「風」三分樂府之意，在明清總集樂府類目排序中多加以轉化運用，形成多樣的樂府類目序列。更有甚者，如《九代樂章》、《樂府廣序》等直接將樂曲辭作品各繫於「風」、「雅」、「頌」之下，在《樂府詩集》所建立的以「音樂曲調」為標準類分樂府之外，建立起以《詩經》「風」、「雅」、「頌」三分樂府的分類體例。

　　《樂府原》，十五卷，明徐獻忠編。獻忠（1493～1569），字伯臣，華亭（江蘇松江）人，嘉靖四年（1525）舉人，授奉化令；與何良修、董宜陽、張之象並稱「四賢」；輯有《唐百家詩》、《樂府原》15卷、《六朝聲偶》7卷，著有《吳興掌故集》17卷、《水品》上下卷、《金石文》7卷、《讀單鄂水利書》、《長谷集》15卷等。是書嘉靖四十年（1561）由高應冕初刻，卷首有曹天祐序、徐獻忠識，卷末有高氏跋。萬曆三十七年（1608）張所望重刻，卷首有漳南鄭懷魁《序》。通行版本為《四庫全書存目叢書》影印明萬曆刻本。該書以「原以漢人樂府辭並後代之撰之異於漢人者，以昭世變」〔註8〕為旨，收錄漢魏六朝樂府並加以考證，兼有樂府歌辭編選、樂府題解與釋樂府本義之體例。徐獻忠《樂府原》推崇漢代古樂府古辭古意，而對於後世擬樂府者「各以意見，不能盡白其義」多有不滿，對六朝靡麗之作，貶抑最甚。徐獻忠選取郭茂倩《樂府詩集》、左克明《古樂府》所錄樂府〔註9〕，曲調題目「各原其本意」加以纂釋。釋原之文，除採錄前人觀點之外，多發獻忠己見，王運熙先生斥其所釋曲調「大抵無所根據，漫為臆說」，「解釋詞句，亦多紕繆」〔註10〕。

〔註8〕　（明）徐獻忠：《樂府原・序》，《四庫全書存目叢書》集部第303冊，濟南：齊魯書社，1997年，第729頁。

〔註9〕　是書多採用《樂府詩集》、《古樂府》，如徐獻忠以「清商曲」為左克明「始集」，於左延年《秦女休興》、傅玄《龐烈婦行》、曹植《當牆欲高行》等篇（以上諸篇左克明古樂府不載）加題注云：「郭茂倩增錄。」則是誤以《樂府詩集》後出《古樂府》之故。

〔註10〕　如論房中歌，以為楚聲「每言著一兮字，蓋怨欺之本聲」，房中歌無「感慨悲傷之旨」，不當為楚聲。唐山夫人，「漢時不聞有此人，想秦宮中之內史知文者，高帝收錄之也」；「房中之辭，不過『大海茫茫』以下四章，其餘皆祀祖廟樂章，或為張蒼所作」：皆鑿空之論。釋相和歌辭「精列」題名為「精神之

《古樂苑》，明梅鼎祚編。梅鼎祚（1549～1615），字禹金，號勝樂道人，宣城人。《古樂苑》外，另編有《唐樂苑》、《漢魏八代詩乘》、《歷代文紀》等。是書有萬曆十九年宛陵刻本五十八卷，正編五十二卷，前卷一卷，衍錄三卷，目錄二卷。衍錄三卷包括總論二卷、歷代名氏一卷〔註11〕。《四庫全書》本五十九卷，衍錄四卷，增歷代樂府評解、駁議等雜紀類語一卷。漢立樂府，魏晉六朝始變，再變於唐。此等樂府流變，後世多有認同，歷代樂府總集整理編纂，在其選錄作品、分類編纂上亦多有體現。宋郭茂倩《樂府總集》整理編纂宋前樂府歌辭作品，將隋唐樂府單獨立爲「近代曲辭」、「新樂府辭」兩類；元左克明則直棄唐樂府不選，只以唐前之作爲《古樂府》。上文已述，梅鼎祚以唐爲界，分別輯錄唐前樂府爲《古樂苑》，而唐代樂府則別爲《唐樂苑》（存佚不詳），亦是將唐前樂府與唐樂府區別開來。

以上兩部樂府總集在沿襲《樂府詩集》所確立的以音樂類型分類編次作品的體例上，其類目設置和排序上亦略有別。下文通過梳理兩部總集不同的分類特點，來呈現編者的編纂宗旨和分類觀念。

一、《樂府原》的分類體例特點

《樂府原》將樂府歌辭分爲「房中曲安世樂」、「漢郊祀歌」、「漢鐃歌」、「橫吹曲」、「相和歌」、「清商曲」、「雜曲歌辭」、「近代詞曲」八類。

《樂府原》別分「房中曲安世樂」與「漢郊祀歌」兩類。《唐山夫人房中曲》（又名《安世房中歌》）十七章，承繼周代房中樂而加以改造，歌頌漢高祖劉邦「文治武功」，一改周代「后妃之德」主旨而以「德」、「孝」爲教化，是宮廷禮樂文化的重要組成部分。《漢郊祀歌》是伴隨著漢武帝定郊祀之禮、立樂府、采詩夜誦等一系列文化制度建設的產物。《漢郊祀歌》主要以建構「太一」神爲核心的漢代神譜體系爲目的，確立宗教神學意識形態在政權統治中的合理性，同時歌頌瑞應之物，宣揚國家強盛之天人感應，在此基礎上追求生命永恆和長生不老。

列」，「十五」爲「十句之中而有五見」，尤爲穿鑿附會。（王運熙：《樂府詩述論・漢魏六朝詩研究書目》，北京：中華書局，2006年，第319頁。）

〔註11〕萬曆十九年宛陵刻本，該書在內容上與四庫本的區別是：一是存有《古樂苑》總目錄（前卷、上卷、下卷），便於梳理梅氏的增輯及刪補情況；二是存有凡例二十八則，有利於瞭解梅鼎祚的編纂及批評思想；三是存有萬曆辛卯年汪道昆《〈古樂苑〉序》。

　　徐獻忠將《樂府詩集》「郊廟歌辭」收錄的「房中曲安世樂」與「漢郊祀歌」獨立出來，各為一類，即有推崇漢初朝廷禮儀的宗廟雅樂之意，同時也有區別祭祀祖宗祠廟的「廟樂」與祭祀天地神明的「郊樂」之意。

　　「近代曲辭」類，徐獻忠自言其「乃因郭茂倩編次之外稍加採錄」〔註12〕，而「雜曲歌辭」類，左克明《古樂府》已「綜述此卷，其用意周詳可以想見」，徐氏則將其中「辭無意義，風華不存焉者」刪去，將「別卷可採備者併入」〔註13〕而成。

　　由此可見，《樂府原》不僅在採錄樂府歌辭上多從郭茂倩《樂府詩集》、左克明《古樂府》刺取，其分類亦與二書密切相關聯。《樂府原》八個類目，「房中曲安世樂」、「漢郊祀歌」可歸併為《樂府詩集》「郊廟歌辭」類，「漢鐃歌」亦可歸併「鼓吹曲辭」，「橫吹曲」、「相和歌」、「清商曲」、「雜曲歌辭」，「近代詞曲」則與《樂府詩集》悉同。

　　《樂府原》重樂府古題古意，故其重申《古樂府》「務溯其源，故所重在於古題古詞，而變體擬作則去取頗慎」之編撰目的，以「原」名集，則有原樂府本義、矯正後世擬古樂府偏離「始辭及本意之失」之意。《樂府原》中「房中曲安世樂」、「漢郊祀歌」、「漢鐃歌」所錄皆漢樂府，「橫吹曲」、「相和歌」皆源於漢代，故其所錄幾盡漢樂府，「清商曲」本為相和歌之一種，後因魏設「清商署」而獨立，收錄六朝之作。因此，僅從《樂府原》分類可知徐獻忠推崇漢樂府歌辭古意，推溯漢代樂府之源起，並對後世樂府出現的變化加以說明，集中所取後世擬作，亦多與樂府原意不遠，以明樂府之變。《樂府原》卷十五《祓禊曲》下注語有云：「凡唐人諸樂，隨五音之調，取當時雜詩合調者填入之。而與製曲本意邈不相涉。蓋或失其原辭而以補其音調，或有可者；若原辭尚存，而泛取名士他詩強合者，其不可必矣。集樂府詩類用此法，殊可嗤鄙。今予所取，必以詠及本題者。無使徒惑後人之觀可也。苟無詠及本題，雖有集詩，類不錄。」〔註14〕由此可見，徐獻忠選錄作品一個重要的標準及是否與樂府曲名和本事本義相符合。這與《樂府詩集》秉持「凡歌辭考之與事不合者，但因其聲而作歌爾」的選詩觀念收錄後世眾多脫離曲名本事

〔註12〕　（明）徐獻忠：《樂府原》，《四庫全書存目叢書》集部，第 303 冊，濟南：齊魯書社，1997 年，第 809 頁。
〔註13〕　（明）徐獻忠：《樂府原》，第 795 頁。
〔註14〕　（明）徐獻忠：《樂府原》，第 812 頁。

的擬樂府作品的做法頗有不同。《樂府原》所錄各曲調歌辭，皆一一探尋源起之本意，如卷八曹操《苦寒行》則溯其原意為：「北人所苦莫甚於寒……祖業所由締造艱難，欲其後世子孫知而守之，其微意在此。」〔註15〕樂府肇始之時，曲調名稱與歌辭內容本事本意頗相吻合，後世以調填詞，題材內容多與原題相乖，特別是擬樂府作品往往脫離樂府原題內容題材的限制，對此徐獻忠在《樂府原》中多加指責，如卷七在贊許陸機擬《猛虎行》「殊得古意」後，對後世擬作「直言猛虎之惡，皆失其旨」〔註16〕加以批評，意為擬樂府作品應和樂府本事本意相符。

《樂府原》類目排列，先漢代《唐山夫人房中曲》（高祖）、漢祭祀歌（武帝）、漢鐃歌、橫吹曲、相和歌，後魏晉六朝以來清商曲、近代詞曲，大致遵循曲調歌辭產生的先後順序。《樂府原》類目排列與《樂府詩集》取徑一致。不僅在縱向發展上遵循樂府曲調歌辭的歷史性，其先「郊廟」後「鐃歌」、「橫吹」，再相和、清商、雜曲歌辭、近代曲辭亦有取鑒《樂府詩集》按禮儀性強弱、禮樂之作官署與應用場合不同分類編排樂府之意。

樂府總集分類，自《樂府詩集》以音樂曲調為基礎分十二類，大類之下不再設類，同一音樂曲調之下不同時期眾多曲調歌辭，以及同一樂府曲調下具體樂府歌辭則以時代先後順序編次，這一分類方法，後世多沿用不衰。

《樂府原》「相和歌」、「清商曲」之下，明確分列諸多小類如下：「相和歌」細分「相和歌」、「吟歎曲」、「四絃曲」、「平調曲」、「清調曲」、「瑟調曲」、「楚調曲」7類，「清商曲」細分「吳聲歌」、「西曲」、「江南弄」、「上雲樂」4類。

《樂府原》之前，唯有鄭樵對樂府詩進行多層分類。鄭樵《通志》中以樂府之音樂屬性先三分為正聲、別聲、遺聲。遺聲因不得聲，是不入樂逸詩之流，故而別於正聲、別聲。別聲雖如樂，然非「正樂之用」又別於正聲。又以「古者絲竹與歌相和，故有譜無辭，所以六詩在三百篇中，但存名耳。漢儒不知，謂為六亡詩也。琴之九操十二引，以音相授，並不著辭。琴之有辭，自梁始。舞與歌相應，歌主聲，舞主形，自六代之舞至於漢魏，並不著辭也，舞之有辭，自晉始。今之所繫，以詩繫於聲，以聲繫於樂，舉三達樂，行三達禮，庶不失乎古之道也」之因將琴五十七曲稱為「正聲之餘」，以舞二

〔註15〕（明）徐獻忠：《樂府原》，第762～763頁。

〔註16〕（明）徐獻忠：《樂府原》，第761頁。

十三曲爲「別聲之餘」。正聲皆以入樂，故而《短簫鐃歌》、《鞞舞歌》、《拂舞歌》、《鼓角橫吹》、《胡角》、《相和歌》、《吟歎》、《四絃》、《平調》、《瑟調》、《楚調》、《大曲》、《白紵歌》、《清商》十四類「凡二百五十一曲，繫之正聲，即風、雅之聲」〔註17〕；《郊祀》、《東都》、梁十二雅、唐十二和四類「凡四十八曲，繫之正聲，即頌聲」；正聲分風雅之聲與頌聲兩種。而漢三侯之詩、漢房中之樂、隋房內、梁十曲、陳四曲、北齊二曲、唐五十五曲七類「凡九十一曲，繫之別聲」。遺聲，因不得其聲，故而以「義類」相屬，分「古調」、「征戍」、「遊俠」、「行樂」、「佳麗」、「別離」、「怨思」、「歌舞」、「絲竹」、「觴酌」、「宮苑」、「都邑」、「道路」、「時景」、「人生」、「人物」、「神仙」、「梵竺」、「蕃胡」、「山水」、「草木」、「車馬」、「魚龍」、「鳥獸」、「雜體」總四百十九曲二十五門。

　　鄭樵《通志》的樂府詩歌多級分類體系，將入樂「正聲」、「別聲」按曲調歌辭細分多小類，正聲中風、雅之聲將二百五十一曲分爲《短簫鐃歌》、《鞞舞歌》、《拂舞歌》、《鼓角橫吹》、《胡角》、《相和歌》、《吟歎》、《四絃》、《平調》、《瑟調》、《楚調》、《大曲》、《白紵歌》、《清商》十四類，頌聲將二十八曲分《郊祀》、《東都》、梁十二雅、唐十二四類，其類目看似繁瑣，然其按曲調歌辭分類精細卻多益於後人。

　　《樂府原》「相和歌」細分「相和歌」、「吟歎曲」、「四絃曲」、「平調曲」、「清調曲」、「瑟調曲」、「楚調曲」7 類，「清商曲」分爲「吳聲歌曲」、「西曲歌舞」、「江南弄」、「上雲樂」4 類，則多有與《通志‧樂略》相通，將大類之下按曲調名稱分類。而其分類實質則亦與《樂府詩集》相似。郭茂倩《樂府詩集》十二大類之下收錄各曲調歌辭，大致按時間先後編次，不予細分二級類目，而其實質卻以曲調名稱分類，各個曲調下繫錄樂府歌辭。《樂府詩集》「清商曲辭」下根據曲調名稱分「吳聲歌曲」、「西曲歌」、「江南弄」、「上雲樂」、「梁雅歌」5 類，而「相和歌辭」下亦分「相和六引」、「相和曲」（十五曲）、「吟歎曲」、「四絃曲」、「平調曲」、「清調曲」、「瑟調曲」、「楚調曲」9 種樂府曲調。

　　《樂府原》將「相和曲」、「清商曲」下各按曲調名稱細分二級類目的做法，前人樂府總集未有採用。唯《通志‧樂略》採用多級分類體系，然其一級分類已超越以音樂曲調爲基礎而以抽象禮樂「正」、「別」、「遺」三分，本

身帶有強烈的正、變、別、遺觀念，至於「正聲」、「別聲」之下，大致按曲調歌辭細分，卻又沿用魏晉以來按音樂曲調爲基礎的分類傳統，唯一不同之處即將吳兢《樂府古題要解》類目加以細化並單獨立類，如《鞞舞歌》外又有《拂舞歌》，《相和歌》後又列《吟歎》、《四絃》、《平調》、《瑟調》、《楚調》等類，此種做法對《樂府原》二級分類多有啓發。然從分類方法以及分類思維來看，《樂府原》「相和歌」、「清商曲」下二級類目，則與《樂府詩集》密切相關。《樂府原》選錄《樂府詩集》「相和歌」9 類曲調歌辭中 7 類，選錄「清商曲」5 類曲調歌辭中 4 類加以編錄，並於目錄和篇章編排中設置爲二級類目。

二、《古樂苑》的分類體例特點

《古樂苑》選錄作品的年限與左克明《古樂府》同。除前卷「古歌辭」一卷外，《古樂苑》正編五十二卷分類如下：

卷 1 至卷 5：郊廟歌辭；卷 6：燕射歌辭；

卷 7 至卷 8：鼓吹歌辭；卷 9 至卷 12：橫吹歌辭

卷 13 至卷 14：相和歌辭；卷：15 至卷 23：清商歌辭

卷 24 至卷 27：舞曲歌辭；卷 28 至卷 30：琴曲歌辭

卷 31 至卷 40：雜曲歌辭；卷 41 至卷 49：雜歌謠辭

卷 50：雜曲歌辭；卷 51：仙歌曲辭；卷 52：鬼歌曲辭

從以上類目設置來看，《古樂苑》總分樂府爲十三類，相比於郭茂倩《樂府詩集》十二類目來看，《古樂苑》少了「近代曲辭」與「新樂府辭」兩個類目，而增「古歌辭」一類於卷首，「仙歌曲辭」、「鬼歌曲辭」兩類於卷末。《樂府詩集》「近代曲辭」、「新樂府辭」收錄隋唐新聲樂府，而《古樂苑》選文下限斷至於隋，故此二類歌辭不在《古樂苑》收錄樂府範圍之內。由此可見出《古樂苑》在樂府分類標準、類目設置和類目排列編次上對於《樂府詩集》的承繼性。

《古樂苑》在其文獻資料上依《樂府詩集》而增輯之，其收錄作品年限則用左克明《古樂府》例。《古樂苑》收錄「古歌辭」一卷冠於正集之中，亦與《古樂府》編次「古歌謠辭」於卷首的類目排列方式相關。

《古樂府》將「古歌謠辭」置於卷首，除因產生時間最早外，左克明更以其「貴其發乎自然」而格外看重。左克明以復歸古樂府傳統爲編纂宗旨，

將「古歌謠辭」置於卷首，體現了崇尚古詩古歌的觀念。而將「雜歌謠辭」置於最末，乃因其不合「雅樂」而「漸流於新聲」之故。這一古樂府類目排列方式，則體現了左克明注重「自然──古調──新聲」這一樂府曲調發展流變過程，同時突出了《古樂府》注重追溯樂府之源、強調樂府古辭古意的編纂宗旨。

汪道昆《古樂苑序》即有云：「《樂府》出郭茂倩，務博綜以求全；《古樂府》出左克明，務典要而近古；各有所當，殊途同歸。……《古樂苑》出梅禹金，斐然博雅君子，居常操《七略》、覽百家……乃今所輯，密於郭，張於左……」〔註18〕汪道昆在樂府歌辭文獻的層面肯定了梅鼎祚《古樂苑》的徵輯成就，也在另一個層面上體現出《古樂苑》對於前人樂府總集的借鑒與超越。

《古樂苑》仿傚《古樂府》將「古歌辭」置於正編之前，正編亦有「雜歌謠辭」收錄「古歌」、「古謠」以及漢迄於隋「歌」、「謠」、「諺」諸作，將「古歌辭」與「雜歌謠辭」區別開來。《古樂府》之「古歌謠辭」，實為衍化《樂府詩集》「雜歌謠辭」而來並加以增補。然左克明將其從《樂府詩集》之卷後置於卷首，則表現了《古樂府》「務溯其源」、「重古題古詞」的編纂宗旨。

《古樂苑》將《彈歌》、《黃娥歌》、《白帝子歌》、《被衣歌》、《箕山歌》、《賡歌》、《皋陶歌》、《卿雲歌》、《八伯歌》、《帝載歌》、《候人歌》、《盎山歌》、《五子歌》、《炮烙歌》、莊周《引聲歌》、秦始皇《祠洛水歌》等五十首置於卷首，而與「郊廟」、「燕射」、「橫吹」、「鼓吹」、「相和」、「清商」、「舞曲」、「琴曲」、「雜曲」歌辭尤其是收錄「雜歌謠辭」區別開來，可見梅鼎祚對於「古歌」的重視程度。梅氏有云：

> 昔葛天《八闋》，爰乃皇時；黃帝《雲門》，理不空綺；堯有《大唐》之詠，舜造《南風》之詩，大禹成功，九敘惟歌；太康敗德，五於咸怨，其來久矣！建夫漢武崇禮，樂府始置，自後郊廟、燕射悉著，篇章諸調雜舞多被絲竹，雖新聲代變，風有緜然。今故特錄古歌庸置首簡，其他舉曲歌謠，後各類次，不復繁茲。若夫《塗山歌》於候人有斌謠乎？飛燕夏甲歟於東陽，嚴聱思於西河，凡斯之屬，名存辭佚，亦具紀焉。〔註19〕

〔註18〕（明）汪道昆：《〈古樂苑〉序》，《太函集》卷26，《四庫全書存目叢書》集部，第117冊，第246頁。

〔註19〕（明）梅鼎祚編：《古樂苑》卷首，《景印文淵閣四庫全書》集部，第1395冊，第3頁。

《古樂苑》後兩卷立「仙歌曲辭」、「鬼歌曲辭」兩類，收錄「霞唱雲謠、丹圖綠字、列仙眞誥」之文、「志怪述異」之詩。雖「仙曲歌辭」多後世依託之作，然其「指緣秘檢，語率淩超，亦被笙腈，是名天樂」，梅鼎祚將其「其爲歌吟者」附錄於後。「鬼歌曲辭」之屬，梅鼎祚將其摘錄編次卻存而不論，體現了《古樂苑》逞博務奇的編纂宗旨。

第三節　比附《詩》之六義——《九代樂章》、《樂府廣序》的分類觀念

鄭樵《樂府總序》注重樂府禮樂屬性，將樂府比擬成繼承《詩》六義之作；先以入樂與否劃分正聲、別聲與遺聲兩類；別聲雖入樂，然非「正樂之用」，又別於正聲；「正聲」之下細分「風雅之聲」、「頌聲」。而《樂略第一》採用「正聲之風雅之聲」、「遺聲」、「正聲之頌聲」和「別聲」的編排順序，又將正聲之頌聲改稱爲「祀饗正聲」，別聲改稱爲「祀饗別聲」，由此可見鄭樵此類編次順序已然隱含以風、雅、頌三分樂府之意，彰明禮樂淪亡之道，凸顯樂府的禮樂屬性。自宋以來，以《詩經》六義之風、雅、頌來劃分和解說樂府之說盛行。元人李孝光「（《樂府詩集》）置次起漢郊祀，茂倩欲因以爲四詩之續耳。郊祀若頌，鐃歌鼓吹若雅，琴曲雜詩若國風」〔註20〕之論，隱約傳達了《樂府詩集》類目排列的「頌」、「雅」、「風」三分之意，而明清樂府總集則直接將「風」、「雅」、「頌」設置爲樂府類目，分類編纂，在劉次莊《樂府解題》以主題事類區分與郭茂倩《樂府詩集》以音樂曲調劃分樂府之外，建立起以《詩經》「風」、「雅」、「頌」三分的總集樂府分類體例。

《九代樂章》二十三卷，明劉濂（1494～1567）輯。浙江圖書館藏有明嘉靖二十九年（1550）刻本，前有劉濂自序。劉濂高度重視詩樂之於「聖王理世修身」的治世之用，然而自孔子微言中絕及秦禍之後，九代之詩「以文藻辭義相高」、「以淫聲豔曲相尚」漸趨成習，雖歷世眞儒舉以西周禮樂爲尚，然風、雅、頌大義不可識；而雅、頌、風詩音律五音六調具備，而「聲音之道壞矣」，故劉濂極言聖王之教「弊」於九代。後人不辨詩樂之義，故述作風雅頌不分。後出總集選本亦詮擇多病：諸如《文選》詩歌多以題材內容分類，

〔註20〕 （元）李孝先：《五峰集》卷1，《景印文淵閣四庫全書》集部，第1215冊，第92頁。

故「風雅無別」；郭茂倩《樂府詩集》雖搜羅廣博，然其沿用晉宋以來以音樂曲調爲基礎的樂府分類，「雅頌聲調莫辨」；鄭樵《通志‧樂略》雖有以風、雅、頌三分樂府之意，然將鼓吹鐃歌列爲列國之風、都人之雅，亦不「知音」。故劉濂此編，頗詔刪選九代之詩，乃承續孔子刪「詩」定篇之奧，以彰《詩三百》之意；又言「不舉三百則九代無紀，而萬世終無復雅頌之時」，可知編者欲以此本承續《詩經》之意。

　　《樂府廣序》，三十卷，清朱嘉徵編。朱嘉徵於《樂府廣序題辭》開篇即曰「聲音之道難通」。而「詩之起，皆因於樂」〔註21〕，自孔子刪詩、定六詩之序、以樂正本後，三百篇皆可歌之作，「若考古制依詠之數，更唱迭和，節以鍾磬鞉鼓，和以琴瑟笙篪，則感觸天機，自不容已。」〔註22〕《詩經》以「樂語教天下」「以興道」，然秦火後《樂經》佚亡，漢時所遺樂章寥寥。後世學者衹玩《詩經》之文，不詳其樂。詩與樂本相爲表裏，然詩三百以降，「詩與樂遂判爲二」，六義不明而音樂背馳〔註23〕。漢立樂府，采詩配樂，承續上古禮樂傳統，即乃「同節同和之本也」。自武帝定郊祀禮，立樂府，始以《郊祀十九章》爲始，明帝漢樂府四品首曰「郊祀樂」，歷代皆因之。然諸如相和三調、清商三調，《漢書‧藝文志》或失傳，《晉書‧樂志》亦不詳，蓋因永嘉之亂而禮樂廢亡之故。故朱嘉徵歎曰：「四始闕則六詩亡，樂府其何以稱焉？」面臨「四始闕則六詩亡」〔註24〕的歷史事實，何以稱其樂府，即爲朱嘉徵此編首先要解決的問題。

　　樂府「原於忠臣孝子之心，發明於保治扶危之旨，良友貞婦羈人逸士所謂寓意深遠者，無不呼之欲出」〔註25〕，尚離六義之教未遠，後世多以樂府

〔註21〕　（清）黃宗羲：《樂府廣序‧敍》，《續修四庫全書》集部，第 1590 冊，上海：上海古籍出版社，2002 年，第 360 頁。

〔註22〕　（清）黃宗羲：《樂府廣序‧敍》，第 360 頁。

〔註23〕　（清）黃宗羲：《樂府廣序‧敍》，第 360 頁。

〔註24〕　《〈詩〉大序》有云：「一國之事，繫一人之本，謂之『風』；言天下之事，形四方之風，謂之『雅』；雅者，正也，言王政之所由廢興也，政有大小，故有『小雅』焉，有『大雅』焉；『頌』者，美盛德之形容，以其成功告於神明者也。是謂四始，《詩》之至也。」《詩經》四始之説，各家説法不一。孔穎達疏引鄭玄《答張逸》云：「四始，『風』也，『小雅』也，『大雅』也，『頌』也。此四者，人君行之則爲興，廢之則爲衰。」

〔註25〕　（清）許三禮：《樂府廣序‧序》，《續修四庫全書》集部，第 1590 冊，上海：上海古籍出版社，2002 年，第 358 頁。

爲嗣《詩經》之作。回顧歷來樂府研究，《後漢書》、《宋書》、《晉書》、《隋書》等正史樂志以及王僧虔《大明三年宴樂技錄》、張永《元嘉正聲技錄》、《荀氏錄》，唐吳兢《樂府古題要解》、郗昂《樂府古今題解》、沈建《樂府廣題》、無名氏《樂府解題》以及劉次莊《樂府序解》、無名氏《樂府古題》等唐宋樂府解題類著作，其主要關注點皆以音樂屬性爲主，而後世樂府總集諸如郭茂倩《樂府詩集》、左克明《古樂府》、徐獻忠《樂府原》亦從樂府音樂曲調編次歌辭。歷代樂府總集及其研究著作之編者著者和讀者皆基於一個習慣性的理解，即樂府詩與徒詩本質上的區別在於其音樂性。然樂府音樂因時亂亡而無徵，其音樂品行無從談論。

一、《九代樂章》的分類特點

《九代樂章》「獨以聲音爲主」〔註26〕，選漢、魏、晉、宋、齊、梁、後周、隋、唐「九代」之詩，分門編類，以風、雅、頌三分之。

（一）「風」、「雅」、「頌」三分樂府

劉濂於序中言其分類之法，即取九代樂章中「奏於朝廷者爲雅，宗廟者爲頌，文人學者之作通爲之風」，風、雅、頌各類各有序題，如「小雅（雅）」類曰：

> 漢魏而下，以中主具臣而司制作之權，事不稽古，因就簡陋朝廷之上焉？有雅樂雅詩間有一二，不過大會行禮之節，食舉上壽之文，以小雅之餘響耳。所謂大雅者，無聞矣。則九代殿庭朝會所陳，皆胡角俗部麗辭豔曲也。見禮知政，問樂知德，愧於先王多矣。

> 古敘主人樂賓之意，今述堂陛詡誇之文。古以《鹿鳴》五詩燕臣，臣以《天保》答君。今一燕之間，君臣賓主之義不分，飲食、祝頌之禮並行，古音制純用四言，今緣襲漢魏樂府雜調，僅可爲小雅之餘響耳。《三百》之後言詩者，必曰九代。

> 今二雅之義尚不能變，才舉小雅又復不純，不知所謂詩者何物也？

〔註26〕 （明）劉濂：《九代樂章·序》，《四庫全書存目叢書》集部，第300冊，濟南：齊魯書社，1997年，第739頁。

　　　　禮樂二者一貫之物也，讀詩者，歎美周樂之盛而不知有禮以爲
　　　之紀也，故曰：小雅，西周之典禮，大雅，西周之紀綱。後世無西
　　　周之典禮焉？有《鹿鳴》諸什。無西周之紀綱焉？有《文王》諸什。
　　　欲興周樂者，先興周禮。禮備樂亦備矣。〔註27〕

劉濂以《詩經》中大雅小雅之別，衡量九代間存一二雅樂雅詩，則大雅無聞，
僅小雅之餘響，明確「小雅」立類標準。劉濂梳理九代雅詩的發展流變歷史，
直謂漢魏無雅，而僅錄晉、宋、北齊、梁、後周、隋、唐時樂章。劉濂重視
雅樂雅詩的禮樂背景，周樂之盛乃因周禮紀綱之由，故欲興周樂之盛，必先
興周禮，可謂「禮備樂亦備」。

　　又如「頌」詩類，劉濂首先批評九代不識頌詩。頌詩體格多風謠之變、「騷
壇旁音」，而其中又多雜用「巫覡降神之語，浮華佔佻之詞」，徒有言辭而音
調體制皆失，遂無古頌「美德告功幽嚴莊敬之義」〔註28〕。「風」詩類，「風
者，民謠也，隨世道之好尙而爲之者也」〔註29〕。標榜《詩經》的《周南》《召
南》以及十三國風雖皆「小人女子羈臣賤妾」「古邃清遠」之辭，然肯定先王
澤教之效。故其所採九代風詩，不以音制美惡爲論，而以「當世好尙」爲則，
以得「先王采詩觀風之意與夫子刪定之微旨」。

　　劉濂秉持詩樂聖教理世修身之旨，以六義流別、《詩》之遺義衡量九代詩
歌，以「聲音」爲主，選取九代樂章分風、小雅（雅）、頌三類，各爲之論。
劉濂批判九代諸儒不明《詩》、《樂》二經垂世之法，不識「風」、「雅」、「頌」
詩辭大義、音律聲制，故其選詩，亦有將《詩》、《樂》經論與規勸君王治世
結合起來，以《九代樂章》之風雅頌詩承繼《詩經》之詩教理想。

（二）重「風」詩

　　劉濂注重《詩》、《樂》的禮樂聖教傳統，將九代樂章分風、雅、頌三類。
然三類之中，「風」詩尤爲劉濂所重。

　　首先，從選詩數量來看，《九代樂章》總二十三章，「風」詩獨佔十卷；
相對來說，「雅（小雅）」詩六卷、「頌」詩七卷。「風」詩，九代皆有入選，
而「小雅」則選晉、宋、北齊、梁、後周、隋、唐七代之作，「頌」類亦選漢、

〔註27〕（明）劉濂：《九代樂章》，第 795 頁。
〔註28〕（明）劉濂：《九代樂章》，第 808 頁。
〔註29〕（明）劉濂：《九代樂章》，第 740 頁。

晉、宋、齊、梁、陳、隋、唐八代之詩，究其原因，則與劉濂風雅頌類選錄標準有關。

劉濂以九代樂章爲「《三百》之後言詩者」必曰之詩，而九代多不辨二雅之義，所陳之詩多胡角俗部麗辭豔曲，音調體制與古雅之詩不同，於雅詩「見禮知政，問樂知德」紀綱典禮之用多有不承，故其所選僅爲「小雅」，九代之中惟取七代，漢魏無雅（小雅）。劉濂批評九代「多不識頌詩」，其音聲體制多風謠變體，「騷壇旁音」、「不可採」，而且言辭亦「雜以巫覡降神之語，浮華侂佻之詞」，與「古頌美德告功幽嚴莊敬之義」相差「萬里」，所取亦較嚴格。

相對來說，劉濂於「風」詩的詮擇標準則頗不相同。劉濂總結九代風詩聲制有三大變：「漢去周未遠，而古聲制猶存，魏三祖大略因漢舊曲而稍出己意，西晉二代，寡所創定，是漢魏西晉雖變於古而自爲中原之音，一大變也；晉氏渡江之後，神州淪沒於戎狄，南朝文物號爲最盛，然民謠國俗皆化爲吳楚新聲，是東晉宋齊梁陳又變於中朝而爲之江左知音，此又一大變也。唐承隋氏，混一海宇，中朝舊曲，江左南音，兼總而會通知，遂爲有唐一代之音，此又一大變也。」〔註30〕九代「風」詩一變古音爲漢魏西晉「中原之音」、東晉宋齊梁陳「江左之音」、隋唐「唐音」，各隨時代之好尚而變。相對於雅頌而言，九代「風」詩言辭、音制去古道遠甚。故而劉濂雖自謂選風詩之難，然其所選則與雅頌不同：

> 或謂九代詩聲制有極變者，何以不刪？予曰：風者，民謠也，
> 隨世道之好尚而爲之者也。世之所尚在是矣，音制雖污淺，眞風也，
> 予焉得而刪之？所尚不在於是，音制雖雅正，非風也，予焉得而存
> 之？不必論其音制之美惡，但論其當世之好尚，庶得先王采詩觀風
> 之意與夫子刪定之微旨矣！〔註31〕

風詩既爲「民謠」之義，則九代各有其好尚之詩，故而九代皆有風詩入選。這裡，劉濂秉持另一選詩標準，則不以「音制」詮錄，而以「世道之好尚」選詩。九代好尚不同，故其所風詩亦有風雅、近俗之分。漢魏西晉多中原之曲，皆宮商音，詩樂「近雅近古」，東晉而下則多爲江左之曲，「始有徵羽音，故詩樂多近俗近淫」。劉濂如何通過九代「風」詩之選，以達《詩經》采詩觀

〔註30〕（明）劉濂：《九代樂章》，第 741 頁。
〔註31〕（明）劉濂：《九代樂章》，第 740～741 頁。

風之意與孔子刪《詩》之微旨呢？這就涉及到劉濂「風」詩二分「里巷」、「儒林」的價值等級評判標準。

其次，九代雅頌之詩以時代先後編次作品，而「風」詩，又在各歷史朝代之下，分「里巷」、「儒林」二類：

> 予於九代風詩，必分里巷、儒林二種，有見於是耳。里巷者，辭簡意眞，復協律呂，讀者可知其世；儒林者，會詮古典，成一家之言。故高者才可入之里巷，而次者入之儒林，又下者則韻言矣。〔註32〕

劉濂將九代「風」詩分里巷、儒林二類，其分類標準蓋因二者文辭音制不同，里巷風詩文辭簡練而意主眞切，音聲協於律呂，有觀風知世之用；而儒林風詩，則「會詮古典，成一家之言」，其文辭不類「里巷」之辭簡意眞。里巷、儒林之分，本風詩文辭音制不同而分，然劉濂以里巷詩之「辭簡意眞，復協律呂」是爲「高」者，儒林風詩次之，則寄寓其風詩的價值等級評判觀點。

雖劉濂謂風詩乃民謠，然里巷、儒林二分卻隱含風詩不盡出於民間之義。後世將樂府詩歌分「民間」、「文人」二種的做法，蓋源於此〔註33〕。劉濂此分，表面上看似有將九代風詩按詩人身份分類，而其實質則以音聲體制而論。今「風」類所錄歷代作品，多文人儒士之作。漢代「里巷」之風詩，收錄作品依次爲漢高祖劉邦《大風歌》、四皓《採芝操》、劉邦《楚歌》，民間歌謠《畫一歌》、趙玉友《幽歌》等等，可見，並未以詩歌創作主體身份區分。

劉濂將里巷、儒林風詩別分高下等次，並在編次順序上先錄里巷之作，後錄儒林之詩，則鮮明地體現了劉濂風詩價值評判觀念。《詩經》風詩不分里巷、儒林，蓋因意旨頗微，不易識別。九代世道愈降而風詩文辭任意放言，音制頗乖，難以詮擇入編。劉濂欲以此編所選風詩，明古者先王采詩觀風之意與孔子刪詩之旨向，乃於分類編次上突出九代里巷風詩之作，肯定其「辭簡意眞」、「協於呂律」的文辭音制特點和「讀者可知其世」的價值功用。「儒林」風詩，雖爲世道好尚之作，然其文辭「會詮古典，成一家之言」，終離《詩三百》風詩傳統甚遠。誠如劉濂所言，《詩經》、周、漢皆無詩人，漢詩近古，

〔註32〕（明）劉濂：《九代樂章》，第740頁。
〔註33〕曹滌非：《樂府之界說與分類》，《漢魏六朝樂府史・緒論》，人民文學出版社，1984年，第13～14頁。

多爲可歌之作；魏後始有詩人，而可歌者寥寥。由此可知「無詩人而有詩者，感物而動，觸而成聲，所謂詩言志，歌永言者也。待詩人而有詩者，書生學子操觚染翰，以辭藻文義相高，始遺聲音而論詩矣。」〔註34〕有詩人之詩，即魏後之作，偏重文辭，不以禮樂音聲之道論詩反而以「氣格」〔註35〕爲聲調，則多不可取。「儒林」之作，多注重文辭之形，故而劉濂次於里巷風詩之下。

　　第三，從風、雅、頌詩編次順序來看，劉濂九代樂章先「風」，後「雅」、「頌」，亦有重「風」詩之意。

　　劉濂九代之作，以音律聲制爲主，然其分類卻與前人樂府總集分類頗不相同。以「風」、「雅」、「頌」分類，宋人鄭樵《通志・約略》已肇其始。鄭樵將風雅合爲一體，以區別於「頌」詩，而「風雅」之聲內部編次，先「雅」詩後「風」詩。《樂府詩集》以音樂曲調爲基礎分類十二，先「郊廟歌辭」、「燕射歌辭」後「相和歌辭」、「清商曲辭」，其類目順序若以《九代樂章》比附，則先頌、雅，後風詩。而劉濂此本，先風詩，後雅、頌，尤其注重「辭簡意眞，復協律呂」的里巷之風，秉持「風而無聲焉，不可爲風矣」的選錄標準，則有推崇風詩觀風俗、重禮樂聖教的傳統之義。

　　綜上，劉濂以聲音爲主，比附九代樂章爲六義流別、《詩》之遺義，故而選九代之詩仿《詩經》編纂體例分九代樂章爲風、雅、頌三類，一一爲其序題，總論各類所分依據、刪選準則和各個歷史時期（九代）的發展流變。其中，「風」詩尤爲劉濂所重。從選詩數量來看，《九代樂章》總二十三卷，「風」詩獨佔十卷。從分類結構上看，「頌」、「雅」之下，各按歷史朝代（九代）分類編排，如「頌」詩分漢、魏、晉、宋、齊、梁、北周、隋、唐九段，各代「頌」詩之下亦有小序，敘及該時段「頌」詩特點以及所選詩篇音調體制。具體樂章歌辭，大致按時代先後順序編排，一些歌辭名稱下附有題解，如「雅（小雅）」類梁時《雅歌》辭名下即有「《古今樂錄》曰：『梁有《雅歌》五曲，三朝樂第十五奏之』」〔註36〕題解引文，「風」類唐詩武曌《如意娘》下即有「《樂苑》曰：『商調曲也，其意角音耳』」〔註37〕。

〔註34〕　（明）劉濂：《九代樂章》，第 741 頁。
〔註35〕　（明）劉濂：《九代樂章》，第 741 頁。
〔註36〕　（明）劉濂：《九代樂章》，第 803 頁。
〔註37〕　（明）劉濂：《九代樂章》，第 777 頁。

而「風」詩又各歷史朝代之下，分「里巷」、「儒林」二類。再從類目排列順次來看，先風詩，後雅、頌，彰顯《九代樂章》推重詩（風）教傳統。

二、《樂府廣序》的分類體例

朱嘉徵秉持「六義存則詩存，六義亡則詩亡，詩存則樂存，詩亡則樂亡」〔註38〕的觀念，將《詩》之六義與詩、樂存亡密切聯繫起來：既然《詩》六義、四始，後世作品尚存，則詩、樂亦存，樂府亦然。《樂府廣序》中，朱嘉徵拋開樂府的音樂曲調類型，以《詩經》六義、四始之「風」、「雅」、「頌」來衡量並類分樂府詩，選取兩漢迄唐樂府作品以配「四始」，各為之論。

> 要以國風為之首，餘誦相和伎暨雜曲，兩漢以後風俗形焉。《樂書》所謂周房中之遺聲，其風之正變乎？雅為受釐陳戒之辭，鼓吹曲兼三朝燕射食舉，為王朝之雅矣。若夫郊祀廟享之歌，所以美盛德之形容，頌也。〔註39〕

朱嘉徵以《詩經》「風」、「雅」、「頌」的體例區分樂府詩歌，以樂府「相和伎暨雜曲」為觀風俗之「風」，以樂府「鼓吹曲兼三朝燕射食舉」歌辭為王朝「受釐陳戒」之雅，以樂府「郊祀廟享之歌」為「美盛德形容」之「頌」。朱嘉徵此舉旨在以樂府「求刪後之詩，以定刪後之樂」〔註40〕，將樂府的音樂屬性附屬於《詩經》六義詩教的倫理品性之後。

（一）《樂府廣序》的分類方式

《樂府廣序題辭》有云：

> 經書曰：詩言志，歌永言，所以明詩也；聲依永，律和聲，所以合樂也。
>
> 余起漢魏六朝以訖唐代，為分相和、清商、五調伎，以雜曲新區系之，當國風始；燕射、鼓吹、橫吹、舞曲，以散樂繫之，當雅始；其郊祀廟祀，五帝明堂配鄉，更以歷代封禪、雲蠟、逸頌繫之，當頌始。而賦、比、興之義亦籍以不廢焉。後之作者，即踵事增華，

〔註38〕（清）朱嘉徵：《樂府廣序題辭》，《續修四庫全書》集部，第1590冊，第362頁。

〔註39〕（清）朱嘉徵：《樂府廣序題辭》，第362頁。

〔註40〕（清）孫治：《序朱氏樂府廣序》，《孫宇臺集》卷4，清康熙23年刻本。

篇體所備，要之一文一質，總不越風人六義之遺。

謹撰樂府，首漢魏六朝，迄於唐爲三集，別輯歌詩，從《漢藝文志》，並異郭本非異也。所以著代，倡四始也，且琴爲王者御。琴曲宜後堂上堂下之樂，以樂府志也。各刪正著論分次之，成三十卷，且詩詁非古也，仿卜序，略標美刺，義加廣焉。〔註41〕

是編三十卷，前二十五卷選錄漢魏六朝樂府之「風」、「雅」、「頌」諸作，後五卷收錄漢魏「歌詩」、「琴曲」之作。具體編次如下：

卷次	類目	收錄作品	卷次	類目	收錄作品
1	漢風一	相和六引（闕）、相和曲八曲	16	魏雅一（吳雅附）	鼓吹十二曲、吳鼓吹十二曲（附）
2	漢風二	吟歎曲一曲	17	漢雅二	橫吹四曲
3	漢風三	平調曲四曲	18	漢雅三	雅舞一曲
4	漢風四	清調曲四曲	19	魏雅之變二	雅舞四曲
5	漢風五	瑟調曲十五曲	20	漢雅之變四	雜舞四曲
6	漢風六	楚調曲四曲	21	魏雅之變三	雜舞五曲
7	漢風七	大曲一曲	22	漢頌一	郊祀樂章十九章
8	魏風一	相和六引一曲、相和曲十五曲	23	漢頌二	郊祀樂章十六章
9	魏風二	平調曲時十七曲	24	魏頌一	郊祀樂章三章
10	魏風三	清調曲十七曲	25	漢一	歌詩上
11	魏風四	瑟調曲二十九曲	26	漢二	歌詩中
12	魏風五	楚調曲四曲	27	漢三	歌詩下
13	漢風八	雜曲三十一曲	28	魏一	歌詩
14	魏風六	雜曲二十九曲	29	漢一	琴曲
15	漢雅一	鼓吹二十二曲	30	魏一	琴曲

〔註41〕（清）朱嘉徵編：《樂府廣序》卷首，《四庫全書存目叢書》，集部，第385冊，第678頁。

如上表所示，朱嘉徵以風、雅、頌類分漢魏六朝樂府：以相和歌辭之相和、吟歎、平調、清調、瑟調、楚調曲、大曲以及雜曲爲風，以鼓吹、横吹曲辭以及漢雅舞爲雅，漢魏雜舞、魏雅舞爲變雅，以漢魏郊祀樂章爲頌。後附以漢魏歌詩（即雜歌謠辭）、琴曲。漢魏六朝樂府之中，各以歷史時代區分，爲漢風、魏風、漢雅、魏雅（附吳雅）、漢頌、魏頌，歌詩及琴曲亦以卷次分漢、魏。樂府「風」詩以漢魏雜曲編次於相和歌辭之後，「雅」詩辨其正變，以漢魏雜舞、魏雅舞爲變雅之作，亦編次鼓吹曲辭、横吹曲辭與漢雅舞之後。

朱嘉徵歷數漢魏迄唐詩歌創作，班固、司馬相如不能「正」《詩經》六義之旨，魏晉以來，因襲漢魏不蓋，至於六代干戈戰亂之際，「南音北部，競麗軼尤」，唐人僅備郊廟之作，不采風詩、鼓吹及五調伎。至其唐宋樂府題解之作，以音樂曲調爲基礎加以解題，後世樂府總集諸如宋郭茂倩《樂府詩集》、元左克明《古樂府》、明梅鼎祚《古樂苑》之屬，其關注點皆在樂府音樂屬性之上，然不明六義而言詩、言樂府及音樂，其「風、雅、頌之失所卒未能正也」，是故六義存則詩存，詩存則樂存。故朱嘉徵以「風」、「雅」、「頌」言樂府，辨析樂府諸篇之興、比、賦之義，故無不可絃歌之以協律。

《樂府廣序·題辭》云：「夫六義存則詩存，六義亡則詩亡，詩亡則樂亡」，「相和、清商五調伎，以雜曲、新曲繫之，當風始；燕射、鼓吹、横吹、舞曲，以散樂繫之，當雅始；其郊祀、廟祀、五帝、明堂、配饗，更以歷代封禪、徽蠟、逸頌繫之，當頌始。」〔註42〕

朱嘉徵以《詩經》六義、四始比附樂府歌辭並加以詮擇整理、分類編次的做法，清人多所認同。朱氏以「風」、「雅」、「頌」分類整理樂府並一一論之，以明其意之舉比之子夏，孫治認爲「其功真不在子夏下矣」，而諸如元左克明《古樂府》、明梅鼎祚《古樂苑》、唐吳兢《樂府古題要解》、郗昂《樂府古今題解》等總集與樂府解題眾作，皆「未若此書之爲大成也」〔註43〕。許三禮發明闡微朱氏「六義存則詩存，詩存則樂存」之論，以爲《樂府廣序》謹遵六詩之教，則覽是書則無詩樂淪亡之感，而漢興以來至於唐「皆可以明

〔註42〕 （清）朱嘉徵：《樂府廣序》卷首，《續修四庫全書》集部，第 1590 冊，濟南：齊魯書社，1997 年，第 362～363 頁。
〔註43〕 （清）孫治：《序朱氏樂府廣序》，《孫宇臺集》卷 4，清康熙 23 年刻本。

詩，皆可以明樂」〔註44〕。黃宗羲以《樂府廣序》復六義之教，「儼然《三百篇》之餘，以比文中子續經之作，蓋庶幾焉。」〔註45〕

（二）《樂府廣序》「樂府」分類的體例淵源

以《詩經》六義論樂府，宋鄭樵即有論肇。鄭樵曾編有《繫聲樂府》二十四卷，其《獻皇帝書》云：「三年爲禮樂之學，以其所得者作《謚法》，作《運祀議》，作《鄉飲禮》，作《鄉飲駁議》，作《繫聲樂府》」〔註46〕，惜其不傳。今《中興館閣書目》經部樂類記載曰：「《繫聲樂府》二十四卷，紹興中鄭樵撰集前代樂府繫之聲樂：以三百五十一曲繫之風雅聲；八十四曲繫之頌聲；百二十曲繫之別聲；四百十九曲繫之遺聲。」〔註47〕《通志・總序》曰：詩者，人心之樂也，不以世之興衰而存亡。繼風雅之作者，樂府也。史家不明仲尼之意，棄樂府不收，乃取工伎之作以爲志。臣舊作《繫聲樂府》，以集漢、魏之辭，正爲此也。今取篇目以爲次。曰『樂府正聲』者，所以明風雅。曰『祀享正聲』者所以明頌。又以『琴操』明絲竹，以『遺聲』準逸詩。」〔註48〕可見《繫聲樂府》乃專爲研習禮樂而編之樂府總集，顧頡剛認爲鄭樵「先作《繫聲樂府》來整理聲歌……然後再做《詩傳》」〔註49〕之論，即《繫聲樂府》實則爲《詩經》傳注之資料準備工作。

鄭樵秉持「禮樂相須以爲用」、「樂以詩爲本，詩以聲爲用」〔註50〕之旨向，重「聲」重「樂」，故而比附《詩經》體例將樂府歌詞分爲三類：正聲繫入正樂，分風雅之聲與頌聲，琴操爲正聲之餘；別聲亦合樂，然不入正樂，故「祀饗別聲」繫之，文、武舞曲爲別聲之餘。正聲、別聲均入樂，有聲可尋，「以詩繫於聲，以聲繫於樂」，故其分類以音樂曲調爲標準。遺聲所錄多

〔註44〕 （清）許三禮：《樂府廣序・序》，《續修四庫全書》集部，第 1590 冊，第 358 頁。

〔註45〕 （清）黃宗羲：《樂府廣序・敘》，第 360 頁。

〔註46〕 （宋）鄭樵：《夾漈遺稿》卷 2，《景印文淵閣四庫全書》集部，第 1141 冊，第 515 頁。

〔註47〕 （宋）陳騤撰，趙士煒輯考：《中興館閣書目》，北京：現代出版社，1987 年，第 372 頁。

〔註48〕 （宋）鄭樵撰，王樹民點校：《通志二十略》，北京：中華書局，1995 年，第 8 頁。

〔註49〕 顧頡剛：《鄭樵著述考》，北京：中華書局，1995 年，第 2075 頁。

〔註50〕 （宋）鄭樵撰，王樹民點校：《通志二十略》，北京：中華書局，1995 年，第 883 頁。

失其聲，其音樂曲調及其類別不可考，而諸如後人擬古新題不入樂之作則亦歸之別聲之屬，故而以「義類」相分。鄭樵《繫聲樂府》以樂府比擬並承繼《詩經》遺義，故其正聲所分，有「風雅」、「頌」聲之別，遂肇始後世以六義流別論樂府之始。

以《詩經》六義流別爲觀念論詩、樂府、騷賦等文體作品，是宋代以來頗爲流行的看法。朱熹注《楚辭》，亦採用論《詩》之法，以「風」、「雅」、「頌」、「賦」、「比」、「興」論楚人之辭：「則其寓情草木，託意男女，以極遊觀之適者，變《風》之流也。其敘事陳情，感今懷古，以不忘乎君臣之義者，變《雅》之類也。至於語冥婚而越禮，攄怨憤而失中，則又《風》、《雅》之再變矣。其語祀神歌舞之盛，則幾乎《頌》，而其變也，又有甚焉。其爲賦，則如《騷經》首章之云也；比，則香草惡物之類也；興，則託物興詞，初不取義，如《九歌》沅芷澧蘭以興思公子而未敢言之屬也。」〔註51〕朱熹分析《楚辭》諸作所蘊《詩經》變風、變雅、變頌之義，而又以賦、比、興論《離騷》和《九歌》等作品。

元劉履著有《選詩補注》一集，蓋其仿傚朱熹之法，以賦、比、興論詩，亦可視爲六義論詩之流。

元末李孝光論及《樂府詩集》分類時，有意以「風」、「雅」、「頌」攀附之。《樂府詩集》文體分類未受鄭樵《繫聲樂府》、《通志‧樂略》影響，蓋因二者編纂目的不一，鄭樵所關注點是以樂府研究整理來明「禮樂之用」；而郭本則以系統總結宋前樂府發展歷程爲意，故分類沿襲晉宋以來以音樂曲調爲基礎的分類標準。李孝光以「風」、「雅」、「頌」之論，比附《樂府詩集》十二類之分，則是宋代以來以六義流別觀念論詩、論樂府的影響。從《樂府詩集》類目排列順序來看，郭茂倩較多地受到國家禮樂制度以及漢魏以來樂府分類的影響，重頌、雅之詩。《古樂府》雖未如後人朱嘉徵的《樂府廣序》那樣明確地以風詩、雅詩、頌詩區分所錄樂府，然其棄頌不錄，只錄風雅，且以「古歌謠辭」之風詩爲先，而「鼓吹」、「橫吹」曲辭居後，則體現了左克明重「風」之傾向。此後明胡應麟《詩藪》內編卷一、清盧綋《四照堂樂府‧自敘》、魯九皋《詩學源流考》等皆以樂府爲《詩經》後裔，以「風」、「雅」、

〔註51〕（宋）朱熹：《楚辭集注‧離騷經序》，上海：上海古籍出版社，1979年，第2頁。

「頌」論之。明劉濂《九代樂章》與朱嘉徵此本，即爲以《詩經》風雅頌類分樂府的總集。

劉濂《九代樂章》二十三卷，取九代樂章中「奏於朝廷者爲雅，宗廟者爲頌，文人學者之作通爲之風」，分門編類，以風、雅、頌三分之。劉濂秉持詩樂聖教理世修身之旨，以六義流別、《詩》之遺義衡量九代詩歌，以「聲音」爲主，選取九代樂章分風、小雅（雅）、頌三類，各爲之論。劉濂批判九代諸儒不明《詩》、《樂》二經垂世之法，不識「風」、「雅」、「頌」詩辭大義、音律聲制，故其選詩，亦有將《詩》、《樂》經論與規勸君王治世結合起來，以《九代樂章》之風雅頌詩承繼《詩經》之詩教理想。

《樂府廣序》在《九代樂章》「風」、「雅」、「頌」三分的基礎上，辨「雅」之正變，同時仿傚《詩序》之體例，各類樂府皆有序，其序大略「刻意續經惟恐一毫之不似」，「牽強支離，固其所矣」〔註52〕。朱嘉徵此舉，已漸漸走入經學化，不僅在分類上比附《詩經》風雅頌之別，又以賦、比、興論其美刺之旨，其序牽強攀附，將樂府的倫理品性過分拔高而忽略樂府賴之以存的音樂屬性，則未必合當。

〔註52〕 （清）永瑢等：《四庫全書總目》卷194，第1768頁。

第四章　明清文章總集賦體分類與觀念演變

辭賦文體發展自先秦至元，體式競相衍變，先秦的騷體賦、兩漢的散體大賦和抒情小賦、六朝的駢賦、唐代的律賦、宋代的文賦等皆已出現。祝堯秉承元人文學復古思潮中重「情」的文學觀念，對唐宋律賦、文賦多有不滿，提倡復歸楚騷「哀情」傳統；而自金亡後，科舉停考，再舉之時廢律賦考古賦，這在一定程度上也刺激祝堯系統全面審視辭賦發展歷程，祝堯在以「復古味新變」的發展道路中提倡以「古賦」為體，則是個人和時代的雙重選擇。本章即通過追述諸如《文選》、《文苑英華》、《古賦辯體》等明前文章總集的「賦」體分類體例與分類觀念，來考察明清文章總集如何在歷史的契機中承接前人分類成果，並進一步地深化總結，建立新的分類結構。

第一節　《古賦辯體》與明前賦體分類

劉向《漢書·藝文志·詩賦略》整理著錄前人詩賦之作，分為屈原賦類、陸賈賦類、孫卿賦類、雜賦類、歌詩類 5 種：「屈原賦」類著錄屈原、唐勒、宋玉、莊忌、賈誼、枚乘、司馬相如等 20 家，共 361 篇賦作；「陸賈賦」之屬著錄陸賈、枚皋、司馬遷、揚雄等賦 21 家，共 274 篇；「孫卿賦」類收錄孫卿、李忠、賈充、周長孺等 25 家共 136 篇賦作；「雜賦」之屬收錄在客主賦下十八篇、雜行出及頌德賦等 12 家 233 篇賦作。「賦」類分四種，四種之中再分為二，即前三種有主名之賦與雜賦，二類著錄體例截然不同。前三種

有主名之賦著錄體例爲某人賦多少篇，即《屈原賦》二十五篇、《宋玉賦》十六篇；雜賦類著錄十二家，著錄體例爲（雜）某種賦多少篇，如《雜行出及頌德賦》二十四篇、《雜禽獸六畜昆蟲賦》十八篇。前者以人繫賦，各賦繫於作者名下，後者同題類屬，匯聚眾人同題材賦作。

明人胡應麟對此早有論斷，即以「雜賦類」爲「當時類輯者後世總集所自始也」〔註1〕。章學誠亦有「詩賦前三種之分家，不可考矣，其與後二種之別類，甚曉然也。三種之賦，人自爲篇，後世別集之體也。雜賦一種，不列專名，後世總集之體也」〔註2〕之說，劉師培繼而有曰：「客主賦以下，皆無作者姓名。大抵撰纂前人舊作，匯爲一編，猶近世坊間所行之撰賦也。」〔註3〕「今觀客主賦以下十二家，皆漢代之總集，萃眾作爲一編，故姓氏未標，徐均別集。」〔註4〕雖姚振宗以及章氏自身皆意識到詩賦略分類若以總集、別集體例視之，「頗有類乎總集，亦有似乎別集」〔註5〕，諸如「屈原賦」類下著錄「淮南王群臣賦四十四篇」和孫卿賦類下著錄「秦時雜賦九篇」則似爲總集，「當隸屬雜賦下」〔註6〕，歌詩類著錄「高祖歌詩二篇」又似爲別集，然以群臣之作附於淮南王賦之下，則符合「以人次」之例，將《秦時雜賦》列於《孝景皇帝頌》與《荀卿賦》之間，則盡合「以時相次也」之例，故而整體上可視之爲別集與總集之例，即「著錄之例，先明家學，同列一家之中，或從人爲次，或從時次可也」〔註7〕，不可苛求。五類之中，前三類以個人專集式著錄，後兩類則萃眾爲編。因此，《詩賦略》第二級次分類即以著錄體例分爲「屈原賦」、「陸賈賦」、「孫卿賦」和「雜賦」兩類。

《詩賦略》賦類前三種「人自爲篇」：每類各以人序次，作品繫於下，諸

〔註1〕 （明）胡應麟：《詩藪》，上海：上海古籍出版社，1958年，第246頁。
〔註2〕 （清）章學誠撰，葉瑛校注：《文史通義校注》，北京：中華書局，2005年，第1065頁。
〔註3〕 劉師培著，舒蕪點校：《中國中古文學史·論文雜記》，北京：人民文學出版社，1959年，第115頁。
〔註4〕 劉師培：《漢書藝文志後》，載《劉申叔遺書》卷八，南京：江蘇古籍出版社，1997年，第1284頁。
〔註5〕 姚振宗：《漢書藝文志拾補》，《二十五史補編》本，北京：中華書局，1955年，第1436頁。
〔註6〕 姚名達：《中國目錄學史》，上海：商務印書館，1936年，第68頁。
〔註7〕 姚名達：《中國目錄學史》，第68頁。

如「屈原賦」二十五篇、「賈誼賦」等，各家賦作單獨著錄，依作家時代先後順序著錄。各家賦作單獨著錄，開啓後世別一人之作匯爲「別集」之例。

後兩類則萃眾之作，各按題材類分，諸如《客主賦》二十八篇則多關主客問答之作，《雜器械草木賦》二十四篇所收賦作則器械、草木等爲主要表現內容。以「類（題）」相從，將文學作品按照題材內容分類彙編，是爲類書編纂體例。

《詩賦略》「賦」類兩種著錄體例，其實是兩種分類方法：一是以人敘次，將作品（賦）各繫於作者之下，體例爲屈原賦二十五篇、宋玉賦十八篇，各人賦作包含各種題材內容；二則以類（題）相從，將作品按題材內容分列各類，諸如《雜器械草木賦》二十四篇，則收錄眾人賦作關涉器械、草木等表現內容的賦作。

《文選》「賦」體下「以類相從」大致按題材內容爲界限加以分類。後人對《文選》「詩」、「賦」以「題」分類頗有微詞，已成公案，此不贅述。而以「題」區分，將題材內容作爲總集文體二級分類標準，前人一般認爲蕭統多受齊梁時代類書編纂風氣盛行的影響，今所觀來，《詩賦略》「雜賦」類已肇以「類」區分賦作加以著錄之先河，故而《文選》「詩」、「賦」二級分類似亦受其影響，無可厚非。

摯虞《文章流別集》今已不可見，其文體二級分類僅從《論》中蠡測可知，大體分「古詩之賦」、「今之賦」兩種，稱屬「《楚辭》之賦」爲「賦之善者」，「孫卿、屈原，尚頗有古詩之義」，而批評「今之賦」「辭無常」的弊病〔註8〕。逮及章樵重新編次《古文苑》時，將「賦」分爲「宋玉賦」、「漢臣賦」、「揚雄賦」、「賦十一首」〔註9〕，整體上以時間先後編次作品，以作者身份相區別分類。《宋文鑑》一級分類按「體」相分，明確別錄「賦」於「律賦」〔註10〕之外，收錄唐宋新體「律賦」爲一類，「賦」、「律賦」類下作品各按時間先後編次。

《唐文粹》最先於總集中立「古賦」爲體。姚鉉批評《文選》之後總集

〔註 8〕　（宋）李昉等：《太平御覽》卷 587，北京：中華書局，1960 年，第 2644 頁。
〔註 9〕　《古文苑》卷二十一「雜賦」收錄殘闕賦作 13 首，此處不論。
〔註10〕　（宋）呂祖謙編，齊治平點校：《宋文鑑》，北京：中華書局，1992 年，第 1～102 頁。

「率多聲律，鮮及古道」〔註11〕，故《唐文粹》「以古雅爲命」選錄作品，是編文、賦，惟取古體，四六之文不錄。雖姚鉉此編體例沿襲《文選》「以類相從」的原則，以題材內容細分「聖德」、「失道」、「京都」「名山」、「花卉草木」、「哀樂愁思」、「夢」等 18 個二級類目〔註12〕，然其於總集種專選「古體」，最先立「古賦」爲體，已經顯示出姚鉉的賦體辨析與分類觀念，此點多益於後之來者。

《古賦辯體》，十卷，元祝堯編。祝堯編選賦作之時，首先辨其源流，系統地梳理了辭賦發展過程中幾個重要的歷史變革階段，將辭賦劃分爲「古賦」、「俳賦」、「律賦」、「文賦」四體。《古賦辯體》以「情」本位，作爲古賦區別於務於對偶的俳體賦、嚴於聲律的律體賦以及以議論談理爲尚的文體賦的最主要標誌，遴選歷代古賦，將選賦編纂與辨體分類結合起來。正編之中，祝堯將元前的古賦分爲楚辭體、兩漢體、三國六朝體、唐體、宋體，將先秦至宋的辭賦發展演進脈絡通過古賦分類清晰地呈現出來：騷賦（先秦）——散體大賦和抒情小賦（漢）——俳（駢）賦（三國六朝）——律賦（唐）——文賦（宋）。祝堯根據「賦以代變」的流變特點，將「賦以代分」，而在具體辨析中又進一步地明確了「賦以代降」的特點。故而祝堯古賦「五分」亦有溯源明流之意，以「楚辭體」最爲正宗，「以復古爲新變」，要求復歸「古賦」，並明確提出「祖騷宗漢」，以「騷體賦」爲後學取法的古賦範式。《古賦辯體》外錄二卷，分「後騷」、「辭」、「文」、「操」、「歌」五大類。外錄所收之文皆「歷代祖述楚語者爲本，而旁及他有賦之義者」〔註13〕，諸如《秋風辭》、《弔屈原文》之屬，皆爲「賦之本義見於他文者」，仿晁補之「古賦之流」之義編之。外錄所選諸作，皆「名」雖「異」，而「義」有「同」。祝堯將同與異、源與流、義與名三者結合起來，各類皆有題解，選錄作家以時代先後編排，作品繫於人後，並一一爲之注評。「後騷」實源於「楚辭」，而「辭」實爲「賦」之別稱；「文」乃名文而義則賦；「操」與「歌」與詩賦同出而有古義；祝堯所選皆嚴辨其體，可見古賦之流。〔註14〕

〔註11〕 「今世傳唐代之類集者，詩則有《唐詩類選》、《英靈》、《間氣》、《極玄》、《又玄》等集，賦則有《甲賦》、《賦選》、《桂香》等集，率多聲律，鮮及古道。」（宋）姚鉉：《文粹序》，《文粹》卷首，四部叢刊本。

〔註12〕 《唐文粹》將「辭」、「連珠」之作歸「古賦」類。

〔註13〕 （元）祝堯：《古賦辯體》卷9，第837頁。

〔註14〕 參見蔣旅佳：《祝堯〈古賦辯體〉賦體辨析與分類》，《文藝評論》，2013 年，第 8 期。

明人錢溥以「辨之甚嚴而取之甚確」〔註15〕稱譽《古賦辯體》辨體分類之功，四庫館臣以「嚴乎其體，通乎其義」，「於正變源流，亦言之最確」〔註16〕之語贊之。《古賦辯體》的賦體辨析與分類在承繼前人的基礎之上多有創建，是中國古代總集賦體分類史上的力作，其影響亦深遠。

第二節　明清總集賦之分類與「體」、「用」觀念

《明史·藝文志》載明賦總集三種，今存俞王吉《辭賦標義》十八卷，陳山毓《賦略》五十卷。此外，尚有無名氏《賦苑》八卷，李鴻輯《賦苑》八卷，周履靖、劉鳳、屠隆輯《賦海補遺》三十卷，袁宏道輯、王三餘補《精鐫古今麗賦》十卷，無名氏輯《賦學剖蒙》二卷，無名氏輯《類編古賦》二十五卷。一些分體編錄類詩文總集也收錄賦作，如《文章辨體》、《文體明辯》、《明文衡》等。清代賦集纂輯蔚然興盛，多至數百種。有陳元龍奉敕編輯《歷代賦彙》一百八十四卷，王冶堂輯、雷琳、張杏濱注《賦鈔箋略》，馬傳庚選《六朝唐賦讀本》四卷，趙維烈輯《歷代賦鈔》三十二卷，陸葇評選《歷朝賦格》十五卷，徐斗光選《賦學仙丹》一卷，王修玉輯《歷朝賦楷》八卷，張惠言輯《七十家賦鈔》六卷，歐陽厚均輯《嶽麓賦鈔》三卷，張維城輯《賦學雞跖集》三十卷，鴻寶齋主人輯《賦海大觀》三十二卷等。關於明清時期賦總集纂輯，何新文先生《中國賦論史稿》及許結先生《中國賦學歷史與批評》皆有著錄，《中國賦論史稿》附錄《歷代賦學要籍敘錄》二「歷代賦總集及選本」詳盡地對每本總集基本形態加以分析論述，頗益後學。〔註17〕

一、文學復古與明代總集的「賦」體分類

元明是中國古代賦學的復古時期，表現在總集編纂上，則是選文以古賦爲主。所不同的是，元人注重古賦，更多地源於科舉制度變革，而明人則是出於文人創作的文學復古觀念和文體辨析。

〔註15〕（明）袁黃：《增訂群書備考》卷1，明崇禎五年刊本。
〔註16〕（清）永瑢等：《四庫全書總目》卷188，第1708頁。
〔註17〕參見何新文：《中國賦論史稿》，北京：開明出版社，1993年，第233～264頁；許結：《中國賦學歷史與批評》，南京：江蘇教育出版社，2001年，第173～175頁。

明人吳訥《文章辨體》、徐師曾《文體明辯》二書賦類「序題」〔註18〕中多引祝堯《古賦辯體》之言，其賦體分類亦多承《古賦辯體》而來。《文章辨體》與《文選》、《文苑英華》等總集立「賦」爲體的方式不同，設置「古賦」一目，沿襲《宋文鑒》《唐文粹》別「古賦（賦）」於「律賦」之義，然根本上是直接受《古賦辯體》的影響。《文章辨體》之前，唯有《唐文粹》於總集種明確立「古賦」一體，然其「古賦」僅僅爲區別「四六之文」的模糊文體概念，且是書收錄「唐人」作品，唐人觀念之中尚無後出「文賦」概念，且其分類，仍依《文選》以主題區分，分類尚無創建，故而相對於《古賦辯體》來說，其「古賦」概念遠不具備明確的文體內涵。吳訥《文章辨體》是明確以「辨體」爲宗旨的總集，這與《古賦辯體》在編錄動機上是一致的。《文章辨體》中「古賦」體分「楚」、「兩漢」、「三國六朝」、「唐」、「宋」、「元」、「國朝」七個小類目，觀其類目，除「元」、「國朝」賦超出《古賦辯體》所收錄賦作的年限之外，其他皆從祝堯書中衍出，且「元」、「國朝」二類依按《古賦辯體》之分類標準自立新目。不僅如此，《文章辨體》「古賦」類，包括「古賦」體下「楚」、「兩漢」等小類目序題中體制辨析，無一不引祝堯之語，各大小類序題一例先照抄祝堯之論，後加朱熹之語或自己的評判而成。如其論「唐」體，則先全引祝氏所論，有引先正「文章先體制而後文辭」之語於後，最末附訥「學賦者其致思焉」數語而成。《文章辨體》序題部分幾乎全引祝堯之論，而其古賦分類亦皆依《古賦辯體》，可見吳訥對此編賦體辨析與分類的高度認同。

《文體明辯》本衍自《文章辨體》而踵事增華，在賦體分類上，徐師曾別立「楚辭」於「賦」，分爲「楚辭」、「賦」二體，《文體明辯》細分「賦」爲「古賦」、「俳賦」、「文賦」、「律賦」四體，其類目亦沿《古賦辯體》而用之。不僅如此，「賦」之序題，雖不類吳訥直接抄引祝堯，然其意亦多從《古賦辯體》出，此不一一證之。由此可見《古賦辯體》的賦體辨析與分類理論確實卓有建樹，可謂「後世賦家之一助」。

歷代以總集爲代表的賦體分類，除《古賦辯體》、《文章辨體》、《文體明辯》等少數總集細分體裁外，多承襲《文選》以主題事類平列門目之法，分

─────────────

〔註18〕吳承學先生將中國古代一些文章總集在其目錄或卷首著有簡述文體淵源流變的小序定名「序題」，詳見吳承學：《論「序題」──對中國古代一種文體批評形式的定名與考察》，《文藝理論研究》，2012 年第 6 期。

類繁瑣細碎多遭後人詬病。總集賦體按內容題材分類，多承《文選》而來，其優點，分類較為明晰，便於閱者檢索學習，同時一些題材分類因帶有文化分類的因素，故而亦使一些選本總集具有文化讀本的性質。不可否認的是，受唐以來大型類書編纂體例的影響以及科舉取士的需要，後出總集賦體題材內容分類細密瑣碎愈演愈烈，如《文苑英華》賦體分類依《文選》主要以題材內容分為天象、歲時、地類、水、帝德、京都、諷諭、儒學、軍旅、飲食、符瑞、人事、器用、服章、圖畫、寶、絲帛、舟車、薪火、鳥獸、蟲魚、草木等四十二類，其體例亦略與《文選》相同，而門類實則更為繁碎。明周靖履、劉鳳、屠隆等輯《賦海補遺》亦是。

　　《賦海補遺》三十卷，選錄先秦至唐末抒情詠物類小賦二百七十二篇，後又錄周靖履賦作六百一十五篇。宋金元三代賦不錄，明賦雖多，但皆為周氏自撰。《賦海補遺》採用《文苑英華》的賦體分類方式，採用其四十三個類目中的二十三類，即「天文」、「時令」、「節序」、「地理」、「宮室」、「人品」、「身體」、「人事」、「文史」、「珍寶」、「冠裳」、「器皿」、「伎藝」、「音樂」、「花卉」、「果實」、「芝草」、「飲饌」、「走獸」、「鱗介」、「昆蟲」。各類之下，以「題」細分，共有六百零六題，每題錄賦一至三篇。

二、清代總集「賦」體分類方式的多樣化

　　清陸葇《歷朝賦格・凡例》：「作賦以來，選家不一，有多別門分類者，有專敘朝代者，有分列體裁者。」〔註19〕。清代總集賦分類方法不一，或以類編，或以人分，或依時序，或分體編次。其中以仿傚類書體例分類編次最為常見。故陸葇又言：「妄謂讀賦專資博物別類，便於稽考；然條縷太繁，又與類書無別。案頭但置吳博士《事類賦》一部，足矣。」〔註20〕

　　宋吳淑撰並注《事類賦》三十卷，《景印文淵閣四庫全書》將其列入子部，而其本身則是一部百篇賦集。是書原名《一字題賦》，即針對天地宇宙間一百種常見食物，各為之賦，內容大抵以賦體形式概括有關此物制度史實典故，廣徵博採各類事之書及經史百家文集之說以入賦。《事類賦》是奉敕增注後另改之名。全書的目錄框架共分十四部：天、歲時、地、寶貨、樂、服用、什

〔註19〕　（清）陸葇：《歷朝賦格・凡例》，（清）陸葇評選《歷朝賦格》卷首，《四庫全書存目叢書》集部，第399冊，第274頁。
〔註20〕　（清）陸葇：《歷朝賦格・凡例》，（清）陸葇評選《歷朝賦格》卷首，《四庫全書存目叢書》集部，第399冊，第274～275頁。

物、飲食、禽、獸、草木、果、麟介、蟲。各部再以細分，天部有天、日、月、星、風、雲、雨、霧、露、霜、雪、雷十二類目；歲時部有春、夏、秋、冬四類目；地部有地、海、江、河、山、水、石、井、冰、火十類目；寶貨部有金、玉、珠、錦、絲、錢六類目；樂部細分歌、舞、琴、笛、鼓五類目；服用部分有衣、冠、弓、箭、劍、幾、杖、扇八類目；什物部有筆、硯、紙、墨、舟、車、鼎七類目；飲食部有茶、酒二類目；禽部有鳳、鶴、鷹、雞、雁、鳥、鵲、燕、雀九類目；獸部細分麟、象、虎、馬、牛、羊、狗、鹿、兔九類目；草木部有草、竹、木、松、柏、槐、柳、桐、桑九類目；果部細分桃、李、梅、杏、奈、棗、梨、栗、柑、橘、瓜十一類目；麟介部下分龍、蛇、龜、魚四類；蟲部涵括蟲、蟬、蜂、蟻四類。細目多至一百種，雖便於讀者檢索取則，終嫌繁瑣，但統繫於十四部類，卻綱目明晰。

清代總集賦體以類編次，以《明文海》、《歷代賦匯》、《分類賦學雞跖集》、《賦海大觀》爲代表。

《明文海》四百八十二卷，清黃宗羲編。是書分體編錄，共二十八類。卷一至四十六錄賦，賦體下細分「國事」、「時令」、「山川」、「弔古」、「哀傷」、「述懷」、「人事」、「居處」、「感別」、「閒情」、「鑒賞」、「音樂」、「仙隱」、「禽蟲」、「花木」、「器物」十六個二級類目。

《御定歷代賦匯》一百八十四卷，清陳元龍等編。《正集》一百四十卷，分天象、歲時、都邑、地理、治道、典禮、禎祥、臨幸、文學、苑狩、武功、性道、農桑、宮殿、室宇、器用、舟車、音樂、玉帛、服飾、飲食、書畫、巧藝、仙釋、覽古、寓言、草木、花果、鳥獸、麟蟲等三十類，《外集》二十卷，有言志、懷思、行旅、曠達、美麗、諷諭、情感、人事八類；《逸句》二卷，分天象、歲時、地理、都邑、典禮、文學、武功、器用、音樂、玉帛、飲食、巧藝、覽古、花果、鳥獸、麟蟲、言志、懷思、行旅、曠達、美麗、諷喻、人事二十三類。《補遺》二十二卷，分天象、歲時、都邑、地理、治道、典禮、禎祥、臨幸、文學、武功、性道、農桑、宮殿、室宇、器用、舟車、音樂、玉帛、飲食、書畫、巧藝、仙釋、覽古、寓言、草木、花果、鳥獸、麟蟲、言志、懷思、行旅、曠達、美麗、諷喻、情感、人事三十六類。從類目名稱上看，均是同一主題賦作類從編錄。《正集》、《外集》收錄賦作主題分明，前者以敘事詠物爲主，後者則以摹情敘志爲主。《逸句》、《補遺》則合而爲一，但在排列順序上，依然存在前後之分。

　　《分類賦學雞跖集》三十卷，清張維城輯。此集總錄清人賦作二千餘首，類聚而群分，計有「天文」、「歲時」、「地理」、「宮室」、「市治」、「仕宦」、「性道」、「人品」、「文學」、「文具」、「武備」、「樂制」、「農桑」、「技藝」、「人事」、「釋道」、「服用」、「器用」、「珍寶」、「飲饌」、「草」、「木」、「花木」、「花草」、「果」、「鳥」、「獸」、「水族」、「蟲豸」三十部，各部之中再加以細分，如「天文部」下則有「天」、「日」、「月」、「星」、「風」、「雨」、「雲（霞附）」、「霜」、「雪」、「露（霧附）」、「雷（虹、電附）」、「河漢」十二細目，「文學部」細分「書籍」、「碑帖」、「文」、「詩」、「詞賦」、「勤學」、「博學」、「書法」八類。

　　鴻寶齋主人「盧江太守公」輯《賦海大觀》，成書於清光緒年間。該書收錄先秦至清歷代賦作計一萬兩千二百六十五篇，分類方式仿傚《歷代賦匯》而更加細碎。先以作品主題事類劃分三十二類，各類再分細目，共四百六十八類。

　　除以類編次外，清王修玉選《歷朝賦楷》以時敘次，張惠言輯《七十二家賦鈔》以人敘次。

　　《賦學正鵠》不分卷，清李元度選評。《賦學正鵠》選錄漢、六朝、唐代、清代七十五人賦作計一百四十七篇，其中漢兩篇，六朝十四篇，唐兩篇，而清賦則多達一百二十九篇。自序曰：「其類有十：曰層次、曰氣機，入門第一義也；曰風景、曰細切、曰莊雅、曰沉雄、曰博大，皆應區之品目也；曰遒煉、曰神韻，則駿駮乎進乎古賦；曰高古，則精擇古賦以為極則，由六朝以上希兩漢，其道一以貫之：此循流溯源之術也。」〔註21〕前九類所選皆為清代律賦，第十類「高古」由唐上溯六朝、漢代，錄宋琛、李白、庾信、梁元帝、梁簡文帝、江淹、禰衡、王粲、班固賦作十八首。李元度賦學「循流溯源之術」，大抵以兩漢六朝之古體為源，而唐代及清律體為流。故學賦應先漢魏六朝後唐、清律體賦。在具體的類目設置之中，又有細分，如「層次」類分為敘事題、詠物題、言情題、理境題四類，以題示學習創作門徑。

第三節　明清總集賦體分類趨勢與賦學批評

　　何新文先生《從「辭賦不分」到「以賦論賦」──古代賦文體論述的發展趨勢及當代啟示》一文在系統梳理中國古代賦文體發展演變歷史後提出其

〔註21〕　（清）李元度：《賦學正鵠》，清光緒七年長沙奎光樓刻本。

總的趨勢是，由探索賦與詩騷等文體的外部關係到辨析賦的內部體類，即由兩漢「辭賦」不分、魏晉六朝「騷別於賦」，到唐宋以後在「以賦論賦」的前提下具體分析賦的「古、俳、律、文」諸體。〔註22〕

　　中國古代的賦集分類，大體以唐為分界。賦至唐，始有古、律之分。因賦體「鋪采擒文，體物寫志」，寫作方式縱橫鋪陳，作品內容主題無所不包，以類區分，便於呈現出賦作徵材聚事的博雜之象；故《文選》、《文苑英華》等總集賦體分類多以主題內容為標準，偏向於賦用論。賦介乎詩文之間，特別是在發展演變過程中積極吸取其他文體要素，唐以後總集賦體分類中始有辨體一類，故宋《唐文粹》，元《古賦辯體》，明《文章辨體》、《文體明辯》，清《歷朝賦格》等總集賦體以體格分類，偏向於賦體論。

　　分門別類的思想是認知水平的發展演進的產物。魏晉南北朝所興起的類書分類體例即與《爾雅》分類方法相似，而影響到總集的分類。類編總集，體例介於類書與普通詩文集的中介形態，某種程度具備了類書的功能。《文選》二級類目以題材內容類劃分詩賦，則開啟了總集以主題內容區分作品的分類體例。後出總集在《文選》賦體分類的基礎上以題材內容分類，其細密瑣碎愈演愈烈，《賦海大觀》細目竟多達四百六十八類。中國古代的許多文體往往各有其特定的功能，功能不同，內容不同，文體也不同。以題材內容分類，有助於我們認識這些文體的功能和特徵，題材的分類與文體的界定，適可互補。

　　前引《歷朝賦格・凡例》總結清人賦集分類體例，對「分門別類」之法頗有微詞。陸葇在《歷朝賦格・凡例》中將歷代賦作分為三類：其一，「錄《禮賦》一篇以冠文賦，凡用散詞，總為一格」；其二「騷者，《詩》之變也，賦之祖也」，「以擬騷為一格」；其三，「凡屬詞儷事比偶成文者列為駢賦一格」〔註23〕。具體說來《歷朝賦格》首分文賦、騷賦、駢賦三格，每格再依主題事類，分天文、地理、帝治、人事、物類五個細目。三格為綱，五類為目，各類之中，以朝代先後為序依次編排。相對於上文中「分門別類」，《賦格》分類體例簡明又不失層次。

　　《歷朝賦格》的兩層分類法，將「體」、「類」結合在一起，兼顧賦的「體」、「用」兩方面，是中國古代總集賦體分類史上較為賅備的範本。

〔註22〕何新文：《從「辭賦不分」到「以賦論賦」──古代賦文體論述的發展趨勢及當代啟示》，《文學遺產》，2015 年第 2 期。

〔註23〕（清）陸葇：《歷朝賦格・凡例》，（清）陸葇評選《歷朝賦格》卷首，《四庫全書存目叢書》集部，第 399 冊，第 273～274 頁。

第五章　明清地域總集的分類體例及其文化意義

　　地域總集，又稱地方總集，即以地（行政地理區域）爲斷，匯聚某一區域相關詩文作品的總集。地域總集作爲綜合反映一個地域文學傳統和文學創作實績最爲直接的形式，凡一郡一邑之山水、人物、記錄、題詠以及碑版石刻之文，悉盡取錄。

　　我國古代地域總集編纂歷史悠久，唐人殷璠《丹陽集》即肇其始，然其地域性僅就作者籍貫歸屬層面而言，不及詩歌內容的地理關聯，故本文不予論之。在宋朝地域文化發展興盛的時代背景影響促進下，地域總集編纂蔚然成風。現存較早的地域總集，以北宋神宗熙寧四年孔延之所纂《會稽掇英總集》爲是。其後董弅《嚴陵集》、李兼《宣城總集》、袁說友等《成都文類》、林師箴等《天台集》（前集、續編）（李兼重新編次刊刻）、林表民《赤城集》、《天台續集別編》、鄭虎臣《吳都文粹》等競相纂成刊刻，成爲宋代總集中特立獨行的一類。元明時期，地域總集編纂亦多，至清呈現出繁榮景象。

　　地域總集編纂的興起，很大程度上得益於地域文化的發展興盛。地域總集與地方志收錄的地域詩文，在史料的文獻來源上具有同源互補的密切關係，特別是在編纂體例上，地域總集借鑒地方志的類目元素來分類編次作品，以展現其地域品格，爲我們分析地域總集分類體例找到突破口，下文將通過考察地方志與地域總集關係的基礎上，來探究明清地域總集的分類體例，及背後所隱含的分類觀念和文化意義。

第一節　從地方志到地域總集——地域詩文的兼錄與專錄

地域總集是總集發展到一定階段的產物，其編纂的興起主要得益於地域空間意識的強化與地域文化（文學）的發展興盛。而地方志的編纂流傳，極大強化了人們的地方觀念，推動地域鄉邦情結的認同和地域文化的弘揚，在一定程度上爲地域總集的編纂分類提供了參照借鑒之本。

中國古代華夏民族之文化，歷數上下千年演進，「造極於趙宋之世」〔註1〕。宋代文化在時間上承上啓下，而於空間上則地域特色更加凸顯。晚唐五代十國的政治割據以及宋代國家版圖的變動和不完整性，使得宋代文化的地域性和差異性逐漸突出，宋人的地域文化意識日趨強烈。諸如北方京、洛地區，以成都、梓州路爲代表的四川地區以及東南地區的兩浙、江西、福建等地文化發展異軍突起，成爲宋代重要地域文化中心〔註2〕。中國古代地域文化源遠流長，發展演變到宋代，出現了新的格局和氣象，其中最突出的一點，就是宋代方志與地域總集編纂蔚然成風。

地方志以其百科全書式的涵蓋面，全面系統地記載一定區域自然地理、社會政治、經濟物產、歷史文化、風俗物產等方面文獻資料，其廣泛性和綜合性的著述特點，有利於展現一個區域的歷史文化風貌，故其自古以來就成爲承載地域文化和區域文明的重要文獻載體。作爲地域文化與地域文學的重要載體和資料來源，地方志編撰者力求對凡涉一地自然山川、風土人情、人文建築、名勝古蹟之詩文作品搜羅殆盡，其廣徵博引的文獻資料，與地域文學關聯甚密。可以說，地方志中所蘊含的豐富地方詩文文獻材料，一直是研究地域文學的重要組成部分。

宋朝沿襲唐朝定期編上呈圖經版籍的制度，「圖志三歲一上」〔註3〕，徽宗年間設置九州圖域局，大力組織彙編全國圖經總集和區域圖志，今可考證的宋代地方志約有六七百多部。眾多方志的編纂與續修制度的確立，爲方志體例的進一步完善打下了堅實的基礎。

〔註1〕　陳寅恪：《金明館叢稿二編》，上海：上海古籍出版社，1980年，第245頁。
〔註2〕　程民生：《略論宋代地域文化》，《歷史研究》，1995年第1期。
〔註3〕　（元）唐天麟：《至元嘉禾志·序》，《宋元方志叢刊》（第5冊），北京：中華書局，1990年，第4413頁。

　　地方志淵源於地理書〔註4〕。宋代以前，方志多單行，各自為書，其體例門類不過圖經之地域沿革、山川之區域地理、風物之地域風俗人情數種，多為地理書、風俗記、都邑簿等地記雜述之類，詳於地理，略於人文；方志多以圖經、圖志為名。

　　中國古代方志從唐代開始漸錄地方詩文，至宋代，地域詩文史料文獻成為方志收錄的重要組成部分。宋代地域文化的發展興盛，地方志數量增多，內容逐漸豐富，體例趨於完善：「方志之書，至趙宋而體例始備」〔註5〕。宋代方志「圖經」、「政紀」、「人物傳」、「風土記」、「古蹟」、「譜牒」、「文徵」諸體薈萃，無所不備〔註6〕。方志之備載輿圖、疆域、山川、名勝、建置、賦稅、物產、鄉里、風俗、人物、方技、金石、藝文、災異等史地文並重的百科全書式性質及類目體例，於宋代逐漸完善並趨於成型。樂史撰成於宋太平天國年間（公元967～983年）的《太平寰宇記》是繼《元和郡縣志》後宋代第一部較為完整的地理總志。該書「採摭繁複，惟取賅備」，於地理外又編入「姓氏」、「人物」、「風俗」數門，廣泛採引歷代史書地志、文集詩賦、碑刻以及仙佛雜記等資料，「後來方志，必列人物、藝文者，其體皆始於史。蓋地理之書，記載至是書而始詳，體例亦自是而大變。」〔註7〕此種將歷史人文與自然地理緊密結合的方志編纂方式多為後世方志繼承，影響和意義自不待言。地方志從早期科學的地理學著作逐漸演進為人文地理學著作，人文化性質日益凸顯。

　　宋代地方志將歷史人文與自然地理緊密結合，體現在收錄文獻的廣泛性上，即凡文獻內容關涉具體地域空間的一概裒輯入志。宋代方志收錄詩文作品，或錄詩文文獻附於志書之後，《乾道四明圖經》（成書於1169年）附以古賦、古詩、律詩、絕句、長短句、記、碑、文、銘、箴、祭文等作品近五卷於後；或錄詩文於各門目之下，《吳郡志》（成書於1192年）於平列諸目之中徵引詩文；或平列「詩」、「文」等文體類目於諸目之中，《剡錄》（成書於1214年）列有「書」、「文」，「詩」目，《輿地紀勝》於「府州軍監」下分目即有「碑

〔註4〕　薛慧卿：《中國方志源流探論》，《河南社會科學》，2003年第6期。
〔註5〕　張國淦：《中國古方志考·敘例》，北京：中華書局，1962年，第2頁。
〔註6〕　梁啓超：《清代學者整理舊學之總成績》之「方志學」，《中國近三百年學術史》，北京：東方出版社，2012年，第356頁。
〔註7〕　（清）永瑢等：《四庫全書總目》卷68，第595～596頁。

記」、「詩」、「四六」等目。除此之外,《吳郡志》於平行各門目之外專設「雜詠」收錄歷代題詠吳郡詩文;《澉水志》卷下「碑記門」、「詩詠門」別錄詩文作品;《方輿勝覽》專設「題詠」之目,收錄古今記、序、詩、賦,《新安志》「雜錄」門有詩話、雜藝。諸如此類門目在發展演變中逐漸匯變成「藝文志」、「詩文徵」、「藝文」、「詩文」等目,成爲綱目體地方志收錄地理區域詩文的基本體例。《雲間志》卷下設「藝文」,分爲賦、詩、墓誌、記、序、說、銘、箴、祭文九個細類錄編次作品。宋人地方志對地域歷史人文內容的重視,特別是詩文文獻史料的收集,恰是宋人鄉邦人文情懷和文學傳統積澱的反映,在這一點上與地域總集選錄詩文作品有著異曲同工之妙。「藝文」、「文徵」雖依附地方志而存,設若獨立出來,則與地域總集並無二致。

宋代地志的人文化傾向使得地志在一定程度上其兼備地理志與地域總集的雙重功能。《輿地紀勝》以府州軍監爲總目,總目下細分的子目以「碑記」、「詩」、「四六」最爲繁複,其序曰「收拾山力之精華,以借助於筆端,取之無禁,用之不竭,使騷人才士於一寓目之頃,而山川俱若效奇於左右」〔註8〕。方志中匯聚前人題詠山水名勝之文以供騷人雅士臨場創作撏扯,則體現王象之欲以《輿地紀勝》兼任詩文總匯類工具書的功能。呂午序《方輿勝覽》曰:「學士大夫端坐窗幾而欲周知天下,操弄翰墨而欲得江山之助,當覽此書」〔註9〕,又《方輿勝覽》於引用文集目錄前題識曰:「是編莞獵名賢記序詩文,及史傳稗官雜說,殆數千篇,若非表而出之,亦幾明珠之暗投。今取全篇分類,以便檢閱……蓋演而伸之則爲一部郡志,總而會之則爲一部文集,庶幾旁通曲暢云。」〔註10〕顯然祝穆寄寓此部地理書以「郡志」與「文集」的雙重功能。無獨有偶,《吳郡圖經續記》將彙編吳郡文章的《吳門總集》附於志書之後,體現了地理書兼有「郡志」和地域總集的性質。

從成書層面來看,一些地域總集得以纂成則直接得益於地方志。《吳門總集》依附於《吳郡圖經續記》,並未獨立成書;《吳都文粹》從《吳郡志》中

〔註8〕 （宋）王象之《輿地紀勝序》,王象之編著,趙一生點校《輿地紀勝》,杭州:浙江古籍出版社,2012年,第3頁。

〔註9〕 （宋）呂午《方輿勝覽序》,祝穆撰、祝洙增訂、施和金點校:《方輿勝覽》,北京:中華書局,2003年,第2頁。

〔註10〕 （宋）祝穆撰、祝洙增訂、施和金點校:《方輿勝覽》,北京:中華書局,2003年,第1頁。

搜集詩文作品，另編一集；《赤城集》錄「《天台集》不暇載、《赤城志》載不盡」〔註11〕之作成集；《嚴陵集》爲董弅修纂《嚴陵圖經》時「搜訪境內斷殘碑版及脫遺簡編，稽考訂正」〔註12〕而成書。《天台集序》：「州爲一集，在昔有之。近歲江南郡皆有集，凡域內文什，匯次悉備，非特誇好事、資博聞也，於其山川土宇、民風士習，互可考見。然則州集，其地志之遺乎」〔註13〕。李兼這裡所述，顯然是有感於地域總集在詩文的裒輯保存和展現地域自然地理、人文風情的功用價值上具有補充方志遺漏之功。

　　總的來說，地域總集或附屬於地方志存在，或取資於地方志文獻成書，或修地方志之餘編纂，或補地方志文獻不足成集，地域總集與地方志在錄文層面上存在一定程度的同源互補關係。宋鄭虎臣感吳郡文人之盛況，雖方志編纂淵源不斷，然吳郡詩文專集卻未有，故依范成大《吳郡志》之體例，編《吳都文粹》十卷。鄭虎臣敏銳地體察到宋代地方志人文化的編纂意識，完成了地域詩文從地方志兼存到地域總集專錄的變身，開啓了吳郡地域總集編纂的先河。也正緣於此，後世地域總集在文獻來源、選文方式以及分類體例等方面都與地方志結下了不解之緣。編纂者紛紛承接前人的體例傳統，又於細節中加以新變，從而彰顯地域總集所寄寓的編纂宗旨和價值功用。

第二節　宋代地域總集分類編次的地志化傾向

　　地域總集以其選錄作品內容的地理書寫特質來彰顯地域屬性，故其在保存地域文學史料、展示地域文學底蘊、弘揚地域文化等層面已與一般總集區別開來，而趨同於地方志。然嚴格意義上的地域總集至宋才編纂興起，尚未形成相對成熟穩定的分類體例。宋代地域總集編纂者在承繼前人總集編次分類成果的基礎上，逐漸嘗試摸索出一條既能彰顯選文地理空間特質，又能體現地域總集編纂宗旨和功用價值的編次分類方式，即取資借鑒於類目體例相對成熟的地方志。

〔註11〕　（宋）吳子良：《天台集序》，（清）陸心源：《皕宋樓藏書志》卷144，北京：中華書局，1990年，第1492頁。

〔註12〕　（宋）董弅：《嚴陵集序》，《景印文淵閣四庫全書》第1348冊，臺北：臺灣商務印書館，1965年，第525頁。

〔註13〕　（宋）李兼：《天台集序》，《景印文淵閣四庫全書》第1356冊，臺北：臺灣商務印書館，1965年，第411頁。

　　縱觀宋代地方志與地域總集的編纂，通常某一區域地域總集所選文學作品地理空間範圍內，往往有文獻收錄賅備、體例相對成熟的地方志先行成書而流傳。宋代地方志以其廣搜博取的錄文方式、趨於定型的編纂體例，爲同一地理空間地域總集分類編次提供了可供借鑒取資之本。

一、次級類目設置的地志化

　　《會稽掇英總集》二十卷，孔延之編。《會稽掇英總集》一級分類以「體」相分，前十五卷錄「詩」七百五十四首，後五卷錄「史辭」、「頌」、「碑」、「碑銘」、「記」、「序」、「雜文」〔註14〕類五十一篇文。這種分體編次的一級類目，與一般總集分類體例並無二致。《會稽掇英總集》二級三級類目，諸如「州宅」、「西園」、「送賀建」、「山水」（鑒湖、蘭亭、剡中、天姥、五泄山、石傘峰、四明山、浙江、山水雜詠）、「寺觀」（包括「雲門寺附若耶溪」、「天衣寺」、「應天寺」、「天章寺」）、「禹廟」、「曹娥廟」等皆是前人總集類目中所未出現的。上述次級類目以吳都地理空間之宅園亭臺、山水樓亭、寺觀廟宇等爲名，命名設置上皆帶有濃厚的吳郡地域色彩。同樣的類目命名傾向也存在於後出的《成都文類》中。《成都文類》五十卷，宋袁說友、程遇孫、扈仲榮等慶元年間編。「記」體作品二十二卷，又分「城郭」、「渠堰（附橋樑）」、「官宇」、「府縣學」、「祠廟」、「祠堂」、「寺觀」、「堂宇」、「居處」、「畫像（附名畫）」、「雜記」十一類。「詩」、「記」體二級分類按作品所涉及的題材對象來分。「記」體中的一些二級類目又進一次劃分，如「居處」類分「閣」、「園」、「溪」、「亭」、「軒」、「齋」、「庵」、「塢」八個子目。

　　大體而言，《文選》類總集借鑒傳統目錄學與類書體例〔註15〕以作品主題事類區分，類目名稱所反映的是分類系統與認知系統的一般屬性，一些「類分」之目由於分屬相對固定的門類體系之中，名稱多在已有的門類範疇之中取則，歷代總集重複使用頻率高。而《會稽掇英總集》、《成都文類》的次級類目「西園」、「鑒湖」、「蘭亭」、「天姥」、「四明山」、「雲門寺」、「應天寺」、

〔註14〕《景印文淵閣四庫全書》本「史辭」、「頌」、「碑」、「碑銘」、「記」、「序」類，均未標目。然其所選，則以同類作品歸併。故以「史辭」、「頌」、「碑」、「碑銘」、「記」、「序」名之。

〔註15〕參見屈守元：《略談〈文選〉成書前後蕭梁皇室所纂輯的一些類書和總集》，《文史雜誌》1991年第5期；方師鐸：《傳統文學與類書之關係》，天津：天津古籍出版社1986年，第107～118頁。

「禹廟」、「曹娥廟」等，是以取則地理空間的自然山水、人文景觀等爲名，帶有濃厚的地域色彩，則與一般總集大相徑庭。而這些類目名稱，則頻見於地方志中。《會稽掇英總集》、《成都文粹》編次分類中子目命名的地志化傾向，使二者在彰顯地域特色的同時又進一步獲得了地域認同。

二、作品編排方式的地志化

《吳都文粹》輯錄魏晉六朝至南宋「吳郡名勝」詩文「六百四十三首」〔註16〕成集。《吳都文粹》在體例上雖未有明確類目設置，然在具體作品編排上則有將相同題材的作品「以類編次」的傾向。由此大致可以歸納出《吳都文粹》門類爲「城郭」、「學校」、「風俗」、「亭臺樓閣」、「古蹟名勝」、「虎丘」、「祠廟」、「寺觀」等。這些門類名稱，無一例外地皆可對應范成大《吳郡志》。范成大於《吳郡志》中單立「虎丘」一門而與「山」並列，這一門類設置「匠心」也被《吳都文粹》「刺取」而來，在詩文編排上將「虎丘」主題作品匯爲一帙。

《赤城集》雖未列出分類門目，而其編排卻有「分門會粹」〔註17〕之意。《赤城集》所錄諸作爲補《嘉定赤城志》之不足，故其編排作品依《嘉定赤城志》門類設置最爲恰當。《赤城集》大致以詩文題材內容分類輯錄作品，而其中所體現的「城郭」、「廳壁」、「縣屬」、「州學」、「縣學」、「祠堂」、「廟宇」、「亭臺樓閣」、「橋樑」、「泉池」、「庵堂」、「園林」、「洞宇」、「碑誌」（「墓誌銘」、「墓碑」、「墓表」）等類目名稱，多與《嘉定赤城志》相類；不僅如此，《赤城集》詩文主題編次順序亦與方志類目頗相一致，可見是書在編纂分類上有意識地取則地志。

綜上，早期地域總集初次分類以「體」爲目編次詩文作品，取向於《文章流別集》、《文選》等總集「分體編錄」的傳統，一方面是源於總集經典編纂體例的承繼認同，同時也與地志編錄詩文方志密切相關。平列門目體地方志平列諸如「詩」、「文」、「四六」、「碑記」文體類目於他目之中，詩文作品繫於各「體」目之下，而綱目體地方志中「藝文志」、「詩文徵」、「藝文」等

〔註16〕　（清）彭元瑞等：《天祿琳琅書目後編》卷20，北京：中華書局，1995年，第461頁。

〔註17〕　（宋）吳子良：《赤城集序》，《景印文淵閣四庫全書》第1356冊，臺北：臺灣商務印書館，1965年，第2頁。

集中收錄詩文專門類目，亦細分文體類型編次作品，這都在一定程度上影響地域總集初次分類方式的選擇。

宋代地域總集再次分類注重反映詩文作品的地理空間特徵，設置具有地域特色的類目名稱，則是其仿傚地方志類目凸顯地域屬性、獲得地域認同的最爲直接有效的方式。

隨著地域總集編纂興盛，編者對其宗旨和功能的認識，已逐漸與便於讀者閱讀欣賞和創作取則借鑒，以及以詩文分類編纂體現批評觀念的一般總集區別開來，體認出地域總集在保存地域文學史料、呈現地域文學底蘊和文學傳統、弘揚地域文化層面趨同於地方志的特點，故其編次分類自然不同於傳統總集「分體別錄」、以類區分、以人編次的體例，而傾向於借鑒具備同樣功能且體例相對完善的地方志。這時期，地域總集在分類上從早期類目名稱的部分借用逐漸演化爲平列類目式的整體仿傚，這種地志化的分類傾向將總集的地域功能得到最大強化，並最終促使明清地域總集直接套用地方志類目體例分類編文。

第三節　明清地域總集分類體例建樹及其影響

就目前可考的文獻資料來看，中國古代地域總集的分類體例或延續前人總集以「人（時）」區分，或類編，或仿傚《文章流別集》、《文選》「分體編錄」的體例傳統編次作品，多數編次體例與普通總集並無二致。宋代地域總集類目在命名設置上因取則地方志而凸顯地域色彩，特別是直接仿傚地方志類目體例編次作品的意識觀念，在明清時期地域總集編纂分類上得以實現運用，並最終作爲地域總集的基本分類體例傳承下來。

一、《吳都文粹續集》的分類體例

明人錢穀編《吳都文粹續集》五十六卷。前四十五卷以收錄文獻的主題內容不同，區分爲都邑、書籍、城池、人物、學校、社學、義塾、風俗、令節、公廨、倉場、古蹟、驛遞、壇廟、書院、祠廟、園池、第宅、山、山水、題畫、花果、食品、徭役、寺院、橋樑、市鎮、墳墓二十九門〔註18〕；第四

〔註18〕　《四庫全書總目》總集類提要著錄《吳都文粹續集》分類「二十一門」，《中國詩學大辭典》亦采其說。（詳見傅璇琮、許逸民等主編：《中國詩學大辭典》，

十六至五十六卷，則以「雜文」、「詩」、「詩詞」、「詩文集序」為類目名稱，觀其命名及其所錄作品，則以「文體」分類編排。《補遺》上下卷皆為「雜文」名之。

若以總集分類體例來看《吳都文粹續集》的類目命名設置，其書採用按「主題內容」與「文體類型」並行的兩種分類方式，體例近於蕪雜，背離分類標準的唯一性原則。若然以主題內容設置門目，則應考略門目名稱的適用含括性，儘量將四十六卷至五十六卷詩文作品歸併於門目之中；若以文體分類，則應根據收錄詩文作品的文體樣式分類編排，便於後人查找、閱讀。然《吳都文粹續集》主要編纂目的乃是保存吳郡史料，遠非其他總集承擔為寫作提供例文與文體範式之功能，故其分類應以突出地域特點為主，在這一點上，地方志編纂體例及其類目設置則更可取。不可否認地是，《續集》的分類體例明顯借鑒於地方志。

《續集》前四十五卷直接按主題內容設立二十九個門目類別：都邑、書籍、城池、人物、學校、社學、義塾、風俗、令節、公廨、倉場、古蹟、驛遞、壇廟、書院、祠廟、園池、第宅、山、山水、題畫、花果、食品、徭役、寺院、橋樑、市鎮、墳墓。以上二十九類目，多與地方志類目同，諸如《續集》中「都邑」「城池」之於《吳郡志》「城郭」，「書籍」之於「縣志」等類，「人物」之於「人物」、「人物附烈女」，「學校」、「社學」、「義塾」之於「學校附縣學」，「風俗」之於「風俗」，「公廨」、「倉場」之於「倉庫場務附市樓」，「古蹟」、「祠廟」、「園池」、「宅第」、「山」、「山水」「寺院」、「橋樑」等皆可從《吳郡志》中找到相對性的門目，而《續集》中「花果」、「食品」等類，《吳郡志》「雜詠」類可涵括，「墳墓」類收錄作品類於《吳郡志》「冢墓」門。

《續集》第四十六至五十六卷，則以「雜文」、「詩」、「詩詞」、「詩文集序」為類目名稱，觀其命名及其所錄作品，大致以「文體」分類編排，《補遺》上下卷皆為「雜文」名之。《續集》後十一卷以文體分類編次作品，雖有一定的文體學價值，然其分類亦有不善之處，「詩」與「詩詞」類文體類目設置尚有疑異，今檢「詩詞」類收錄作品，詞作僅數首，既以文體區分，「詩」、「詞」

杭州：浙江教育出版社，第 802 頁。）四庫館臣原只抄撮各卷卷首類目名稱為一門，諸如卷一卷首類目為「都邑、書籍」，館臣便合「都邑、書籍」為門目一。然據正文所錄詩文來看，「都邑」、「書籍」應分屬兩類。故《續集》前四十六卷實分二十九門。

不同體，且既設立「詩」，何以「詩詞」類目繼之？可見，後十一卷按文體劃分爲「雜文」、「詩」、「詩詞」「詩文集序」四類，「雜文」類包羅眾體，而「詩」、「詩詞」、「詩文集序」收錄文體較爲明確，蓋錢穀以後三體爲主要文體類目，其他則統以「雜文」歸併，此處「雜文」取其「雜糅並包」之意。錢穀生活的時代，明代總集編纂而帶有明確辨體意識的成果比比皆是，而是書文體分類意識卻相對模糊，這與錢穀對於《吳都文粹續集》保存吳郡史料、突出地域特色而非爲寫作提供例文與文體範式的功能定位有關，後十一卷以「雜文」、「詩」、「詩詞」、「詩文集序」類目編次作品的方式，則與前四十五卷帶有濃厚地方志色彩的類目相一致，是明顯借鑒宋代地方志體例而設置。

宋代方志中收錄詩文作品，於諸類目之末平列文體類目（平列門目體方志），或將其列於「詩文」、「藝文」專目之中而加以文體分類（綱目體）。《吳都文粹續集》則顯然借鑒平列門目體方志之體例，「雜文」、「詩」、「詩詞」、「詩文集序」則從《吳郡志》「雜詠」、「雜誌」門演化而來，將其平列附後於「都邑」、「書籍」、「市鎮」、「墳墓」等類之中，在兼顧詩文作品地域（文化）特點的同時兼顧文體類型，使得《吳都文粹續集》在總結和宣揚吳郡地域文學傳統和成就的基礎上，具有了地域文化的品格。

二、《吳郡文編》的選文分類新變

清道光年間，長洲顧沅在宋鄭虎臣《吳都文粹》、明錢穀《吳都文粹續集》、本朝吳偉業《吳郡文獻》基礎上廣爲捃庶，纂成《吳郡文編》二百四十六卷〔註19〕。顧沅《文編》參照地方志、乘之體例，取「事類」編次，分爲二十六類目：志序、堤防、山水遊記、水利、賦役、橋樑、坊巷、公廨、學校、壇廟、僧寺、道院、第宅、園林、列傳、政績、記事、贈送、慶挽、形狀、冢墓、墓碑、墓誌碣、書序、集序、書畫金石、雜文、賦。今觀其二十六類目名稱，並非全爲「事類」，諸如「山水遊記」、「列傳」、「行狀」、「墓碑」、「墓誌碣」、「書序」、「集序」、「雜文」、「賦」等類目則更近於文體門目。

（一）博取細甄、不錄詩篇——《吳郡文編》文獻來源與選錄標準

早期地域總集錄文方式與地志一樣，以作品內容題材是否關乎地域地

〔註19〕 （清）顧沅：《〈吳郡文編〉例言》，《蘇州文獻叢書（第一輯）》，上海：上海古籍出版社，2011年，第8頁。

理信息作爲選文標準，凡語涉此地的文字，皆可採入。以文存人，而非以人存文。《吳都文粹》所錄，「凡吳中名山大川，官廨學校，名宦人物以及仙宮梵宇，古蹟之所留傳，昔賢之所紀詠，略備載焉」〔註20〕。《吳都文粹續集》「自說部類家，詩編文稿，以至遺碑斷碣，無不甄羅」，「吳中文獻，藉以不墮」〔註21〕。

作爲「合一州一邑爲一集者」〔註22〕，《吳郡文編》沿襲《吳都文粹》、《吳都文粹續集》、《吳郡文獻》「以地爲斷」〔註23〕的選文體例，廣輯主題內容關涉吳郡地理信息的文學作品。

顧沅是清代著名藏書家，生平喜購書、刻書、藏書。二十年間，建有懷古書屋、藝海樓、闢疆園、賜硯堂、秘香閣等多處藏書樓，所藏以秘本、善本頗多。僅藝海樓藏書，不及四庫者六百餘種，而四庫未及者竟有兩千餘種，富甲於三吳。顧沅在編書過程中，又得到諸多藏書家前輩和好友幫助，不吝慨借罕傳秘本，助其搜訪文獻。

《吳郡文編》在接受整理前人總集文獻的基礎上，「去其重複，共得一千餘篇」〔註24〕，博取蘇太直隸州等府州縣志及名勝小志、歷代以來諸大家文集的地域文獻，又旁搜歷代金石書畫之文，同時增益明末以來兩百年吳郡諸家文集之作，以顯本朝「文獻之盛」與「人文之藪」〔註25〕。

相比而言，鄭、錢、吳三書對於其選文的主題內容與體裁樣式等方面幾乎沒有嚴格要求，皆極盡搜訪之能事，凡屬吳郡地域之文必選，以求全求博爲唯一宗旨。而《吳郡文編》存錄作品除注重廣博之外，同時也注重選文內容和文體樣式，做到「既博既精、其難其慎」〔註26〕。

文章總集自《文章流別集》、《文選》始詩文並收，《吳都文粹》、《吳都文粹續集》、《吳郡文獻》亦是。其後，因《采風類記》、《百城煙水》纂成，兩

〔註20〕　（清）彭元瑞等：《天祿琳琅書目後編》卷20，北京：中華書局，1995年，第461頁。
〔註21〕　（清）永瑢等：《四庫全書總目》，北京：中華書局，1965年，第1719頁。
〔註22〕　（清）李元度：《天岳山館文鈔》卷25，清光緒六年刻本。
〔註23〕　（清）葉昌熾：《語石》卷6，清宣統元年刻本。
〔註24〕　（清）顧沅：《吳郡文編·凡例》，（清）顧沅輯：《吳郡文編》（第一冊），上海：上海世紀出版股份有限公司、上海古籍出版社，2011年，第5頁。
〔註25〕　（清）顧沅：《吳郡文編·凡例》，（清）顧沅輯：《吳郡文編》（第一冊），上海：上海世紀出版股份有限公司、上海古籍出版社，2011年，第5頁。
〔註26〕　（清）石韞玉：《吳郡文編·序》，（清）顧沅輯：《吳郡文編》（第一冊），上海：海世紀出版股份有限公司、上海古籍出版社，2011年，第4頁。

部詩歌總集對於吳郡地域的詩篇蒐集幾近完備,《吳郡文編》爲避重複,故不錄詩歌。

《吳郡文編》明確提出選文內容只有關乎「鄉邦利病、名賢事蹟」〔註27〕,才可採錄編用。鄭、錢、吳集中已錄之文,如若不合上述標準,《吳郡文編》一律剔除。如《吳都文粹續集》卷五十五「詩文集序」類收錄陸龜蒙《從書序》、張栻《文正公尺牘刊跋》、朱熹《文正公與兄弟書跋》、范文英《刻政府奏議跋》等序跋類作品,《吳郡文編》「書序」、「集序」等類,不予著錄。相比而言,皇甫湜《著作顧況集序》、白居易《蘇州南禪院白氏文集記》、柳宗元《凌助教蓬屋題詩序》、許自昌《重刊甫里先生文集序》、都穆《刻松陵集跋》、宋朱思《樂圃餘稿序》等作品,因其皆屬《吳都文粹續集》收錄作品年限之內,而錢穀未能盡錄,顧沅將其補錄於「集序」類。《吳郡文編》既以鄭、錢、吳三書爲底本,又刪《吳都文粹》續集所錄之篇,蓋因諸篇不合顧沅選文標準之故。石韞玉於《〈吳郡文編〉序》一方面極言選文之難,認爲「文章載道,古有成言,而風語華言亦災梨棗」,「玉臺宮體每多累德之詞,昭明選樓亦收美心之論」,批評《玉臺新詠》、《文選》選文之不足;另一方面又盛讚顧沅《吳郡文編》選文之嚴,以其可繼「昔賢不朽之業」〔註28〕。由此可見,《吳郡文編》對於地域文獻的選錄不僅僅停留在反映區域地理信息層面,而更多地側重於作品本身所關涉的地域人文屬性及其背後的價值功用。

在文章內容上,《吳郡文編》更加注重作品關涉鄉邦利病、名賢事蹟。而對於作品的文體樣式、聲律辭藻等方面,顧沅也有自己的要求。前文已述,《吳郡文編》不錄詩歌,蓋因不與《采風類記》、《百城煙水》重出。《吳郡文編·例言》明確指出,四六駢儷之文,若徒具辭采而無俾故實,一概捨而不錄。顧沅並非單純反對駢儷之文,然其注重的不是文體區別,而是文章所寓含的主題內容和價值觀念。駢律之文,多爲繪聲鏤影之作,因過分注重辭藻聲律等因素,而於實際內容則多有忽視,因此顧沅將其「無俾故實」之作剔除在外,意在突出《吳郡文編》選文的實際作用。

〔註27〕 （清）顧沅:《吳郡文編·凡例》,（清）顧沅輯:《吳郡文編》（第一冊）,上海:上海世紀出版股份有限公司、上海古籍出版社,2011年,第8頁。

〔註28〕 （清）石韞玉:《吳郡文編·序》,（清）顧沅輯:《吳郡文編》（第一冊）,上海:海世紀出版股份有限公司、上海古籍出版社,2011年,第4頁。

　　《吳都文粹》、《吳都文粹續集》皆有收錄賦作，皆以賦作關涉主題內容歸併他類。《吳郡文編》將「賦」單獨設目，平列於其他類目之間，則體現了顧沅的文體辨析和價值判斷觀念。「賦」之文體於文字中最為「近古」，不可不備一體。然就《吳郡文編》所錄的賦來看，主題多關涉吳郡「城邑」、「古蹟」「名勝」、「物產」、「懷古」之作，如《蘇州賦》、《吳都賦》、《北池賦》、《姑蘇臺賦》、《弔閶閻故》、《弔故宮賦》、《枇杷賦》、《水仙花賦》、《鬱李花賦》等。關注點在於賦作所反映的地域城邦沿革、古蹟名勝、物產風俗、人文情懷等方面內容，且賦縱橫鋪陳的寫作方式，在一定程度上承擔標示、記錄和描寫地理空間的地志功能，這正是顧沅有俾故實選文標準的體現。

　　《吳郡文編》二百六十卷，在前人總集基礎上增錄三千餘篇作品，收錄作家多達一千六百位，搜訪之豐讓人歎為觀止。在這種情況下，顧沅對選錄作品的主題內容和文章體式又提出嚴苛的選錄標準，做到選文「博」、「精」兼顧，「難」、「慎」並行，堪稱吳郡地域總集集大成之作。

（二）調整類目、分層編次——《吳郡文編》分類體例的地方志化

　　總集按作品文體形態分門別類、分類編次的傳統自《文章流別集》、《文選》以來，歷代多有沿襲。顧沅念及《文編》卷帙浩繁，若以「文體」分門，則翻檢不便。《吳郡文編》在汲取前人總集文類成果之上多有創建，建立起相對完備的分類體例。《吳郡文編》分類輯文，共分志序、堤防、山水遊記、水利、賦役、橋樑、坊巷、公廨、學校、壇廟、僧寺、道院、第宅、園林、列傳、政績、記事、贈送、慶挽、形狀、冢墓、墓碑、墓誌碣、書序、集序、書畫金石、雜文、賦二十六類。二十六類目中，「堤防」、「水利」、「賦役」、「橋樑」、「坊巷」、「公廨」、「壇廟」、「園林」、「政績」、「記事」近乎「事類」，而「山水遊記」、「列傳」、「行狀」、「墓碑」、「墓誌碣」、「書序」、「集序」、「雜文」、「賦」等則為文體類目。將「文體」類目與「事類」平列於同一級分類之中，看似雜蕪，背離分類的基本原則，實則為了方便後人檢索取則而設，更具實用性。《吳郡文編》實際上是借鑒了地方志的編纂體例來編次地域文學作品。從這個層面上看，《吳郡文編》與《吳都文粹》、《吳都文粹續集》的體例取向一脈相承。

1、類目名稱的變更、增設與類目順次的調整

《吳都文粹》不僅在收錄文獻上「刺取」〔註29〕《吳郡志》，與「地志相表裏」〔註30〕，其編次分類亦明顯襲用《吳郡志》。雖《吳都文粹》未設置明確的分類門目，但在篇章作品安排上卻體現了以「類」編次的傾向，即將相同主題詩文匯編一類，吳郡之城郭沿革、土物風神、山水名勝、寺廟官宇，盡囊括《文粹》作品編排之中〔註31〕。這一切這顯然得益於《吳郡志》平列門目體例的影響。

《吳都文粹》直接仿傚地方志類目體例編次作品的意識觀念，在《吳都文粹續集》的分類中得以實現運用。《吳都文粹續集》前四十五卷以主題內容（事類）門目分類編纂詩文後，於第四十六卷始採用歷代詩文總集常用的按文體分類編次作品的體例〔註32〕。《四庫全書總目》著錄《吳都文粹續集》分類二十一門，後人書目多沿其說，實誤。館臣原只抄撮各卷首類目為一門，如卷一為「都邑、書籍」，館臣便合「都邑、書籍」為門目一。今檢卷一所錄，自晉左思《吳都賦》始至明徐禎卿《弔故宮賦》，皆為「都邑」賦，故以「都邑」門屬之最善；而自朱長文《〈吳郡圖經〉續記續》始，至卷末錢福《重刊〈吳越春秋〉序》止，為書籍序跋之類，屬之「書籍」類最為恰當，由此觀來，「都邑」、「書籍」分屬兩門，故《續集》前四十六卷實分二十九門。《中國詩學大辭典》解說《吳都文粹續集》編纂體例時言「第四十九卷至五十二卷為『雜文』，所收皆為詩」〔註33〕，又誤。《續集》第四十九卷、五十卷為「詩」，五十一卷、五十二卷為「詩詞」，有「詩」、「詩詞」兩個文體類目，並非「雜文」，「詩詞」類亦有少量詞作錄入。《吳都文粹續集》中「人物」、「學校」、「風俗」、「古蹟」、「祠廟」、「山」、「橋樑」直接移取於《吳郡志》；「都邑」「城池」之於《吳郡志》「城郭」，「書籍」之於「縣志」，「學校」、「社學」、「義塾」之於「學校附縣學」，「公廨」、「倉場」之於「倉庫場務附市樓」，《續集》在地方志的基礎上或細分，或合併；至於「花果」、「食品」等類，《吳郡

〔註29〕 余嘉錫：《四庫提要辨證》，中華書局，1980 年，第 1578 頁。

〔註30〕 （清）梁章鉅：《〈吳郡文編〉序》，（清）顧沅輯：《吳郡文編》（第一冊），上海：上海世紀出版股份有限公司、上海古籍出版社，2011 年，第 6 頁。

〔註31〕 （宋）鄭虎臣編：《吳都文粹》，景印文淵閣四庫全書，第 1358 冊。

〔註32〕 （明）錢穀編：《吳都文粹續集》，景印文淵閣四庫全書，第 1386 冊。

〔註33〕 傅璇琮、許逸民等主編：《中國詩學大辭典》，杭州：浙江教育出版社，第 802 頁。

志》「雜詠」類可涵括，「墳墓」類亦可入《吳郡志》「冢冢」門。至於「雜文」、「詩」、「詩詞」「詩文集序」四類則從《吳郡志》「雜詠」、「雜誌」門演化而來。

　　《吳郡文編》的編次分類在延續錢穀《吳都文粹續集》套用方志分類編次作品的基礎上，通過適當的增設、歸併、替換類目名稱，調整類目編排順次，使其類目設置更顯科學系統、成熟合理。《吳郡文編》門類名稱設置多與《續集》相同或相近，類目完全相同的有「學校」、「公廨」、「壇廟」、「雜文」，相似的更多，如《文編》的「賦役」之於《續集》的「徭役」，「冢墓」之於「墳墓」，「僧寺」之於「寺院」，「道院」之於「道觀」等。在《吳都文粹續集》的基礎上，《吳郡文編》合其「山」、「山水」類爲「山水遊記」，拆《續集》「橋樑坊巷」爲「橋樑」、「市鎭」二類，用「宅第」、「園池」兩目替換《續集》「宅第園林」類。

　　《吳都文粹續集》立「題畫」類專門收錄吳郡題畫詩文文獻。題畫詩文在中國由來已久，漢代即有萌芽之作，隋唐已形成相對成熟的題畫詩文作品，兩宋及元，創作雲蒸霞蔚，至明清而興盛。吳中郡縣素以山水秀麗，人文匯聚而著稱，題畫文獻尤盛。從這個角度來看，《續集》「題畫」類的設置，實則兼顧了題畫詩文發展演變的時代和地域性兩個方面的特點。錢穀作爲明代吳門畫派第二代傳人代表，創作有大量以本郡山水風景爲素材的畫作。今藏故宮博物院《虎丘小景圖》，上即有題畫詩。《續集》將「題畫」單獨設類，與錢穀文人畫家的身份不無關係，更重要的因素則是題畫作品在反映地域文化特色上，有其他作品不能匹及的獨特之處。顧沅顯然是體察到錢穀的匠心，立「書畫金石」類，收歷代金石書畫之文。

　　《吳都文粹續集》「書籍」類收錄圖譜、地方志、史書之序跋；又立「詩文集序」類收錄吳郡詩文集之題跋之作，「送序」歸入「雜文」類，雖已體現區分「書序」、「集序」、「贈（送）序」之意，然於體例設置上尚未明確。《文編》立「贈送」類收錄「贈序」、「送序」類作品，又設「書序」、「集序」類收錄書籍序跋作品，文體類目的設置體現了顧沅的文體分類意識。

　　《文編》又增設「志序」單獨收錄歷代方志序跋作品，且位居諸類目之首，則有突出吳郡方志編纂傳統源遠流長之用意。《文編》易《續集》「人物」爲「列傳」，廣搜博取吳郡先賢列傳作品，盡符合「有關於鄉邦利病、名賢事蹟」的選文標準。

　　《續集》「雜文」類收錄文體甚爲蕪雜，《文編》「雜文」目以「體」分之，將所錄作品按分體區分，先「表」後「疏」再「議（諡議）」、「書（上書）」等依次編次。《吳都文粹》、《吳都文粹續集》皆有收錄賦作，皆以賦作關涉主題內容歸併他類。

　　《吳郡文編》主要的編纂宗旨就是保存地域文獻，通過選文「以補志乘之缺，以儲文獻之資」〔註34〕。《吳郡文編》延續宋代以來地域總集編次分類傳統，仿傚地方志以作品內容關涉的地理因素分類編次，最大程度地匹配了選文的地域特質，這正是地域總集編次分類所欲企及的理想體例。《吳郡文編》在承繼《吳都文粹續集》分類體例基礎上通過類目調整合併，建立了更爲成熟的分類體例。

2、二次分類「仍以七屬」，分縣編錄

　　《吳郡文編》卷帙浩繁，作品數倍於《續集》，且所分各類所錄篇章數量不等，「堤防」類 3 卷收錄 59 篇作品，「冢墓」類 2 卷錄文僅 43 篇，而「墓誌碣」類收錄 22 卷作品 255 篇作品，「壇廟」類收錄 20 卷 381 篇作品。若依《吳都文粹續集》借鑒平列類目體地方志分類方式，僅僅取事類編，各類之文按時代先後編排，則不便後人翻檢查閱。故《吳郡文編》於二十六類目之下，「仍以七屬」〔註35〕，仿照康熙盧志（《蘇州府志》）之例再以文章縣域之屬細分。如「堤防」類，卷十一（堤防一）錄《吳山總記》、《吳縣疆域圖說》、《吳縣城圖說》等文；卷十二（堤防二）錄《崑山縣新築磚城記》、《修葺崑山城池紀略》、《崑山縣四難三易記》等作，又錄《重建常熟縣城記》；卷十三（堤防三）錄《吳江城記》、《吳江縣修城碑陰記》，後續接《請分立太倉州疏》、《太倉州新建城樓記》，續而錄《奏建嘉定縣省箚》、《重修嘉定縣城池記》，續錄《崇明縣前遷信新城記》、《崇明縣遷新城記》以及《崇明縣趙公海堤記》。可見，「堤防」類所錄之文以吳縣、崑山縣、常熟縣、吳江縣、太倉州、嘉定縣、崇明縣而分之；各縣之文，以時代次之，崇明縣「堤防」之文，先錄明張寰《崇明縣前遷信新城記》，次王世貞《崇明縣遷新城記》，後續清柏謙《崇明縣趙公海堤記》。《吳郡文編》在二十六類目之下，進一步分縣編錄，從而建立類目清晰、層次分明的分類結構。

〔註34〕　（清）顧沅：《吳郡文編・凡例》，（清）顧沅輯：《吳郡文編》（第一冊），上海：上海世紀出版股份有限公司、上海古籍出版社，2011 年，第 8 頁。

〔註35〕　（清）顧沅：《吳郡文編・凡例》，（清）顧沅輯：《吳郡文編》（第一冊），上海：上海世紀出版股份有限公司、上海古籍出版社，2011 年，第 8 頁。

　　《吳都文粹續集》、《吳郡文編》不僅在類目設置上套用地方志類目編次詩文作品，同時還在類目排列上，依循地方志類目排序先建置沿革、地理生態，後風俗人情、古蹟名勝附以詩文雜事的排列順次，將「雜文」、「詩詞」、「集序」、「書序」等文體類目平列附於「都邑」、「書籍」、「市鎮」、「墳墓」一般地志類目之後，雖然在關注詩文作品地域特質之時兼顧了文體類型，然文體屬性位居地域屬性，正是地域總集的特色所在。

　　作爲地域文化（地域文學）繁榮昌盛的重要表現形式，地域總集與地方志在收錄地域詩文文獻，以及反映地域文化（地域文學）成果層面，具有編纂目的一致性。從文獻來源看，二者在收錄地域詩文史料上又具有同源互補的密切關係。與《文選》等供後學創作示範類總集不同的是，地域總集在存錄地域詩文、展現地域風貌、弘揚地域文化的層面上凸顯出獨特的功能屬性；反映到編次分類體例的設置上，它既要具備一般總集便捷檢索的閱讀取則功用，又要彰顯所錄文學作品的地理空間特質。地方志正好契合地域總集分類編次的體例訴求。地域總集仿傚地方志以作品內容關涉的地理因素分類編次，最大程度地匹配了選文的地域特質；而眾多凸顯地域風貌的類目組合在一起，共同營造出地理空間的印象序列，積澱建構起地域文化岩層，這正是地域總集編次分類所欲企及的理想體例。

　　宋代前期的地域總集雖多仿傚《文章流別集》、《文選》等總集「分體編錄」作品之方式，但一些總集的二級分類已經出現了鮮明地域特色的類目設置；《吳都文粹》雖無明確分類體例，但其作品編次已體現出仿傚地方志體例加以分類的意識。地方志採用平列文體類目與他目之中，或以「詩文」、「藝文」專門收錄地域詩文作品，特別是於詩文專目中按文體名稱分類輯文的體例，對地域總集的編纂體例發展產生了重要的作用。

　　顧沅《吳郡文編》的結集成書，無論是從保存地域文獻、彰顯本朝人文盛鬱的編纂宗旨層面，還是從歷代地方志綜輯作品的選文來源層面，又或是借鑒地方志類目體例編次作品分類方式層面，都沿用吳郡地域總集一以貫之的編纂傳統。

　　地域總集以其選錄作品內容的地理書寫特質而彰顯地域屬性，其在保存地域文學史料、展示地域文學底蘊、弘揚地域文化等層面已與一般總集區別開來，而趨同於地方志。故地域總集收文方式更多偏向於「網羅放佚，使零

章殘什,並有所歸」,務求文獻廣博賅備。從宋孔延之《會稽掇英總集》開始,其後董弅《嚴陵集》、李兼《宣城總集》、袁說友等《成都文類》、林師箴等《天台集(前集、續編)》(李兼重新編次刊刻)、林表民《赤城集》和《天台續集別編》等,編纂者都極盡所能裒集文學作品。吳郡地域總集自南宋鄭虎臣《吳都文粹》開始,到明錢穀《吳都文粹續集》以及清吳偉業《吳郡文獻》,也一直秉持著歷代地域總集窮盡全錄式的存文方式搜集地域詩文作品。

《吳郡文編》一變此前地域總集窮盡全錄式的存文方式為「博」「精」兼顧、「難」「慎」並行的選文標準。首先,因《采風類記》、《百城煙水》於吳郡的詩篇搜集完備,《吳郡文編》不錄詩歌。其次,因《吳郡文編》繼《文粹》、《續集》、《文編》之後,匯三家舊編文獻,所得地域詩文已然汗牛充棟,而顧沅本人尤喜抄書、藏書,且得多位藏書家好友助其搜訪,復採歷代方志、近代名流文集以及金石書畫,加之明清之際吳郡詩文繁盛空前,故而可資顧氏纂集的文學作品更是浩如煙海。面對菁蕪雜陳、良莠並蓄的文章作品,顧沅明確提出文章主題內容必關乎「鄉邦利病、名賢事蹟」而存錄的選文標準。再次,四六駢儷之文,若其主題內容和價值功用無俾於故實,一概捨而不錄。

這種刪汰繁蕪、去粗取精的選文方式,本質上源於顧沅寄寓《吳郡文編》區別於一般地域總集功能價值的編纂理想,即通過嚴格把關作品的主題內容,存實用文章,去浮華空洞之作,使得《吳郡文編》在基本保存文獻的基本功能之外,同時具備可資考證、有裨故實的功用價值。

從《吳都文粹》仿傚《吳郡志》編次作品,到《吳都文粹續編》直接套用地方志平列門目體例分類編次詩文,宋代地域總集借鑒地方志類目體例分類編次的觀念意識在明人地域總集的分類實踐中得以承繼運用並逐漸固定完善。

清代顧沅在承繼前人地域總集分類體例成果的基礎上,結合《吳郡文編》自身的選文情況進一步探索創建,通過增設、合併、替換錢穀《吳都文粹續集》類目名稱和調整類目順次,形成科學系統、合理有序的類目體例;同時兼顧各類目文章數量不一的特點,仿傚(康熙)《蘇州府志》體例,於二十六類之下再以文章內容的縣域歸屬細分,最終建立起類目明細、層次分明的分類系統,《吳郡文編》分類編次作品的方式成為地域總集編次分類的經典體例

之一，奠定了其在中國古代地域總集編纂史的重要地位。統觀在地域文化的視野下，《吳郡文編》將吳郡地域總集分類的地方志化傳統承繼下來並發揚光大，其編纂分類具有重要的文化意義。

結 語

第一節　明清文章總集的析類與歸類

　　吳承學教授曾指出：「分體與歸類，是中國古代文體分類學的兩種不同路向，前者盡可能詳盡地把握所有文體的個性，故重在精細化；而後者盡可能歸納出相近文體的共性，故所長在概括性。」〔註1〕總集分類，最先意義上是出於便捷檢索的目的，故編纂時需採用一定的體例，使得作品各得其所。總集分類的核心是文體和作品。中國古代總集在長期的編纂實踐和文體論發展影響下形成兩個方向的分類傳統，即以文體為中心，一是將文體類目作為母體，運用題材內容、次級文體樣式、音樂元素、作家時代等因素進行層層劃分，形成網狀發散的分類結構，可以概括為總集文體分類的「析類」傳統；外一種則以文體類目為構成元素，將某些文體按照一定的標準歸納綜合成「類」，再由「類」入「門」，妄圖建立一種「文體──類……──門」的多層級分類體系，從而形成中國古代總集文體分類的「歸類」傳統。

　　這兩種規律趨勢在明清文章總集的分類體例中得以匯聚。前者以明《文章辨體》、《明文衡》、《明文徵》、《文體明辯》、《文章辨體匯選》和清《皇清文穎》等為是；後者以明李天麟《詞致錄》和清儲欣《唐宋八大家類選》、姚鼐《古文辭類纂》、李兆洛《駢體文鈔》、曾國藩《經史百家雜鈔》等為代表。

〔註 1〕吳承學：《中國古代文體學研究》，北京：人民出版社，2011 年，第 340 頁。

　　受中國古代哲學「一元論」思想的影響，古人在文學觀念上認定所有文體的本原和內質都是一元的。曹丕《典論‧論文》所謂「文本同而末異」〔註2〕，正是這種思想觀念使然，總集編纂者在區分辨析不同文體的形態特徵的同時，又看到不同文體之間具有相似之處，即同中見異，異中見同。〔註3〕中國古代總集文體分類存在一個基本的趨勢：區分日趨細密，類目日愈繁多。這一方面是由於文章創作的繁榮，導致新文體不斷滋生，客觀上要求文體分類不斷細化，另一方面也多是因總集編纂便於讀者檢索閱讀和寫作借鑒實用功能所決定。這是文體分類中「同中見異」的層面，重點在於採用辨析區分的方法把握文體的差異特徵。然而另一個維度，即在分類的同時採用歸納的方法，將具有相同屬性的文體合併歸類，重點在於把握文體之間的共同之處。自曹丕「奏議宜雅，書論宜理，銘誄尚實，詩賦欲麗」、「四科八體」之說，到陸機「詩緣情而綺靡，賦體物而瀏亮；碑披文以相質，誄纏綿而悽愴；銘博約而溫潤，箴頓挫而清壯；頌優游以彬蔚，論精微而朗暢；奏平徹以閑雅，說煒曄而譎誑」之「詩賦」、「碑誄」、「箴銘」、「頌論」、「奏說」二二合併，而劉勰《文心雕龍》以「文」（有韻）、「筆」（無韻）區分，而後將「頌讚」、「祝盟」、「箴銘」、「誄碑」、「哀弔」、「諧隱」、「論說」、「詔策」、「檄移」、「章表」、「奏啓」「書記」等內容形式和功能相近的兩種或兩種以上的文體合併成類，在《定勢》一文中更從文體風格特點出發將諸多文體分爲「章表奏議」、「賦頌歌詩」、「符檄書移」、「史論序注」、「箴銘碑誄」、「連珠七辭」6大部類，此種在把握文體差異的基礎上注重從文體形態特徵的角度進行歸類合併的「異中見同」之法，在後世總集分類之中多加以運用，以簡馭繁，形成另一種分類框架。

　　最早在總集分類中採用歸類合併之法的以眞德秀《文章正宗》爲是，眞氏在借鑒曹丕、劉勰等人文體分類觀念的基礎上將集中作品「辭命」、「議論」、「敘事」、「詩賦」四分，在中國古代總集文體分類史上獨樹一幟，影響深遠。眞德秀從文章功能入手，將不同歷史時期的各體文章加以重新編排歸類：其中「辭命」所收爲王言詔策（辭、命、誥、令、禱、策、贊、誄等）類文體作品；「議論」收錄論、諫、疏、對、請、戒、奏、議、駁、表、書類文體作

〔註2〕（梁）蕭統：《文選》卷52，第720頁。

〔註3〕參見郭英德：《歷代〈文選〉類總集分體歸類》，《中國古代文體學論稿》，北京大學出版社，2005年，第149頁。

品；「敘事」眞德秀選錄史書敘事以及記、序、傳、誌之文。《文章正宗》將文章功用與表現方式（文章功能）以及文體形態綜合起來，以「辭命」、「議論」、「敘事」、「詩賦」四分，一變《文選》類總集文體細分的分類傳統而以歸類爲是，其分類理念和分類實踐頗爲後人取則，明王心編《郴州文志》七卷即以「命制」、「紀載」、「議論」、「詠歌」四類分編文章。

　　明清時期，文章總集歸類趨勢愈演愈烈。成書於康熙三十八年（1699 年）的《唐宋八大家類選》十四卷，是儲欣（1631～1706）在其五十一卷本《唐宋十大家全集錄》〔註4〕的基礎上爲指導子孫習文所編的家塾讀物〔註5〕。儲欣於《唐宋八大家類選引言》將韓愈、柳宗元、歐陽修、蘇軾等人文章分爲六大類三十體，具體如下：

> 奏疏第一……曰書、曰疏、曰劄子、曰狀、曰表、曰四六表，為類六。
>
> 論著第二……曰原、曰論、曰議、曰辨、曰說、曰解、曰題、曰策，為類八。
>
> 書狀第三……曰狀、曰啓、曰書，為類三。
>
> 序記第四……曰序、曰引、曰記，為類三。
>
> 傳志第五……曰傳、曰碑、曰誌銘、曰墓表，為類五。
>
> 詞章第六……曰箴、曰銘、曰哀辭、曰祭文、曰賦，為類六。
>
> 〔註6〕

《引言》中儲欣將唐宋八大家古文作品分爲書、疏、劄子、狀、表、四六表、原、論、議、辨、說、解、題、策、狀、啓、書、序、引、記、傳、碑、誌

〔註4〕此本《四庫全書總目》與《清史稿‧藝文志》著錄不盡一致，後者以《唐宋八大家全集錄》名之，《清史稿‧藝文志拾遺》則易《總目》五十一卷爲五十二卷。今檢《四庫全書總目》「是編乃仿明茅坤《唐宋八家文鈔》，增李翱、孫樵爲十家，各爲批評，亦間附考注。其中標識，悉依茅本之舊。」可見，《清史稿》「八家」有誤無疑。而「卷數」之差，多半是因版本不同，將卷首序文獨立出來衍爲一卷，五十一卷遂增至五十二卷。參見常恒暢：〈儲欣及其〈唐宋八大家類選〉〉，《學術研究》，2013 年第 4 期。

〔註5〕（清）姜西溟曰：「（儲欣）著有《在陸草堂集》、《唐宋十家選取八家類選》。」（清）阮升基：《（嘉慶）宜興縣志‧文苑》卷 8，臺北：成文出版社，1970年，第 338～344 頁。

〔註6〕（清）儲欣：《唐宋八大家類選》，廣東省中山圖書館藏光緒元年（1875 年）湖北崇文書局刻本。

銘、墓表、箴、銘、哀辭、祭文、賦30種，這是沿用自《文章流別集》、《文選》而下總集文體分類的傳統，即以文體類別作爲分類標準，細分作品。所不同的是，儲欣在文體「析類」之上進行文體「歸類」，即在前人文體已經細分的文體形態之上進行歸納總結，用某一能涵蓋轄內各種文體共同特徵的類目名稱將相近文體合併歸類。《唐宋八大家類選》集中分類編次體例「奏疏」、「論著」、「書狀」、「序記」、「傳志」、「詞章」各類之下則以「人」爲目，先韓愈文、柳宗元文，後歐陽修文、蘇軾文；各家文中，不再細分文體類目，而按照文體類別將相同文體作品編次左右，如卷一至卷二爲「奏疏」類文，其下以昌黎、廬陵、老泉、東坡、穎濱、南豐、半山 7 人字號爲目，各家之下不再設置名目，直接編次作品。昌黎文錄文 3 篇，即《論佛骨表》、《潮州刺史謝上表》、《論今年權停舉選狀》；廬陵文選 5 篇，《論選皇子疏》、《論臺諫官言事未蒙聽允書》、《論臺諫官唐介等宜早牽復箚子》、《論杜衍范仲淹等罷政事狀》、《論修河第三狀》；老泉選《上仁皇帝書》與《修禮書狀》2 篇；東坡錄文 9 篇，《上神宗皇帝書》、《代張方平諫用兵書》、《代滕甫辯謗乞郡書》、《議學校貢舉箚子》《上園丘合祭六議箚子》、《到昌化軍謝表》、《到黃州謝表》、《謝量移汝州表》、《乞常州居住表》，穎濱錄《陳州爲張安道論時事書》，南豐選《移滄州郭闕上殿疏》，半山錄《上仁宗皇帝書》。七家之文，在編次上將同一文體之文編次左右，如東坡文作品排列順次爲先3篇「書」文，2篇「箚子」，後 4 篇「（謝）表」。《唐宋八大家引言》所論，原意爲闡釋各類命名緣由以及涵括文體類目，具體總集分類實踐中仍以「人（八大家）」爲目，同類文中各家文大致以「文體」類分編次，其分類結構爲：類──作家──作品（大致以文體區別編次）。儲欣以「奏疏」、「論著」、「書狀」、「序記」、「傳志」、「詞章」六類涵括三十體，在分體的基礎上歸類，自此而後，清人總集諸如姚鼐《古文辭類纂》、吳曾祺《涵芬樓古今文鈔》編纂分類多取鑒於此。

　　姚鼐編《古文辭類纂》七十四卷，選先秦至清古文七百餘篇，卷首《序目》分十三，即：論辯類一，收錄除先秦經、史外漢以後單篇論文；序跋類二，錄史序、詩文集序和書、文後的跋語；奏議類三，將戰國以後的上書、表、奏疏、奏議、封事，並附時務策、對策收錄在內；書說類四，錄游說辭令以及呈獻上位和友朋之間的書牘；贈序類五，錄離別時的贈文和壽序文等文；詔令類六，錄詔令、封冊和檄文等；傳狀類七，以史書以外的傳記、行狀爲收錄對象；碑誌類八，大致包括刻石文、碑文、墓誌銘和

墓表文等；雜記類九，刻石文外記物、記景、記事作品；箴銘類十，錄箴文、銘文、座右銘等；頌讚類十一，錄史贊、畫贊和頌文；辭賦類十二，收楚辭（《九歌》入哀祭類除外）、古賦、駢賦、文賦等文；哀祭類十三，錄哀祭性的辭賦、祭文、哀辭等。姚鼐《古文辭類纂》十三類之分，在《文選》等總集一一區分文體類目的基礎上，從文體功能出發，將具有相近功用之文體合併歸類，並以文體名稱組合命名，以類爲綱，以體爲目。在總集文體分類日趨繁瑣之時走向簡明一路。姚永樸盛讚其「辨別體裁，視前人乃更精審」〔註7〕，在精簡類目的同時合併歸類，「分合出入之際，獨犁然當於人心。乾隆、嘉慶以來，號稱善本，良有以也」〔註8〕。《古文辭類纂》的分類體例很快被廣泛接受，被總集編纂家奉爲圭臬，在文體分類學上產生了重要影響〔註9〕。清吳曾祺《涵芬樓古今文鈔》直接取法《古文辭類纂》文體分類方法，將歷代文章分爲十三類，類目名稱以類目排列順次幾乎全依《古文辭類纂》。稍有變通之處，即《涵芬樓古今文鈔》將《古文辭類纂》「書說」類變爲「書牘」類，收納「同輩相告」文辭。《文鈔》「乃精仿桐城姚氏之法，分爲十三類，使各以類相從。又以姚氏之書，綱則具矣，而目未備。乃於一類之中，分爲十餘類、至數十類。熟乎此者，則所見易明，所爲易成，此可決之理也。」〔註10〕吳曾祺以爲姚鼐之書第舉其綱，而未詳其目，故於《古文辭類纂》十三類下細分文體子目，如「論辨類」分出論、設論、續論、廣論、駁、難、辨、義、說、策、程文、解、釋、考、原、對問、書、喻、言、語、旨、訣22個子目，「書牘類」分序、後序、序錄、序略、表序、跋、引、書後、題後、題詞、讀、評、述、例言、疏、譜16個子目，「奏議類」分27子目，「書牘類」分13子目，「贈序類」分爲5，「詔令類」則多達35個子目等等。《文鈔》將二百餘類細目歸併至十三類之中，分類矩細又綱目並舉。

〔註7〕　姚永樸：《文學研究法》，上海：商務印書館，1916年，第33～34頁。

〔註8〕　姚永樸：《文學研究法》，第34頁。

〔註9〕　梅曾亮《古文詞略》分文體爲論辨、序跋、奏議、書說、詔令、贈序、傳狀、碑誌、雜記、箴銘、頌讚、辭賦、哀祭、詩歌14類，王先謙《駢文類纂》分論說、序跋、表奏、書啓、贈序、詔令、檄移、傳狀、碑誌、雜記、箴銘、頌讚、哀弔、雜文、辭賦15類，都明顯吸收了姚鼐的分類成果。何詩海：《從文章總集看清人的文體分類思想》，《中山大學學報（社會科學版）》，2012年第1期。

〔註10〕吳曾祺：《涵芬樓古今文鈔敍》，《涵芬樓古今文鈔》，上海：商務印書館，1910年。

李兆洛（1769～1841）編纂《駢體文鈔》三十一卷，分爲上、中、下三編，上編「廟堂之制，奏進之篇」，收錄銘刻、頌、雜颺頌、箴、諡誄哀策、詔書、策命、告祭、教令、策對、奏事、駁議、勸進（表）、賀慶（表）、薦達（表）、陳謝（表）、檄移、彈劾類文〔註11〕；中編「指事述意之作」，錄書、論、序、雜頌讚箴銘、碑記、墓碑、誌狀、誄祭類文〔註12〕；下編「緣情託興之作」，收設辭、七、連珠、箋牘、雜文類文〔註13〕。相對於《唐宋八大家類選》六類三十體之分，《駢體文鈔》三編的設置明顯有著更高一級的意圖。

儲欣六分法及其類目命名，其基本的思維是文體合併立類，在《文選》等以細分文體類目爲傳統的總集分類基礎上，將幾種文體功能相近的文體合併歸類組成文體類群，是建立在《典論・論文》、《文賦》二分法基礎之上的合併歸類；而李兆洛的上中下三編，在類目分類設置上受《文章正宗》四分法影響更爲直接。「廟堂之制，奏進之篇」收錄王言詔策以及臣屬進奏陳謝之文，類於《正宗》「辭命」類；「指事述意之作」，錄書論、序記、碑狀、雜頌讚箴銘以及誄祭之文，類於《正宗》「議論」、「敘事」類；「緣情託興之作」則類於「詩賦」類。《駢體文鈔》類目名稱亦不同於《唐宋八大家類選》，以及後出姚鼐的《古文辭類纂》，後二者類目命名多以文體名稱爲基礎，將相近文體功能的文體並稱立類，而《駢體文體》的門類命名設置更具抽象概括性，是更高級的綜合歸類命名。《駢體文鈔》「廟堂之制，奏進之篇」、「指事述意之作」、「緣情託興之作」三編之目，在具體文體類目的基礎上加以歸納概括，一級類目命名設置上，完全剝離《唐宋八大家》、《古文辭類纂》等建立在文體類目具象基礎上的合併歸類，而走向抽象概括，在一級分類上走出了新路。

曾國藩《經史百家雜鈔》三門十一類包容各體作品，則直接受《古文辭類纂》、《駢體文鈔》啓發而進行文體歸類自覺實踐。《經史百家雜鈔》中論著類、詞賦類、詔令類、序跋類、奏議類、書牘類、哀祭類、傳志類、雜記類九者，與姚書幾乎是完全相同，刪《古文辭類纂》「贈序」類，增「敘記」、「典志」二類，而姚書「頌讚」、「箴銘」類則併入曾書「辭賦類」，姚之「碑誌」

〔註11〕 《駢體文鈔目錄》，（清）李兆洛：《駢體文鈔》，《續修四庫全書》集部，第1610冊，第344～348頁。

〔註12〕 《駢體文鈔目錄》，（清）李兆洛：《駢體文鈔》，第348～351頁。

〔註13〕 《駢體文鈔目錄》，（清）李兆洛：《駢體文鈔》，第352～354頁。

附入「傳志」類。如果說《經世百家雜鈔》十一類之分，頗受姚鼐《古文辭類纂》啓發進而有所調整變化，那曾國藩以十一類歸併「著述」、「告語」、「記載」三門，則更多地受李兆洛《駢體文鈔》編次體例影響。《經世百家雜鈔》吸收《唐宋八大家類選》、《古文辭類纂》以來以相近文體功用合併歸類的分類成果，在此基礎上增加「門」來統攝，建立起來所建立的「由體歸類」、「由類入門」的「門──類──文體──作品」三級次分類層級，體統於類，類歸於門，在文體類目之上以類（種）制體（樣）、以門（科）攝類（種），在文體析類的同時加以文體歸類，以達分門別類、綱舉目張之效果。

「門」是一個相對古老的概念。《周易》有云「成性存存，道義之門」，「《乾》、《坤》，其《易》之門邪！」〔註14〕「門」其實也就是「類」的概念。今人頗以曾國藩《經史百家雜鈔》爲總集中首次運用「門」之概念進行分類，而實際上早在明代之時即有以「門」分類之總集。明人李天麟編《詞致錄》十六卷，是集所錄漢晉至宋四六詞命之文，分「制詞」、「進奏」、「啓箚」、「祈告」、「雜著」五門，各門之中以文體分類，個別文體之下亦再分細目。具體分類如下：

卷 1～2：制詞門一。收錄冊文、詔令、制誥、敕、麻、赦、批答、鐵券文、德音、賜書、策問 11 種文體，其中制誥類文體再分「爵封」、「宰執」、「官僚」、「八座」、「館殿」、「臺諫」、「帥臣」、「宮觀使」、「節使」9 個三級類目。

卷 3～7：進奏門二。收錄表、章、狀、議、書劄、致語、對策、露布、箋 9 種文體；其中「表」、「箋」又以具體功用和應用場合細分類目，表有「賀表」、「起居表」、「請表」、「薦表」、「進表」、「諫表」、「慰表」、「辭免表」、「陳情表」、「謝表」、「陳乞表」11 類，「箋」有「請箋」、「賀箋」、「謝箋」、「上箋」、「辭箋」、「勸進箋」6 類；而三級類目「賀表」、「謝表」再細分四級類目，「賀表」分「登極」、「御臨」、「上尊號」、「聖壽」、「聖節」、「誕儲」、「封建」、「寶冊」、「譜牒」、「冠婚」、「祭祝」、「肆赦」、「改元」、「改旦」、「賀幸」、「籍田」、「祥瑞」、「講好」、「奏捷」19 類，「謝表」分「儲二」、「宰執」、「侍從」、「八座」、「貳卿」、「內外制」、「瑣闈」、「丞轄」、「館閣」、「官僚」、「節制」、「鎮守」、「轉運」、「提舉」、「郡守」、「內召」、「加職」、「及第」、「敘謫」、「敘復」、「賜詔」、「宮祠」、「侍養」、「肆赦」、「錫賚」25 類。

〔註14〕《周易正義・繫辭》卷8，（清）阮元校勘：《十三經注疏：附校勘記》（上冊），北京：中華書局，1980年，第79、89頁。

卷 8～14：啓劄門三。收錄啓、狀、長書、小簡、合尖〔註15〕4 種文體。而「啓」類又進行更細層次的分類：先以「啓」之功用場合分「賀啓」、「謝啓」、「上啓」、「通啓」、「回啓」、「與啓」、「婚啓」7 類，其中「賀啓」、「上啓」、「通啓」、「回啓發」再次分類；「賀啓」分「帝王」、「師保、宰執」、「元樞」、「八座」、「微省」、「西掖」、「翰苑」、「中司」、「南床」、「二卿」、「丞轄」、「瑣闥」、「修撰、秘閣」、「大小坡」、「察官」、「宗卿」、「卿監」、「史掖」、「史館」、「國學」、「宰據」、「爵封」、「建節」、「制置」、「京尹」、「漕使」、「倉使」、「憲使」、「茶馬史」、「總管」、「郡守」、「郡卒」、「職曹」、「邑宰」、「試中」、「被召」、「加職」、「入覲」、「宮觀使」、「致仕」、「雜賀」、「正旦」、「冬至」43 類〔註16〕，「謝啓」又分「除授」、「到仕」、「升陟」、「改秩」、「薦辟」、「試中」、「科目」、「雜謝」8 類，「上啓」分「赴任」「干求」、「論事」3 類，「通啓」分「內任」、「外任」2 類，而「回啓」分「宗藩」、「內任」、「帥臣」、「諸使」、「郡縣」、「學職」、「慕官」、「科目」、「節序」9 類。

卷 15：祈告門四。收錄朱表、青詞、疏語、告文、祭文、歎文、榜 7 種文體。

卷 16：雜著門五。收錄序、記、論、文〔註17〕、碑、辭、箴、連珠、檄、牒、教、判 12 種文體。

可見明代即有以「門」統攝文體並運用到總集分類之中。以「門」制「體」，「體」下細分次級類目，形成多至「門——體——類（大類）——類（小類）——作品」的四級分類級次。若僅從門目名稱上看，《經史百家雜鈔》「著述門」、「告語門」、「記載門」與《詞致錄》之「制詞門」、「進奏門」、「啓劄門」、「祈告門」、「雜著門」頗相關聯。然《經史百家雜鈔》的分類結構是「門——類——體」，其「門」是由「體」並「類」之後更高層級的歸類，而《詞致錄》「門」下涵括的是具體單個文體類目。由此看來，《詞致錄》「門」在功能上，更多同後出李兆洛《駢體文鈔》「廟堂之制，奏進之篇」、「指事述意之作」、「緣情託興之作」之分頗相一類，唯一不同的是，《駢體文鈔》三編類目名稱尚處於描述形容的層面，而《詞致錄》則以抽象概括的門目命名而成新。然

〔註15〕 《詞致錄》收「合尖」二首，皆宋人作四六，其一在《播芳大全》內者，二首皆赴試舉子干請之辭。

〔註16〕 賀啓下細分的類目名稱與排列順次多與《五百家播芳大全》同，多以恭賀官職以及恭賀具體內容分類。

〔註17〕 實際收錄上樑文 2 篇，勸農文 1 篇，移文 1 篇。

值得注意的是，雖然《詞致錄》「門」屬之下直接繫文體類目，其「門」在文體歸類上之功能相當於《唐宋八大家》、《古文辭類纂》的「類」；若細化分析，從上文《詞致錄》「門」下所繫文體類目來看，各門之下涵括數量和內容遠比《唐宋八大家類選》、《古文辭類纂》豐富。由此可見，李天麟《詞致錄》「門」雖在總集分類結構中與後出《唐宋八大家類選》、《古文辭類纂》「類」所承擔的功能一樣，都是基於「文體」類目之上高一級次的歸類概念，然而在實質的涵括文體容量層面卻超越後者，特別是首次在總集分類中確立「門」這一超越「文體」類目之上的更高級次類目，確立了門——體——類（大）——類（小）——作品四級分類結構。在宋真德秀《文章正宗》以「辭命」、「議論」、「敘事」、「詩賦」四目涵括古今文體的基礎上以「制詞門」、「進奏門」、「啓箚門」、「祈告門」、「雜著門」之分，兼顧文體細化分類的同時進行文體歸類，爲清代文章總集分體歸類確立分類榜樣，特別是「門」之概念，至曾國藩之手用於包舉天下文章，在由「體」並「類」的基礎上，由「類」入門，確立了中國古代總集在文體類目基礎之上的二級歸類系統：即門——類——體。

曾氏之後，黎庶昌《續古文辭類纂》就完全採納《經史百家雜鈔》的十一類之分而變爲：論辯類、序跋類、書類、贈序類、傳狀類、碑誌類、雜記類、箴銘類、頌讚類、哀祭類十類，其中變「書牘」爲「書」，而辭賦類因風雅變體，「取工駢儷，國朝諸大家尤罕沿襲，間有述作，不復甄採。」〔註18〕光緒末年，來裕恂《漢文典·文章典》第三卷「文體」論中，把古今文體以「敘記」之文、「議論」之文、「辭令」之文分三分，各爲一篇；各篇之中細分三大類，每類各爲一章，如「敘記篇」分序跋類、傳記類、表誌類，「議論篇」分論說類、奏議類、箴規類，「辭令篇」分詔令類、誓告類、文詞類；每類再細分若干文體，「序跋類」分序、引、跋、題、書、讀六體，每體各爲一節。來裕恂《文章典》第三卷「文體」以篇、章、節的建構起三目九類一百零三體的分類體系〔註19〕，在文體類目的基礎上進行歸類，類屬之上再以「敘記」、「議論」、「辭令」統領，其分類思路以至於類目名稱多與《經史百家雜鈔》相近。

〔註18〕 （清）黎庶昌：《續古文辭類纂·目錄》，《續修四庫全書》集部，1610 冊，第 73～80 頁。

〔註19〕 （清）來裕恂著，高維國、張格注釋：《漢文典注釋·目錄》，天津：南開大學出版社，1993 年。

　　明清總集將《文章正宗》作品編次中採用的「歸類合併」之法，進一步發展延伸，在分類中逐漸形成「文體──類──門」的歸類體系。這種建立在文體類目基礎上之上的歸類體例在清末民初總集編纂中繼續沿用。張相《古今文綜》以「部」、「編」、「章」三層劃分文體，三層對應的正是明清文體總集分類體系中的屬、類、體三個層級〔註20〕。張相在文體類目基礎上歸併成「類」，兩類「類」合併成「屬」，兩次歸類之後形成類似於《經史百家雜鈔》的門──類──體三層結構，所不同的是，《雜鈔》於文體之下直接編次作品，而《古今文綜》則再次根據主題或題材細分次級類目，如論體下再細分「論理」、「論文」、「論政」、「論史」、「雜論」五個四級類目，而四級類目「論史」再分「史傳論」與「史論」兩個五級類目，「史論」再分「論制度」、「論學術」、「學形式」、「論人物」四個六級類目，「論人物」分論「一人一事」和「數人合論」兩個七級類目，其分類細密之處無所至極。《古今文綜》分類，以文體爲基礎，在文體之上歸併成類，由類入門，借鑒了《經史百家雜鈔》等總集所形成門──類──體──作品三級歸類體系，而在文體之下，分層細分類目，則是沿用《文館詞林》、《文苑英華》等總集所形成的文體──類（大）──類（小）……──作品的多級分類體系。其所確立的屬（門）──類（文體類）──文體──大類──小類……──作品分類體系，是中國古代總集分類與歸類編纂體例之大成，這既是傳統文體分類學的終結，又意味著近現代文體分類學的開端。〔註21〕

第二節　明清文章總集「文本於經」的分類傾向

　　受中國傳統一元論的宇宙生成論和哲學本體論以及各文體「本同末異」的文體觀的影響，古代總集分類將「文本於經」與文體各繫於經結合起來，建立起六經（五經）文體譜系。

　　明黃佐《六藝流別》在辨體區分的文體分類趨勢中，將文體功能與文體形態結合起來，歸類六經之下。今據中山大學圖書館藏明嘉靖四十一年歐大任刻本《六藝流別》二十卷，錄其分類體系如下：

〔註20〕張相：《古今文綜‧目錄》，上海：中華書局民國十一年本。
〔註21〕何詩海：《從文章總集看清人的文體分類思想》，《中山大學學報（社會科學版）》，2012 年第 1 期。

　　卷一至卷五爲《詩》藝，先分爲「逸詩」、「謠」、「歌」三類；其中，「謠」之流其別有四：「謳」、「誦」、「諺」、「語」；「歌」之流其別有四：「詠」、「吟」、「歎」、「怨」；「詩」之流不雜於文者其別有五：「四言」、「五言」、「六言」、「七言」、「雜言」（離合、建除、六府、五雜組、數名、郡縣名、八音附）；「詩」之雜於文者其別有五：「騷」、「賦（律賦附）」、「詞」、「頌」、「贊（詩讚附）」；「詩」之聲偶流爲近體者其別有三：「律詩」、「俳律體」、「絕句」。

　　卷六至十二爲《書》藝，先分爲「逸書」、「典」、「謨」；「典」之流其別有二：「命」、「誥」；「謨」之流其別有二：「訓」、「誓」；「命」、「訓」之出於典者其流又別而爲六：「制」、「詔」、「問」、「答」、「令」、「律」；「命」之流又別而爲四：「冊」、「敕」、「誡」、「教」；「誥」之流又別而爲六：「諭」、「賜書（符附）」、「書」、「告」、「判」、「遺命」；「訓」、「誓」之出於「謨」者其流又別而爲十一：「議」、「疏」、「狀」、「表（章附）」、「牋」、「啓」、「上書」、「封事」、「彈劾」、「啓事」、「奏記（白事附）」；「訓」之流又別而爲十：「對」、「策」、「諫」、「規」、「諷」、「喻」、「發」、「勢」、「設論」、「連珠」；「誓」之流又別而爲八：「盟」、「檄」、「移」、「露布」、「讓」、「責」、「券」、「約」。

　　卷十三至十四爲《禮》藝，先分「逸禮」、「儀」、「義」三類；禮之「儀」、「義」其流別而爲十六：「辭」、「文」、「箴」、「銘」、「祝」、「詛」、「禱」、「祭」、「哀」、「弔」、「誄」、「挽」、「碣」、「碑」、「誌」、「墓表」。

　　卷十五至十六爲《樂》藝，分「逸樂」、「樂均」、「樂義」；「樂」之「均」「義」其流別而爲十二：「唱」、「調」、「曲」、「引」、「行」、「篇」、「樂章」、「琴歌」、「瑟歌」、「暢」、「操」、「舞篇」；

　　卷十七之至十九爲《春秋》藝，可分爲「紀」、「誌」、「年表」、「世家」、「列傳」、「行狀」、「譜牒」、「符命」、「敘事」、「論贊」；「敘事」之流其別有六：「敘」、「記」、「述」、「錄」、「題辭」、「雜誌」；「論贊」之流其別有六：「論」、「說」、「辯」、「解」、「對問」、「考評」。

　　卷二十爲《易》藝，分爲「兆」、「繇」、「例」、「數」、「占」、「象」、「圖」、「原」、「傳」、「言」、「注」。

　　可見，黃佐所謂的「六藝流別」，其實就是把古今各體文章作品分系於《詩》、《書》、《禮》、《樂》、《春秋》、《易》六經之下，形成一個「文本於經」的中國古代文體譜系。相比於《文章辨體》、《文體明辯》、《文章辨體匯選》，黃佐將因明代辨體精細所分冗繁的一百五十多種文體類目歸併於六經之下，以簡馭繁，總體上起到綱舉目張之用。

　　無獨有偶，明清樂府總集《九代樂章》、《樂府廣序》將《詩》、《樂》經論與規勸君王治世結合起來，建立起以《詩經》「風」、「雅」、「頌」三分的總集樂府分類體例。

　　從文體學的視角來看，「文本於經」所體現的是中國古代學術源流和學術分類的思想。在古人的觀念中，六經是文章的極致，當然也是後出文體的淵源所在。《六藝流別》所建構的文體譜系，除彰顯文體溯源外，一定程度上還帶有宗經或尊體的意味。而諸如《九代樂章》、《樂府廣序》以《詩》「風」、「雅」、「頌」分類編次樂府作品，更多的是名為宗經而實為尊體的理論策略〔註22〕。

　　此外，明清時期一些文章總集在實際的分類體例中，已出現以「詩」、「賦」、「文」為總目統領集中作品。中共中央黨校圖書館藏明萬曆十三年刻本《釣臺集》二卷，明楊束編。卷一錄《嚴子陵釣臺圖》、《嚴子陵遺像》，卷二至五分別以「文」、「賦」、「詩」、「聯」為總目統領詩文作品。崇禎六年刻本《吳興藝文補》七十卷，明董斯張輯。卷一至四十錄「文」，卷四十一錄「賦」，卷四十二至六十一錄「詩」，卷六十二至六十三錄「詩餘」，卷六十四至六十六為「附錄」，卷六十七至七十為補遺詩文，也是「詩」、「文」分編。

　　綜上，明清文章總集極大地豐富了總集分類的方式標準，同時在分類級次上又不斷深入，建立起系統化的分類結構。值得注意的是，明清總集分類逐漸地在類目設置命名上趨向於概括抽象性，在分類結構中趨向於以簡馭繁，這些分類趨勢既意味傳統分類學的終結，又意味著近現代分類學的開端。

〔註22〕參見吳承學、陳贇：《對「文本於經」說的文體學考察》，《學術研究》2006年第 1 期。

附錄：明清文章總集分類表

　　說明：此部分以明清時期單本文章總集為個案，先錄書名、卷數、作者、版本，其次採用表格形式呈現分類情況。表格與正文相對應，起到補充說明的作用。

文章總集目錄

　1、《新安文獻志》，明程敏政編。

　2、《文編》，明唐順之編。

　3、《全蜀藝文志》，明周復俊編。

　4、《唐宋元名表》，明胡松編。

　5、《唐宋八大家文鈔》，明茅坤編。

　6、《四六法海》，明王志堅編。

　7、《皇霸文紀》，明梅鼎祚編

　8、《西漢文紀》，明梅鼎祚編。

　9、《東漢文紀》，明梅鼎祚編。

10、《西晉文紀》，明梅鼎祚編。

11、《宋文紀》，明梅鼎祚編。

12、《梁文紀》，明梅鼎祚編。

13、《陳文紀》，明梅鼎祚編。

14、《北齊文紀》，明梅鼎祚編。

15、《後周文紀》，明梅鼎祚編。

16、《隋文紀》，明梅鼎祚編。

17、《釋文紀》，明梅鼎祚編。
18、《古樂苑》，明梅鼎祚撰。
19、《文章辨體匯選》，明賀復徵編。
20、《明文海》，清黃宗羲編。
21、《文章辨體》，明吳訥編。
22、《續古文苑》，清孫星衍編。
23、《古文辭類纂》，清姚鼐編。
24、《續古文辭類纂》，清王先謙編。
25、《駢體文鈔》，清李兆洛輯。
26、《六朝文絜箋注》，清許槤評選、黎經誥注。
27、《金文最》，清張金吾輯。
28、《金文最拾遺》，清葉廷琯輯。
29、《皇明經世文編》，清陳子龍等輯
30、《皇清文穎續編》，清董誥等輯。
31、《國朝駢體正宗》，清曾燠輯。
32、《國朝駢體正宗續編》，清張鳴珂輯。
33、《湖海文傳》，清王昶輯。
34、《國朝文錄》，清李祖陶輯
35、《國朝文匯》，清沈粹芬、黃人等輯
36、《補續全蜀藝文志》，明杜應芳、胡承詔編。
37、《文翰類選大成》，明李伯璵編。
38、《唐文鑒》，明賀泰輯。
39、《新安文粹》，明金德玹撰。
40、《石鍾山集》九卷，明王恕輯，沈詔增刪。
41、《石洞貽芳》，明郭鈇輯。
42、《麟溪集》，明鄭太和編。
43、《餘姚海隄集》，明葉翼編。
44、《文章類選》，明朱㮵輯。
45、《滕王閣集》，明董遵編。
46、《滕王閣續集》，明李嗣京編。
47、《吳興藝文補》，明董斯張輯。

48、《滕王閣全集》，清蔡士英編。

49、《明文範》，明張時徹輯。

50、《麻姑集》，明陳克昌編。

51、《驪珠隨錄》，明楊儀編。

52、《明文衡》，明程敏政編。

53、《三臺文獻錄》，明李時漸編。

54、《宋文鈔》，明查志隆編。

55、《國朝名公翰藻》，明凌迪知編。

56、《六藝流別》，明黃佐撰。

57、《文體明辯》，明徐師曾撰。

58、《增定國朝館課經世宏辭》，明王錫爵、沈一貫輯。

59、《皇明館課經世宏辭》，明王錫爵、陸𣏌之輯。

60、《滑耀編》，明賈三近編。

61、《岳陽紀勝彙編》，明梅淳撰。

62、《彤管新編》，明張之象編。

63、《清源文獻》，明何炯編。

64、《嶺南文獻》，明張邦翼輯

65、《詞致錄》，明李天麟編。

66、《皇明文徵》，明何喬遠輯。

67、《蜀藻幽勝錄》，明傅振商編。

68、《嶺南文獻軌範補遺》，明楊瞿崍編。

69、《國朝名公經濟文鈔》，明張文炎編。

70、《文壇列俎》，明汪廷訥輯。

71、《古文奇賞》，明陳仁錫選評。

72、《續古文奇賞》，明陳仁錫選評。

73、《三續古文奇賞》，明陳仁錫選評。

74、《四續古文奇賞》，明陳仁錫選評。

75、《明文奇賞》，明陳仁錫選評。

76、《奇賞齋古文匯編》，明陳仁錫選評。

77、《釣臺集》，明楊束編。

78、《古文品外錄》，明陳繼儒選評。

79、《皇明經濟文輯》，明陳其愫輯。

80、《古文品外錄》，明陳繼儒選評。

81、《樂府廣序》三十卷，清朱嘉徵編。

《新安文獻志》一百卷《先賢事略》二卷，明程敏政編。

明萬曆四十二年刻本。《景印文淵閣四庫全書》集部第 1375～1376 冊。

序　號	類　目	卷　次	序　號	類　目	卷　次
1	辭命	1～2	2	奏疏	3～7
3	書	8～9	4	記	11～16
5	序	17～21	6	題跋	22～25
7	議	26	8	諡議	26
9	論	27～29	10	辨	30
11	說	31	12	原	31
13	考	32	14	雜著	33～36
15	問對	37	16	策問	38
17	策	38	18	講義	39
19	經義	39	20	檄	40
21	表	40～41	22	啓	42～43
23	上樑文	43	24	碑	44～45
25	祭文	46	26	箴	47
27	銘	47	28	贊	47
29	頌	47	30	賦	48
31	辭	49	32	四言詩	50
33	五言古詩	51	34	七言古詩	52
35	五言律詩	53	36	七言律詩	54～55
37	五言排律	55	38	七言排律	55
39	五言絕句	56	40	六言絕句	56
41	七言絕句	56～57	42	雜體詩	58～59
43	詩餘	60	44	行實	61～100

卷61～100「行實」分類情況

序　號	類　目	卷　次	序　號	類　目	卷　次
1	神跡	61	2	道原	62～63
3	忠孝	64～67	4	儒碩	68～72
5	勳賢	73～76	6	風節	77～79
7	才望	80～83	8	吏治	84～86
9	遺逸	87～90	10	世德	91～92
11	寓公	93	12	文苑	94～95
13	材武	96～97	14	列女	98～99
15	方技	100	文體涉及碑、行狀、傳、年譜、墓誌銘等		

《文編》六十四卷，明唐順之編。

《景印文淵閣四庫全書》集部第 1377～1378 冊。

序　號	類　目	卷　次	序　號	類　目	卷　次
1	制策	1	2	對	2
3	諫疏	3	4	論疏	4
5	疏	5	6	疏請	6
7	疏議	7	8	對事	8
9	表	9	10	奏	10
11	上書	11～13	12	說	14
13	箚子	15～17	14	狀	18～20
15	論	21～32、35	16	年表論斷	33
17	論斷	34	18	議	36
19	雜著	37～40	20	策	41～44
21	辭命	45	22	書	46～50
23	啓	51	24	狀	51
25	序	52～54	26	記	55～57
27	神道碑	58	28	碑銘	59
29	墓誌銘	60～62	30	墓表	63
31	傳	63	32	行狀	64
33	祭文	64			

《全蜀藝文志》六十四卷，明周復俊編。

《景印文淵閣四庫全書》集部第 1381 冊。

序　號	類　目	卷　次	序　號	類　目	卷　次
1	賦	1〜2	2	詩	3、5〜24
3	楚辭	4	4	詩餘	25
5	詔策	26	6	赦文	26
7	敕	26	8	表	27
9	疏	27	10	狀	27
11	書（箋）〔註1〕	28〜29	12	序	30〜32
13	記	33〜42	14	檄	43
15	難	43	16	牒	43
17	箴	44	18	銘	44
19	贊	44	20	頌	45
21	碑文	46〜47	22	論	48
23	說	48	24	辯	48
25	考	48	26	述	48
27	議	48	28	雜著〔註2〕	49〜51
29	《輿地紀勝》碑目	52	30	譜	53〜58
31	碑跋〔註3〕	59	32	尺牘	60
33	行紀	61〜63	34	行紀題名（簡版附）	64

《唐宋元名表》四卷，明胡松編。

《景印文淵閣四庫全書》集部第 1382 冊。

以時敘次

〔註1〕 卷 28 題「書箋」，錄「箋」一篇。

〔註2〕 又分誄、哀辭、祭文、世家、傳。

〔註3〕 後錄《跋東坡詩草》、《跋三蘇遺文》等作。

《唐宋八大家文鈔》一百六十四卷，明茅坤編。

《景印文淵閣四庫全書》集部第 1383～1384 冊。

序　號	類　目	卷　次	序　號	類　目	卷　次
1	表狀	1	2	書	2～5
3	啓狀	5	4	序	6～7
5	記	8	6	傳	8
7	原	9	8	論	9
9	議	9	10	辯	10
11	解	10	12	說	10
13	頌	10	14	雜著	10
15	碑	11	16	碑銘	12
17	墓誌銘	13～14	18	墓誌碣銘	15
19	哀辭	16	20	祭文	16
21	行狀	16		以上十六卷爲昌黎文	

序　號	類　目	卷　次	序　號	類　目	卷　次
1	書	17～20	2	啓	20
3	序	21	4	傳	21
5	記	22～23	6	論	24
7	議	24	8	辯	24
9	說	25	10	贊	25
11	雜著	25～26	12	碑銘	27
13	墓版碣	28	14	誄	28
15	表	28	16	狀	28
17	祭文	28		以上十二卷爲柳州文	

序　號	類　目	卷　次	序　號	類　目	卷　次
1	上書	29	2	書疏	30
3	箚子	30～33	4	狀	34～36
5	表	37	6	啓	37
7	書	38～39	8	論	40～42
9	史論	43～44	10	序	45～47
11	記	48～49	12	碑銘	50～51

序　號	類　目	卷　次	序　號	類　目	卷　次
13	墓誌銘	52～57	14	墓表	58
15	祭文	59	16	行狀	59
17	頌	60	18	賦	60
19	雜著	60	20	史鈔（本紀）	61～62
21	史鈔（家人傳）	63	22	史鈔（梁臣傳）	64
23	史鈔（唐臣傳）	65～68	24	史鈔（晉周臣傳）	68
25	史鈔（死節傳）	69	26	史鈔（死事傳）	69
27	史鈔（一行傳）	70	28	史鈔（唐六臣傳）	70
29	史鈔（伶官傳）	71	30	史鈔（宦官傳）	71
31	史鈔（雜傳）	72～76	32	史鈔（論）	77
33	史鈔（世家）	78～79	34	史鈔（四夷附錄）	80
以上五十二卷爲廬陵文					

序　號	類　目	卷　次	序　號	類　目	卷　次
1	上書	81	2	箚子	82
3	疏	82	4	狀	82
5	表	83	6	啓	83
7	書	84～85	8	序	86
9	記	87～88	10	論	89～90
11	原	90	12	說	90
13	解	90	14	雜著	90
15	碑	91	16	行狀	91
17	墓誌銘	92～95	18	墓表	96
19	祭文	96	以上十六卷爲臨川文		

序　號	類　目	卷　次	序　號	類　目	卷　次
1	疏	97	2	箚	97
3	狀	97	4	書	98～99
5	序	100～102	6	記	103～105
7	傳	105	8	論	106
9	議	106	10	雜著	106
以上十卷爲南豐文					

序　號	類　　目	卷　次	序　號	類　　目	卷　次
1	書狀	107	2	書	108～109
3	論	110～112	4	權書	113
5	衡論	114～115	6	記	116
7	說	116	8	引	116
9	序	116		以上十卷爲老泉文	

序　號	類　　目	卷　次	序　號	類　　目	卷　次
1	制策	117	2	上書	118～119
3	箚子	120～121	4	狀	122～123
5	表	124	6	啓	124
7	書	125～126	8	論	127～132
9	試論	133	10	論解	134
11	策	135～138	12	序	139
13	傳	139	14	記	140～141
15	碑	142	16	銘	143
17	贊	143	18	頌	143
19	說	144	20	賦	144
21	祭文	144	22	雜著	144
	以上二十八卷爲東坡文				

序　號	類　　目	卷　次	序　號	類　　目	卷　次
1	上書	145～146	2	箚子	146～147
3	狀	148	4	書	149
5	啓	149	6	論	150～151、156
7	歷代論	152～154	8	古史論	154～155
9	策	157～161	10	序	162
11	引	162	12	傳	162
13	記	163	14	說	164
15	贊	164	16	辭	164
17	賦	164	18	祭文	164
19	雜著	164		以上二十卷爲穎濱文	

《四六法海》十二卷，明王志堅編。

《景印文淵閣四庫全書》集部第 1394 冊。

序　號	類　目	卷　次	序　號	類　目	卷　次
1	敕	1	2	詔	1
3	制	1	4	赦文	1
5	手書	1	6	德音	1
7	令	1	8	教	1
9	策問	1	10	表	2〜4
11	章	5	12	箚子	5
13	狀	5	14	彈事	5
15	箋	5	16	啓	5〜6
17	書	7〜8	18	頌	8
19	移文	8	20	檄	8
21	露布	9	22	牒	9
23	詩文序	9	24	宴集序	10
25	贈別序	10	26	城山序	10
27	記	10	28	史論	10
29	論	10	30	碑文	11
31	誌銘	11	32	行狀	12
33	銘	12	34	贊	12
35	七	12	36	連珠	12
37	誌	12	38	哀冊文	12
39	弔祭文	12	40	判	12
41	雜著	12			

《古樂苑》五十二卷，明梅鼎祚撰。

萬曆十九年宛陵刻本。《景印文淵閣四庫全書》集部第 1395 冊。

序　號	類　目	卷　次	序　號	類　目	卷　次
1	古歌辭	前卷	2	郊廟歌辭	1〜5
3	燕射歌辭	6	4	鼓吹歌辭	7〜8
5	橫吹歌辭	9〜12	6	相和歌辭	13〜14

序　號	類　　目	卷　次	序　號	類　　目	卷　次
7	清商歌辭	15～23	8	舞曲歌辭	24～27
9	琴曲歌辭	28～30	10	雜曲歌辭	31～40
11	雜歌謠辭	41～49	12	雜曲歌辭（歌謠語附）	50
13	仙歌曲（辭謠諺附）	51	14	鬼歌曲辭（謠語附）	52

《皇霸文紀》十三卷，明梅鼎祚編。

《景印文淵閣四庫全書》集部第 1396 冊。

《西漢文紀》二十四卷，明梅鼎祚編。

《景印文淵閣四庫全書》集部第 1396 冊。

《東漢文紀》三十二卷，明梅鼎祚編。

《景印文淵閣四庫全書》集部第 1397 冊。

《西晉文紀》二十卷，明梅鼎祚編。

《景印文淵閣四庫全書》集部第 1398 冊。

《宋文紀》十八卷，明梅鼎祚編。

《景印文淵閣四庫全書》集部第 1398 冊。

《梁文紀》十四卷，明梅鼎祚編。

《景印文淵閣四庫全書》集部第 1399 冊。

《陳文紀》八卷，明梅鼎祚編。

《景印文淵閣四庫全書》集部第 1399 冊。

《南齊文紀》三卷，明梅鼎祚編。

《景印文淵閣四庫全書》集部第 1399 冊。

《北齊文紀》三卷，明梅鼎祚編。

《景印文淵閣四庫全書》集部第 1400 冊。

《後周文紀》八卷，明梅鼎祚編。

《景印文淵閣四庫全書》集部第 1400 冊。

《隋文紀》八卷，明梅鼎祚編。

《景印文淵閣四庫全書》集部第 1400 冊。

以上總集皆以人敘次。

《釋文紀》四十五卷，明梅鼎祚編。

《景印文淵閣四庫全書》集部第 1400～1401 冊。

以時敘次。

《文章辨體彙選》七百八十卷，明賀復徵編。

《景印文淵閣四庫全書》集部第 1402～1410 冊。

序　號	文　體	卷　次	序　號	文　體	卷　次
1	詔	1～11	2	制	12～18
3	誥	19～25	4	策問	26～27
5	九錫文	28	6	鐵券文	29
7	赦文（附德音文）	30	8	諭祭文（附發引文）	31
9	祝文〔註4〕	32～39	10	盟	40
11	誓	41	12	禱（附禡牙文）	41
13	檄	42～43	14	露布	44
15	教	45	16	榜	46
17	公移〔註5〕	47～49	18	判	50
19	約	51	20	論諫	52～60
21	說	61～65	22	上書	66～86
23	疏〔註6〕	87～120	24	奏	121～122
25	章	123～124	26	表	125～139
27	彈事	140～141	28	封事	142～143
29	條事	144	30	奏對	145～148
31	奏議	149～154	32	謐議	155～158
33	奏狀	159～169	34	箚子	170～177
35	奏啓	178～180	36	奏箋	181～182
37	奏揭	183	38	笏記	184
39	制策	185～191	40	試策	192

〔註4〕 卷32祝文一告辭，卷33祝文二修辭，卷34祝文三祈辭，卷35祝文四報辭，卷36祝文五、古辭、祝辭，卷37祝文六冠昏辭（祭射侯辭附），卷38祝文七玉蝶、青詞、歎佛、歎道，卷39祝文八上樑文。

〔註5〕 卷47「移」，卷48「狀」，卷49「牒」、「關」、「諮」、「牌」、「申」、「呈」、「揭帖」、「批」、「告示」。

〔註6〕 卷120「別體」。

序　號	文　體	卷　次	序　號	文　體	卷　次
41	進策	193～197	42	符命	198
43	上壽辭	199	44	致語	200
45	故事	201	46	說書	202
47	義	203	48	連珠	204
49	書	205～258	50	尺牘	259～265
51	啓〔註7〕	266～272	52	奏記	273
53	私箋	274～275	54	簡	276
55	帖	277	56	私狀	278
57	私疏	279	58	私令	280
59	序〔註8〕	281～360	60	引	361～362
61	題辭	363	62	題	364～367
63	跋	368～371	64	書〔註9〕	372～376
65	讀	377～378	66	募緣疏	379～381
67	史論	382～391	68	論〔註10〕	392～423
69	議	424～426	70	說	427～429
71	字說	430	72	原	431～432
73	辨	433～434	74	解	435～436
75	喻	437	76	難	437
77	考證	437	78	評	438
79	品	439	80	釋	440
81	問對	441	82	設	442～443

〔註 7〕　卷 266「散體」，卷 267～272 爲「律體」。
〔註 8〕　卷 281～282「經類」，卷 283～289「史類」，卷 290～292「文類」，卷 293「籍類」，卷 294「騷」類，卷 295「賦類」，卷 296～302「詩類」，卷 303～310「集類」，卷 311「奏議類」，卷 312「政議」，卷 313～315「學類」，316「圖類」，317「誌類」，318「譜牒類」，319～320「記錄類」，321「目錄類」，322～323「試錄類」，324「齒錄類」，卷 325～326「時藝類」，卷 327「詞曲類」，卷 329「名字類」，卷 330「社會類」，卷 331「遊宴類」，334「古蹟類」，卷 335～347「贈送類」，卷 348～351「賀祝類」，卷 352「俳體」，卷 353～356「律體」，卷 357～358「釋類」，卷 359「變體」有「傳體」、「記體」、「韻體」、「追壽體」，卷 360「小序」。
〔註 9〕　所錄爲「書……後」類作品。
〔註10〕　卷 392～402 論史，卷 403～405 經論，卷 406～410 理論，卷 411～419 政論，卷 420 文論，卷 421 諷論，卷 422 寓論，卷 423 設論。

序號	文 體	卷 次	序號	文 體	卷 次
83	箴	444～446	84	銘〔註11〕	447～455
85	頌〔註12〕	456～462	86	贊	463～471
87	訓	472	88	誡	473～474
89	規	475	90	儀	476
91	偈	477	92	本紀	478～482
93	史傳	483～527	94	傳〔註13〕	528～547
95	實錄	548～549	96	儀注	550
97	行狀	551～555	98	世表	556
99	世譜	557～558	100	年譜	559
101	記〔註14〕	560～615	102	誌〔註15〕	616～624
103	錄	625～627	104	述	628～629
105	篇	630	106	表	631
107	帳詞	632	108	題名	633
109	紀事	634～636	110	紀	637～638
111	日記	639～641	112	碑〔註16〕	642～664
113	墓碑〔註17〕	665～685	114	墓表	686～692
115	阡表	693	116	碣銘	694～696
117	碑陰文	697	118	墓誌銘〔註18〕	698～735

〔註11〕 卷451「讚美類」，卷452～453「雜銘類」，卷454「器皿類」，卷455「誌感類」。

〔註12〕 卷456～458散體，卷459～460整體，卷461仙佛類，卷462庶物類。

〔註13〕 卷542～543自傳，卷544家傳，卷545託傳，卷546寓傳，卷547假傳。

〔註14〕 卷560～615依次分類爲：考工、敘事體（學宮、佛宇、神廟、祠堂、遺愛、官署、古蹟、亭閣、園墅、遊覽、興復、圖畫、技藝、花石、雜記）、議論體（學宮、佛宇、祠堂、官署、古蹟、亭閣、園墅、遊覽、興復、懿範、書翰、圖畫、花鳥、雜記）、變體、寓體。

〔註15〕 卷616～622爲「書志」。

〔註16〕 細分以下類目：紀功、敘事體（文廟、釋教、道教、神廟、古賢、忠節、遺愛、家廟、文廟、佛宇）、議論體（神廟、帝王、古賢、遺愛、寓言）、俳體（文廟、佛宇、神廟）、雜碑。

〔註17〕 卷685爲「碑銘」。

〔註18〕 卷730「墓誌」，爲別體，卷731「墓銘」，卷732～733「雜墓誌銘」錄「雜誌」，卷734雜墓誌銘（雜文，諸記附），735雜墓誌銘櫬銘、諸誌附。

序 號	文 體	卷 次	序 號	文 體	卷 次
119	誄	736～739	120	哀辭〔註19〕	740～743
121	弔文	744～746	122	弔書	747～748
123	祭文	749～765	124	謁文	766
125	雜文	767～772	126	雜著	773～780

《明文海》四百八十二卷，清黃宗羲編。

清涵芬樓抄本。《景印文淵閣四庫全書》集部第 1453～1458 冊。

序 號	類 目	卷 次	序 號	類 目	卷 次
1	賦〔註20〕	1～46	2	奏疏	47～65
3	詔表	66	4	碑	67～73
5	議	74～83	6	論	84～100
7	說	101～109	8	辨（辯）〔註21〕	110～118
9	考	119～121	10	頌	122
11	贊	123	12	銘	124
13	箴	125	14	戒	126
15	解	127～130	16	原	131
17	述	132	18	讀	133
19	問答	134～138	20	文〔註22〕	139～140
21	諸體文	141～146	22	書〔註23〕	147～209
23	序〔註24〕	210～326	24	記〔註25〕	327～386

〔註19〕 卷 743（附贊、頌）。

〔註20〕 卷 1～5 為國事類，卷 6～8 時令類，卷 9～18 山川，卷 19～20 弔古，卷 21
～22 哀傷，卷 23～26 述懷，卷 27～28 人事，卷 29～32 居處，卷 33 感別，
卷 34 閒情，卷 35 鑒賞，卷 36 音樂，卷 37 仙隱，卷 38～42 禽蟲，卷 43～45
花木，卷 46 器物。

〔註21〕 卷 128 收錄「問議」類作品。

〔註22〕 以「文」名篇之作。

〔註23〕 卷 147～150 經學，卷 151～159 論文，卷 160～162 論詩，卷 163～170 講學，
卷 171～172 議禮，卷 173 議樂，卷 174 議史，卷 175 字韻，卷 176 數學，卷
177 技術，卷 178～179 國是，卷 180 民事，卷 181～183 籌遠，卷 184～186
持正，卷 187～192 忠告，卷 193～194 考古，卷 195 出處，卷 196～198 自敘，
卷 199 憂讒，卷 200～201 悽惋，卷 202 感憤，卷 203 頌美，卷 204～205 頌
冤，卷 206～207 吏治，卷 208 敵情，卷 209 遊覽。

序　號	類　目	卷　次	序　號	類　目	卷　次
25	傳〔註26〕	387～428	26	墓文〔註27〕	429～441
27	哀文	442～478	28	稗	479～480
卷 481～482 闕。後附補遺。					

《文章辨體》五十卷《文章辨體外集》五卷《總論》一卷，明吳訥輯。
北京大學圖書館藏明天順八年劉孜等刻本。《續修四庫全書》集部第 1602 頁。

序　號	體類名稱	卷　次	序　號	體類名稱	卷　次	序　號	體類名稱	卷　次
1	古歌謠辭	1	2	古賦〔註28〕	2～5	3	樂府〔註29〕	6～9
4	古詩〔註30〕	10～13	5	歌行	14	6	告諭	15
7	璽書	15	8	批答	15	9	詔	16
10	冊	17	11	制	17	12	誥	17
13	制策	18	14	表	19	15	露布	19

〔註24〕 卷210～232 著述，卷233～255 文集，卷256～277 詩集，卷278～284 贈序，
卷285～296 送序，卷297～304 雜序（內有跋，書後等），卷305～306 序事，
卷307～313 時文，卷314～315 圖畫，卷316～318 技術，卷319～321 壽序，
卷322 哀挽，卷323～324 方外，卷325～326 列女。

〔註25〕 卷327～340 居室，卷341～352 紀事，卷353～361 遊覽，卷362～363 古蹟，
卷364～365 學校，卷366 書院，卷367～373 祠廟，卷364～375 寺觀（卷375
所錄皆為「題名記」，故卷375 應以題名記分類），卷376 考古，卷377 圖畫，
卷378 清玩，卷379～380 功績（卷379 錄有「狀」、「事略」、「後序」類作品），
卷381 名號，卷382～384 興造，卷385～386 紀行。

〔註26〕 卷387～391 名臣，卷392 功臣，卷393 能臣，卷394～396 文苑，卷397～400
儒林，卷401～402 忠烈，卷403 義士，卷404 奇士，卷405 名將，卷406 名
士，卷407 隱逸，卷408 節氣，卷409 獨行，卷410 循吏，卷411～412 孝子，
卷413～414 列女，卷415～419 方技，卷420～421 仙釋，卷422 詭異，卷423
物類，卷424～428 雜傳。

〔註27〕 卷429～439 文苑，卷440～446 儒林（卷442～443 哀文），卷447～452 名臣，
卷453 輔臣，卷454～455 能臣，卷456～457 義士，卷458～460 名士，卷461
～464 忠義，卷465～468 名將，卷469～472 雜類。

〔註28〕 細分「楚」、「兩漢」、「三國六朝」、「唐」、「宋」、「元」、「國朝」類目。

〔註29〕 細分「郊廟歌辭（古禮）」（漢、唐、宋）、「愷樂歌辭（軍禮）」、「橫吹曲辭」、
「燕饗歌辭（賓禮、嘉禮）」、「琴曲歌辭、」「相和歌辭」、「清商曲辭」。

〔註30〕 細分「四言」、「五言」、「七言」。

序　號	體類名稱	卷　次	序　號	體類名稱	卷　次	序　號	體類名稱	卷　次
16	論諫	20	17	奏疏	21～23	18	議	24
19	彈文	25	20	檄	25	21	書	26～28
22	記	29～31	23	序	32～34	24	論	35～36
25	說	37	26	解	37	27	辨	38
28	原	39	29	戒	39	30	題跋	40
31	雜著	41	32	箴	42	33	銘	42
34	頌	43	35	贊	43	36	七體	44
37	問對	44	38	傳	45	39	行狀	45
40	諡法	46	41	諡議	46	42	碑	47
43	墓碑	48	44	墓碣	48	45	墓表	48
46	墓誌	49	47	墓記	49	48	埋銘	49
49	誄辭	50	50	哀辭	50	51	祭文	50
			以上為正集					
1	連珠	1	2	判	1	3	律賦	1
4	律詩	2～3	5	絕句	4	6	聯句詩	4
7	雜體詩	4	8	近代詞曲		5		
			以上為外集					

《續古文苑》二十卷，清孫星衍輯。

中國科學院圖書館藏清嘉慶十七年冶城山館刻本。《續修四庫全書》集部第1609冊。

序　號	體類名稱	卷　次	序　號	體類名稱	卷　次	序　號	體類名稱	卷　次
1	鍾鼎文	1	2	賦	1～3	3	詩	4
4	詔	5	5	冊	5	6	敕	5
7	賜書	5	8	令	5	9	表	6
10	疏	6	11	奏	6	12	對策	6

序 號	體類名稱	卷 次	序 號	體類名稱	卷 次	序 號	體類名稱	卷 次
13	啓	6	14	箋	6	15	狀	6
16	議	7	17	書	7～8	18	奏記	7
19	檄	8	20	七	8	21	對	8
22	論	9	23	說	9	24	記	10
25	序	11～12	26	頌	13	27	贊	13
28	箴	14	29	銘	14	30	碑誌	15～19
31	誄	20	32	弔文	20	33	哀辭	20
34	祭文	20	35	雜文	20			

《古文辭類纂》七十四卷，清姚鼐輯。

湖北省圖書館藏清道光元年合河康氏家塾刻本。《續修四庫全書》集部第 1609
～1610 冊。

序 號	體類名稱	卷 次	序 號	體類名稱	序 號
1	論辨類	1～5	2	序跋類	6～10
3	奏議類	11～23	4	書說類	24～30
5	贈序類	31～33	6	詔令類	34～36
7	傳狀類	37～38	8	碑誌類	39～50
9	雜記類	51～58	10	箴銘類	59
11	頌讚類	60	12	辭賦類	61～71
13	哀祭類	72～74			

《續古文辭類纂》三十四卷，清王先謙輯。

清光緒八年王氏虛受堂刻本。《續修四庫全書》集部第 1610 冊。

序 號	體類名稱	卷 次	序 號	體類名稱	序 號
1	論辨類	1～3	2	序跋類	4～7
3	書類	8～11	4	贈序類	12～13
5	傳狀類	14～16	6	碑誌類	17～23
7	雜記類	24～30	8	箴銘類	31
9	頌讚類	32	10	哀祭類	33～34

《駢體文鈔》三十一卷，清李兆洛輯。

山東省圖書館藏清道光間合河康氏家塾刻本。《續修四庫全書》集部第 1610 冊。

序 號	類 目	卷 次	序 號	類 目	卷 次
1	銘刻類	1	2	頌類	2
3	雜颺頌類	3	4	箴	4
5	諡誄哀策類	5	6	詔書類	6
7	策命類	7	8	告祭類	8
9	教令類	9	10	策對類	10
11	奏事類	11	12	駁議類	12
13	勸進類	13	14	賀慶類	14
15	薦達類	15	16	陳謝類	16
17	檄移類	17	18	彈劾類	18
以上爲上編。皆廟堂之制，進奏之篇，垂諸典章，播諸金石者也。					
19	書類	19	20	論類	20
21	序類	21	22	雜頌讚箴銘類	22
23	碑記類	23	24	墓碑類	24
25	誌狀類	25	26	誄祭類	26
以上爲中編。皆指事疏意之作也。					
27	設辭類	27	28	七類	28
29	連珠類	29	30	箋牘類	30
31	雜文類		31		
以上爲下編。多緣情託興之作。					

《六朝文絜箋注》十二卷，清許槤評選、黎經誥注。

復旦大學圖書館藏光緒十五年枕湓書屋刻本。《續修四庫全書》集部第 1611 冊。

序 號	體類名稱	卷 次	序 號	體類名稱	卷 次	序 號	體類名稱	卷 次
1	賦	1	2	詔	2	3	敕	2
4	令	3	5	教	3	6	策問	4
7	表	5	8	疏	5	9	啓	6

序　號	體類名稱	卷　次	序　號	體類名稱	卷　次	序　號	體類名稱	卷　次
10	箋	6	11	書	7	12	移文	8
13	序	8	14	論	9	15	銘	10
16	碑	11	17	誄	12	18	祭文	12

《金文最》六十卷，清張金吾輯。

上海辭書出版社圖書館藏光緒二十一年江蘇書局重刻本。《續修四庫全書》集部第 1654 冊。

序　號	體類名稱	卷　次	序　號	體類名稱	卷　次	序　號	體類名稱	卷　次
1	賦	1	2	樂章	1	3	騷	1
4	詔令	2～4	5	冊文	5	6	制誥	6
7	鐵券文	6	8	策問	6	9	表	6～7
10	奏疏	8～9	11	箋	10	12	銘	10
13	贊	10～11	14	頌	11	15	記	11～18
16	序	18～23	17	跋	24～25	18	書	25～28
19	箚子	28	20	議	29	21	論	30
22	辨	30	23	說	30	24	原	30
25	文	31	26	牒	31	27	檄	31
28	榜	31	29	指揮	31	30	關	31
31	符	31	32	碑	33	33～43	墓碑	44～55
34	塔銘	55～56	35	行狀	57	36	哀詞	57
37	祭文	57	38	傳	57	39	疏	58
40	青詞	58	41	朱表	58	42	榜	58
43	雜著	59～60	44	附錄	60			

《金文最拾遺》不分卷，清葉廷琯輯。

南京圖書館藏稿本。《續修四庫全書》集部第 1654 冊。

收錄：制 1 篇、記 5 篇、序 2 篇、碑 2 篇、塔銘 8 篇、祭文 1 篇、傳 1 篇

《皇明經世文編》五百四卷補遺四卷，清陳子龍等輯。

明崇禎平露堂刻本。《續修四庫全書》集部第 1655～1662 冊。

以人敘次

《皇清文穎續編》一百八卷首五十六卷目錄十卷，清董誥等輯。

清嘉慶武英殿刻本。《續修四庫全書》集部第 1663～1667 冊。

卷 1～10	高宗純皇帝御製文（分體）
卷 11～38	高宗純皇帝御製詩（分體）
卷 39～44	御製文（分體）
卷 45～56	御製詩（分體）

序　號	體類名稱	卷　次	序　號	體類名稱	卷　次	序　號	體類名稱	卷　次
1	表	1	2	論	2～3	3	說	4～5
4	解	6	5	序	6～7	6	制誥	6
7	鐵券文	6	8	策問	6	9	表	6～7
10	記	8	11	跋	9～10	12	議	11
13	疏	12	14	箚子	11	15	碑	12
16	贊	12	17	箴	13	18	銘	13
19	講義	13	20	答問	14	21	連珠	15
22	七	16	23	露布	16	24	雜著	17～20
25	頌	21～35	26	賦	36～50	27	詩〔註31〕	51～108

《國朝駢體正宗》，清曾燠輯。

嘉慶十一年賞雨茆屋刻本。《續修四庫全書》集部第 1668 冊。

《國朝駢體正宗續編》，清張鳴珂輯。

光緒十四年寒松閣刻本。《續修四庫全書》集部第 1668 冊。

以人敘次

《湖海文傳》七十五卷，清王昶輯。

道光十七年經訓堂刻本。《續修四庫全書》集部第 1668～1669 冊。

序號	體類名稱	卷　次	序號	體類名稱	卷　次	序號	體類名稱	卷　次
1	賦	1～2	2	頌	3	3	文〔註32〕	3

〔註31〕 卷 51～58 樂府，卷 59 三言古詩，卷 59～62 四言古詩，卷 63～68 五言古詩，卷 69～78 七言古詩，卷 79～82 五言律詩，卷 82 六言律詩，卷 83～90 七言律詩，卷 91～96 五言排律，卷 97～98 七言排律，卷 99 五言絕句，卷 99 六言絕句，卷 99～108 七言絕句。

序號	體類名稱	卷 次	序號	體類名稱	卷 次	序號	體類名稱	卷 次
4	講義	4	5	論	5～7	6	釋	8
7	解	9～10	8	答〔註33〕	10	9	對〔註34〕	10
10	考	11～12	11	證〔註35〕	12	12	辨	13
13	議	14	14	說	15～18	15	原	18
16	序	19～33	17	記	34～39	18	書	40～46
19	碑	47～50	20	墓表	51	21	墓碣	51
22	墓誌	52～58	23	塔銘	58	24	行狀	59～60
25	述	60	26	傳	61～66	27	書事	66
28	祭文	67	29	哀詞	68	30	誄	67
31	贊	68	32	銘	68	33	書後	69～70
34	跋	71～74	35	雜著	75			

《國朝文錄》八十二卷，清李祖陶輯。

道光十九年瑞州府鳳儀書院刻本。《續修四庫全書》集部第 1669～1670 冊。

《國朝文錄續編》六十六卷附《邁堂文略》四卷，清李祖陶輯。

復旦大學圖書館藏清同治七年李氏刻本。《續修四庫全書》集部第 1671～1672 冊。

以人敘次

《國朝文匯》甲前集二十卷甲集六十卷乙集七十卷丙集三十卷丁集二十卷姓氏目錄一卷，清沈粹芬、黃人等輯。

宣統元年上海國學扶輪社石印本。《續修四庫全書》集部第 1672～1676 冊。

以人敘次

《補續全蜀藝文志》五十六卷，明杜應芳、胡承詔輯。

福建省圖書館藏明萬曆刻本。《續修四庫全書》集部第 1677 冊。

序 號	類 目	卷 次	序 號	類 目	卷 次
1	賦	1～2	2	風謠	3

〔註32〕只錄《聖武遠揚平定回部西垂永靖大功告成文》。
〔註33〕只錄《婦人無主答問》。
〔註34〕只收《廣陵對》。
〔註35〕只錄《石鼓文證》。

序　號	類　目	卷　次	序　號	類　目	卷　次
3	詩〔註36〕	4～18	4	敕	19
5	諭	19	6	牒	19
7	誥	19	8	表	20
9	疏	20	10	奏	20
11	書（含短簡）	21	12	序	22～23
13	記	24～31	14	碑記	32
15	論（含議、辯）	33	16	解	34
17	說	34	18	考	34
19	傳	35	20	譜	36
21	箴	37	22	銘	37
23	贊	37	24	跋	37
25	檄	38	26	文〔註37〕	38
27	露布	38	28	墓碑〔註38〕	39
29	文〔註39〕	40	30	雜著	41
31	志餘〔註40〕	42～52	32	逸編	52
33	動植紀異譜	53	34	器物譜	54
35	岩字石刻譜	55	36	行紀	56
37	題名（鈐記附）	56			

《文翰類選大成》一百六十三卷，明李伯璵編。

北京大學圖書館藏明成化刻弘治、嘉靖遞修本。《四庫全書存目叢書》集部第293～296冊。

序　號	體　類	卷　次	序　號	體　類	卷　次
1	賦類	1～6	2	樂章類	7～8
3	樂府類	9～13	4	琴操類	14～17
5	詩類（凡九類）〔註41〕	18～85	6	歌類	86～90

〔註36〕細分爲都邑、城郭、樓閣、亭臺、學校、江山、橋樑、堤堰、陵廟、寺觀、
　　　　洞、懷古、紀行、時序、題詠、贈送、歌謠、吟、竹枝詞、歎、遊覽、道釋、
　　　　哀挽、古蹟 24 類目。
〔註37〕錄有誓文、邊事文。
〔註38〕又錄墓記、神道碑銘等作。
〔註39〕主要爲謁廟文、祭文。
〔註40〕詩話（詩餘附）、外紀。

序　號	體　　類	卷　次	序　號	體　　類	卷　次
7	行類	91～94	8	辭類	95～97
9	引類	98	10	曲類	99～100
11	吟類	101	12	騷類	102～103
13	雜體類	104～105	14	頌類	106
15	銘類	107	16	箴類	108
17	贊類	109	18	文類	110
19	記類	111～114	20	序類	115～117
21	書類	118～121	22	論類	122～124
23	諫類	125	24	奏類	126
25	疏類	127～128	26	封事類	129
27	狀類	130	28	議類	131
29	解類	132	30	說類	133
31	辯類	134	32	原類	135
33	詔敕類	136	34	制誥類	137
35	敕類	138	36	檄類	139
37	冊謚類	140	38	表類	141～142
39	箋類	143	40	啓類	144
41	策類	145～146	42	對問類	147
43	連珠類	148	44	露布類	149
45	敘事類	150	46	傳類	151
47	碑碣類	152～153	48	行狀類	154
49	墓誌類	155	50	墓表類	156
51	哀挽類	157	52	弔祭類	158
53	誄類	159	54	詞調類	160
55	題跋類	161	56	雜著類	162～163

《唐文鑒》二十一卷，明賀泰輯。

南京圖書館藏明正德六年劉佐刻本。《四庫全書存目叢書補編》第 11 冊。

以朝代爲敘

〔註41〕 卷 18～21 四言古詩，卷 22～27 五言古詩，卷 28～32 七言古詩，卷 33～36
　　　　 長短句，卷 37～45 五言律詩，卷 46～50 五言排律，卷 51～73 七言律詩，卷
　　　　 74 七言排律，卷 75～77 五言絕句，卷 78 六言絕句，卷 79～85 七言絕句。

《新安文粹》十五卷附錄一卷，明金德玹撰。

原北平圖書館藏明天順四年刻本。《四庫全書存目叢書》集部第 292 冊。

序號	體　類	卷次	序號	體　類	卷次
1	記	1	2	序	2
3	書	3	4	跋	4
5	贊	5	6	銘	5
7	頌	5	8	論	6
9	傳	7	10	行狀	8
11	碑誌	9	12	雜著〔註42〕	10
13	五言古詩	11	14	七言古詩	11
15	五言律詩	12	16	七言律詩	12
17	五言絕句	13	18	七言絕句	13
19	補遺〔註43〕	14	20	鈍齋詩文〔註44〕	15

附錄：《重建徽州府堂記》、《重築良碣記》

《石鍾山集》九卷，明王恕輯，沈詔增刪。

臺灣漢學研究中心藏明刻本。《四庫全書存目叢書補編》第 75 冊。

序　號	類　目	卷　次	序　號	類　目	卷　次
1	五言絕句	1	2	七言絕句	2
3	五言律詩	3	4	七言律詩	4
5	五言古風	5	6	七言古風	6
7	辯	7	7	記	7
8	傳	7	9	序	7
10	論	7	11	歌	8
12	辭	8	13	賦	9
14	銘	9			

〔註42〕 《記外大父祝公遺事》、《工執藝事以諫》、《漁隱叢話考》、《相者說》、《李友字說》、《汪雲字說》、《獲麟說》。

〔註43〕 記、序、跋。

〔註44〕 分體編次：雜文、古詩、律詩、絕句、詞。

《石洞貽芳》二卷附考異一卷補遺一卷，明郭鈇輯。

中央民族大學圖書館藏清光緒三年永康胡氏退補齋刻本。《四庫全書存目叢書》
集部第 300 冊。

序　號	類　　目	卷　次	序　號	類　　目	卷　次
1	芳音（集古詩）	1	2	芳紀（集記序）〔註45〕	1
3	芳澤（集書翰）	2	4	芳傳（集時詠）	2
5	芳緒（集景物）〔註46〕	2			

《麟溪》二十二卷別篇二卷附錄二卷，明鄭太和編。

北京圖書館藏明成化十一年刻本。《四庫全書存目叢書》集部第 289 冊。

序　號	類　　目	卷　次	序　號	類　　目	卷　次
1	樂府	甲	2	四言詩	乙
3	五言古詩	丙、丁	4	七言古詩	戊、巳
5	雜言詩	庚	6	長律詩	辛
7	律詩	壬	8	絕句	癸
以上為詩類。					

序　號	類　　目	卷　次	序　號	類　　目	卷　次
1	頌	子	2	傳	丑
3	墓誌銘	寅	4	序	卯、辰
5	題跋	巳	6	辭	午
7	記	未、申	8	銘	酉
9	贊	酉	10	箴	酉
11	誌	戌	12	祭文	戌
13	亥	賦	以上為文類		
1	詩	別篇上	2	序	別篇下

《餘姚海隄集》四卷，明葉翼編。

南京圖書館藏清抄本。《四庫全書存目叢書》集部第 289 冊。

〔註45〕記序外，存碑跋一條，紀像二條。
〔註46〕書六篇，銘一篇，序一篇。

序 號	類 目	卷 次	序 號	類 目	卷 次
1	記	1	2	賦	1
3	騷	1	4	樂府	1
5	五言古詩	2	6	七言古詩	3
7	雜言	4	8	五言律詩	4
9	絕句	4			

《文章類選》四十卷，明朱栴輯。

北京圖書館藏明初刻本。《四庫全書存目叢書》集部第 290 冊。

序 號	類 目	卷 次	序 號	類 目	卷 次
1	賦	1～2	2	記	3～4
3	序	5～6	4	傳	7
5	騷	8	6	辭	8
7	文	8	8	說	9
9	論	10～12	10	辯	12
11	議	12	12	諡議	13
13	書	14～15	14	頌	16
15	贊	17	16	銘	18
17	箴	18	18	解	19
19	原	19	20	論諫	20
21	封事	21	22	疏	21
23	策	22	24	檄	23
25	狀	23	26	詔	24
27	制	25	28	口宣	25
29	符命	26	30	冊文	26
31	敕	26	32	奏	26
33	教	26	34	表	27
35	箋	27	36	啓	28
37	碑	29	38	行狀	30
39	神道碑	30	40	墓誌	31
41	墓表	32	42	誄	32
43	哀冊	32	44	諡冊文	32

序　號	類　目	卷　次	序　號	類　目	卷　次
45	祭文	33	46	哀辭	33
47	彈事	34	48	箚	34
49	序事〔註47〕	35	50	判	36
51	問對	37	52	規	37
53	言語	37	54	曲操	37
55	樂章	37	56	露布	37
57	題跋	38	58	雜著	39～40

《滕王閣集》十卷，明董遵編。

北京圖書館藏明刻本。《四庫全書存目叢書》集部第 301 冊。

序　號	類　目	卷　次	序　號	類　目	卷　次
1	序	1	2	記	1～2
3	賦	3	4	古詩〔註48〕	4
5	律詩〔註49〕	5～9	6	絕句（七言）	10
7	詩餘	10			

《滕王閣續集》十九卷，明李嗣京編。

上海圖書館藏明崇禎七年刻本。《四庫全書存目叢書》集部第 370 冊。

序　號	類　目	卷　次	序　號	類　目	卷　次
1	記	1	2	序	2
3	題跋	3	4	賦	4
5	五言古詩	5	6	七言古詩	6
7	五言律詩	7	8	五言排律	8
9	七言律詩	9～15	10	七言排律	16
11	五言絕句	17	12	七言絕句	18
13	詩餘	19			

〔註47〕 《文章正宗》「敘事」。引文重。
〔註48〕 五言、七言、長短句。
〔註49〕 卷5：五律，卷6～9：七律。

《吳興藝文補》七十卷，明董斯張輯。

崇禎六年刻本。《四庫全書存目叢書》集部第 376～378 冊。

序　號	類　目	卷　次	序　號	類　目	卷　次
1	文〔註50〕	1～40	2	賦〔註51〕	41
3	詩〔註52〕	42～61	4	詩餘〔註53〕	62～63
5	附錄〔註54〕	64～66	6	補遺（歷代詩文）〔註55〕	67～70

《滕王閣全集》十三卷《徵匯詩文》十一卷，清蔡士英編。

福建省圖書館藏清順治十四年刻本。《四庫全書存目叢書》集部第 393 冊。

全集

序　號	類　目	卷　次	序　號	類　目	卷　次
1	序	1	2	記	2
3	跋	3	4	賦	4
5	五言古詩	5	6	七言古詩	6
7	五言律詩	7	8	七言律詩	8
9	五言排律	9	10	七言排律	10
11	五言絕句	11	12	七言絕句	12
13	詩餘	19			

徵匯詩文

序　號	類　目	序　號	類　目	序　號	類　目
1	檄	2	記	3	賦
4	五言古詩	5	七言古詩	6	五言律詩
7	七言律詩	8	五言排律	9	七言排律
10	五言絕句	11	七言絕句	12	詩餘

〔註50〕卷 1 漢晉文（漢、吳、晉），卷 2 宋文（以人敘次，下同），卷 3～4 齊梁文，卷 5～7 陳隋文，8～12 唐文，13～24 宋文，25～28 元文，29～40 皇明文。

〔註51〕先以是敘次，再以人敘次。

〔註52〕卷 42 六朝詩（先以時敘次後以人敘次），43～46 唐詩（以人敘次，下同），卷 47～52 宋詩，卷 53～54 元詩，卷 55～61 皇明詩。

〔註53〕先以時敘次後以人敘次。

〔註54〕卷 64 朱平涵文，卷 65 董遐周文，卷 66 董遐周詩。

〔註55〕卷 67～68 補遺文，卷 69～70 補遺詩。

《明文範》六十八卷目錄二卷，明張時徹編。

中國人民大學圖書館藏明萬曆刻本。《四庫全書存目叢書》集部第 302～303
冊。

序　號	類　目	卷　次	序　號	類　目	卷　次
1	冊文	1	2	詔	1
3	制	1	4	誥	1
5	敕	1	6	表箋	1
7	致語	2	8	檄	2
9	露布	2	10	賦	3～5
11	頌	6	12	贊	7
13	箴	7	14	銘	7
15	議	8	16	對	8
17	辯	9	18	解	9
19	述	9	20	誌	9
21	訓	10	22	考	10
23	原	10	24	說	11～12
25	引	12	26	騷辭	13
27	樂府	14	28	帳詞	14
29	序	15～31	30	記	32～38
31	傳	39～42	32	碑	43～44
33	神道碑	45～46	34	墓碑	47
35	墓誌銘	48～51	36	墓表	52
37	行狀	53	38	哀誄	54
39	書	55～58	40	論	59
41	雜文	60～63	42	題跋	64
43	弔祭文	65～66	44	七	67
45	連珠	68			

《麻姑集》十二卷，明陳克昌編。

明嘉靖二十二年朱廷臣刻本。《四庫全書存目叢書》集部第 304 冊。

序　號	類　目	卷　次	序　號	類　目	卷　次
1	記	1	2	序	2
3	賦	2	4	五言古風	3

序　號	類　目	卷　次	序　號	類　目	卷　次
5	七言古風	4	6	五言絕句	5
7	七言絕句	5	8	五言律詩	6
9	五言排律	6	10	七言律詩	7～10
11	七言排律	10	12	附錄〔註56〕	11～12

《驪珠隨錄》十卷（存一至五），明楊儀編。

明萃清齋鈔本。《四庫全書存目叢書》集部第 304 冊。

序　號	類　目	卷　次	序　號	類　目	卷　次
1	經	1～2	2	論	2
3	雜文	2	4	銘	3
5	贊	3	6	頌	3
7	論〔註57〕	3	8	解	3
9	對	3	10	文	3
11	記	4～5	12	序	5
13	傳	5	14	賦	6
15	碑	7	16	志	7
17	表	8	18	書	8
19	雜著	8	20	詩	9
21	古今詩卷	10			

《明文衡》一百卷，明程敏政編。

《四部叢刊本》。

序　號	類　目	卷　次	序　號	類　目	卷　次
1	檄〔註58〕	1	2	詔	1
3	制	1	4	誥	1
5	諡冊文	1	6	遣祭文	1
7	賦	2	8	騷	3

〔註56〕 卷 11 麻源，卷 12 從姑。

〔註57〕 與卷 1 重複。

〔註58〕 檄、詔、誥、制、諡冊文，《四部叢刊本》總為「代言」。而《文淵閣四庫全書》卷一則以「詔」始。《四庫全書總目》標注《明文衡》分體三十八類，據《四部叢刊本》知，實為三十九類。

序　號	類　目	卷　次	序　號	類　目	卷　次
9	樂章	4	10	琴操	4
11	表箋	5	12	奏議	6～8
13	議	9	14	論	9～11
15	說	12	16	解（附釋）	13
17	辨	13～15	18	原	16
19	箴	17	20	銘	17～18
21	頌	19～20	22	贊	21
23	七	22	24	策題〔註59〕	23
25	問對	24	26	書	25～28
27	記	29～37	28	序	38～44
29	跋〔註60〕	45～49	30	雜著〔註61〕	50～56
31	傳	57～61	32	行狀	62
33	碑〔註62〕	63～67、80～82	34	神道碑	68～79
35	墓誌〔註63〕	83～90	36	墓表	91～94
37	哀誄〔註64〕	95～96	38	祭文	97
39	字說	98	40	補缺	99～100

《文淵閣四庫全書》本卷一分類。

《景印文淵閣四庫全書》第 1373～1374 冊

序　號	類　目	卷　次	序　號	類　目	卷　次
1	詔	1	2	制	1
3	誥	1	4	諡冊文	1
5	遣祭文	1			

〔註59〕　《文淵閣四庫全書》前「提要」作「策問」，正文作「策題」；四部叢刊本作「策題」。

〔註60〕　《四部叢刊本》、《文淵閣四庫全書》卷為 45「跋」。

〔註61〕　收錄「序題」。

〔註62〕　《四部叢刊本》、《文淵閣四庫全書》卷 80、82 題「墓碑」。

〔註63〕　《文淵閣四庫全書》、《四部叢刊》卷 84～90 做「墓誌銘」。《四庫全書總目》有「墓碣」，卷 81 錄兩篇，卷 82 錄一篇。

〔註64〕　《文淵閣四庫全書》卷 96 題「哀辭」

《三臺文獻錄》二十三卷附姓氏一卷，明李時漸編。

北京圖書館藏明萬曆五年自刻本。《四庫全書存目叢書補編》第 14 冊。

序　號	類　目	卷　次	序　號	類　目	卷　次
1	奏疏	1～2	2	記	3～6
3	序	7～11	4	論	12
5	說	12	6	雜文	13
7	題跋	13	8	書	14～15
9	碑	15	10	傳	15
11	述	16	12	贊	16
13	祭文	16	14	賦	17
15	樂府	17	16	五言古詩	18
17	七言古詩	19	18	五言律詩	20
19	七言律詩	21～22	20	五言絕句	23
21	七言絕句	23			

《宋文鈔》不分卷，明查志隆編。

清華大學圖書館藏明刻本。《四庫全書存目叢書》集部第 314 冊。

分體編錄：序（字解、字序）、記、論、策、賦、表、箋、箴、銘、頌、書、啓、雜著（《劉敞論客》）、題跋、祭文、議、碑、贊、墓誌銘、墓表、傳。

《國朝名公翰藻》五十二卷氏名爵里一卷，明凌迪知編。

南京圖書館藏明萬曆十年刻本。《四庫全書存目叢書》集部第 313～314 冊。
以人敘次。

《六藝流別》二十卷，明黃佐撰。

中山大學圖書館藏明嘉靖四十一年歐大任刻本。《四庫全書存目叢書》集部第 300 冊。

《詩》藝（卷 1～5）

卷 1　逸詩、謠、歌

卷 2　謠之流其別有四：謳、誦、諺、語

　　　歌之流其別有四：詠、吟、歎、怨

卷 3　詩之流不雜於文者其別有五：四言、五言、六言、七言、雜言（附離合、建除、六府、五雜組、數名、郡縣名、八音）

卷 4　詩之雜於文者其別有五：騷、賦（附律賦）、詞、頌、贊（附詩讚）

卷 5　詩之聲偶流爲近體者其別有三：律詩、俳律體、絕句

《書》藝（卷 6～11）

卷 6　逸書、典、謨

　　　典之流其別有二：命、誥

　　　謨之流其別有二：訓、誓

卷 7　命訓之出於典者其流又別而爲六：制、詔、問、答、令、律

卷 8　命之流又別而爲四：冊、敕、誡、教

卷 9　誥之流又別而爲六：諭、賜書（附符）、書、告、判、遺命

卷 10　訓誓之出於謨者其流又別而爲十一：議、疏、狀、表（附章）、牋、啓、上書、封事、彈劾、啓事、奏記（附白事）

卷 11　訓之流又別而爲十：對、策、諫、規、諷、喻、發、勢、設論、連珠。

卷 12　誓之流又別而爲八：盟、檄、移、露布、讓、責、券、約

《禮》藝（卷 13～14）

卷 12　逸禮、儀、義

卷 13　禮之儀義其流別而爲十六：辭、文、箴、銘、祝、詛、禱、祭、哀、弔、誄、挽、碣、碑、誌、墓表

《樂》藝（卷 15～16）

卷 15　逸樂、樂均、樂義

卷 16　樂之均義其流別而爲十二：唱、調、曲、引、行、篇、樂章、琴歌、瑟歌、暢、操、舞篇

《春秋》藝（卷 17～19）

卷 17　紀、志、年表、世家、列傳、行狀、譜牒、符命、敘事、論贊

卷 18　敘事之流其別有六：敘、記、述、錄、題辭、雜誌

卷 19　論贊之流其別有六：論、說、辯、解、對問、考評

《易》藝（卷 20）

卷 20　兆、繇、例、數、占、象、圖、原、傳、言、注

《文體明辯》六十卷卷首一卷目錄六卷附錄附錄目錄二卷，明徐師曾撰。

北京大學圖書館藏明萬曆建陽游榕銅活字印本。《四庫全書存目叢書》集部第310～312冊。

序號	類　目	卷次	序號	類　目	卷次
1	古歌謠辭〔註65〕	1	2	四言古詩〔註66〕	1
3	楚辭	1～2	4	賦〔註67〕	3～5
5	樂府〔註68〕	6～10	6	五言古詩〔註69〕	11～12
7	七言古詩〔註70〕	13	8	雜言古詩〔註71〕	13
9	近體歌行	13	10	近體律詩〔註72〕	14～15
11	排律詩〔註73〕	15	12	絕句詩〔註74〕	16
13	六言詩〔註75〕	16	14	和韻詩〔註76〕	16
15	聯句詩〔註77〕	16	16	集句詩〔註78〕	16

〔註65〕細分歌、謠、謳、誦、詩、辭、諺附。

〔註66〕四分補亡、勸勵、簡寄、懷思、責讓、投贈。

〔註67〕古賦、俳賦、文賦、律賦。

〔註68〕祭祀樂歌辭、王禮樂歌辭、鼓吹歌辭、騎吹、橫吹、短簫鐃歌、樂舞歌辭、琴曲歌辭、相和歌辭、清商曲歌辭、雜曲歌辭、新曲歌詞。

〔註69〕述德、述懷、閒適、遊宴、登覽、行旅、投贈、酬答、簡寄、懷思、報謝、送別、留別、扈從、題詠、雜詩。

〔註70〕述懷、閒適、遊宴、懷古、酬答、簡寄、送別、留別、扈從、題詠、雜詩。

〔註71〕述懷、賡和、簡寄、送別、扈從、題詠、閨情、雜詩。

〔註72〕卷14五言分：述懷、閒適、遊宴、登覽、行旅、懷古、投贈、酬答、簡寄、懷思、送別、留別、會遇、扈從、省直、題詠、雜詩；五言三韻：遊宴、登覽、酬答、簡寄、送別、題詠、閨情、雜詩。卷15七言：述懷、遊宴、登覽、尋訪、行旅、懷古、投贈、酬答、賡和、簡寄、懷思、送別、留別、會遇、扈從、題詠、雜詩、閣夜。

〔註73〕五言：詠懷、遊宴、登覽、行旅、懷古、投贈、酬答、賡和、簡寄、懷思、送別、留別、扈從、題詠、雜詩；七言：懷思、題詠、雜詩。

〔註74〕五言：述懷、閒適、遊宴、登覽、行旅、懷古、投贈、懷思、送別、留別、扈從、題詠、閨情、雜詩；七言：述懷、閒適、遊宴、登覽、尋訪、行旅、懷古、投贈、酬答、簡寄、懷思、送別、留別、會遇、賡賀、宮詞、題詠、哀挽、雜詩。

〔註75〕律詩：酬答、送別；三韻：閒適；絕句：述懷、閒適、簡寄、懷思、送別、留別、雜詩。

〔註76〕五言排律：登覽；七言排律：雜詩。

〔註77〕三言古詩：登覽；五言古詩：述懷；七言古詩：述懷；五言排律：簡寄、送別。

〔註78〕四言古詩：勸勵、懷思；樂府：述懷；近體歌行：送別；七言絕句：懷古、投贈。

序號	類　目	卷次	序號	類　目	卷次
17	命	17	18	諭告	17
19	詔〔註79〕	17	20	敕（敕榜附）〔註80〕	18
21	璽書	18	22	制	18
23	誥〔註81〕	19	24	冊〔註82〕	20
25	批答〔註83〕	21	26	御箚〔註84〕	21
27	赦文(德音文附)〔註85〕	21	28	鐵券文	21
29	諭祭文	21	30	國書	21
31	誓	21	32	令〔註86〕	21
33	教	21	34	上書	22～23
35	章	24	36	上表〔註87〕（箋記附）	24～25
37	箋〔註88〕	25	38	奏疏〔註89〕	26～28
39	盟（誓附）〔註90〕	29	40	符	29
41	檄	29	42	露布	30
43	公移〔註91〕	30	44	判〔註92〕	30

〔註79〕 古體、俗體。

〔註80〕 古體、俗體。

〔註81〕 古體、俗體。

〔註82〕 祝冊、王冊、立冊、哀冊、贈冊、謚冊、贈謚冊、祭冊、賜冊、免冊（多錄「策」題文。

〔註83〕 古體、俗體。

〔註84〕 古體、俗體。

〔註85〕 古體、俗體。

〔註86〕 目錄無「令」目，然收錄「令」體文。正文有「令」序題。細分冊立、赦宥、求才、求諫、求言、頒賜類。

〔註87〕 古體、唐體、宋體、俗體。古體中分論諫、請薦、陳乞、辭解、陳謝、說理。唐體分陳乞、進獻、辭解、上陳謝。宋體：進獻、安慰、辭解、遺表。

〔註88〕 古體、俗體。

〔註89〕 分奏、奏疏、奏對、奏啟、奏狀、奏箚、封事、彈事。奏細分時令、災異、邊務、兵器、河道。奏疏細分宗室、園陵、食貨、枚舉、論諫。奏對細分災異、戒淫侈、征伐夷狄。奏狀細分征伐、薦舉、慶賀、陳謝、陳乞、辭解、陳謝。奏箚分時政、邊務、河道、彈劾。封事分時政、災異、外戚、邊務。

〔註90〕 目錄中「誓」又別立一體，正文附於盟。

〔註91〕 狀、牒。

〔註92〕 細分科罪、評允、番異、辯雪、判罷、判留、駁正、駁審、末減、案寢、案候、褒嘉。

序號	類　　目	卷次	序號	類　　目	卷次
45	書記〔註93〕	31～33	46	約	34
47	策問〔註94〕	34	48	策〔註95〕	34～37
49	論〔註96〕	38～41	50	說	42
51	原	42	52	議〔註97〕	42
53	辯	43	54	解	43
55	釋	43	56	問對	43
57	序（序略附）〔註98〕	44～45	58	小序	45
59	引	45	60	題跋〔註99〕	45
61	文	46	62	雜著	46
63	七	46	64	書〔註100〕	46
65	連珠	46	66	義〔註101〕	46
67	說書	46	68	箴〔註102〕	47
69	規	47	70	戒〔註103〕	47
71	銘〔註104〕	47	72	頌〔註105〕	48
73	贊〔註106〕	48	714	評〔註107〕	48

〔註93〕細分書、奏記、啓、簡、狀、疏。書細分辭命、時政、經學、著述、論文、師友、規諫、游說、投謁、通問、報謝、陳情、辯白、稱頌、表節、議論、婦人書、家書。奏記分定策、*業、時政、規諫、推薦、辭免。啓（古體）分慶賀、辭免、報謝、陳情，（俗體）分慶賀、慰安、投謁、通問、陳謝、報謝、陳情、*賓、饋遺、婚聘。簡分規諫、責讓、勉勵、請勸、推薦、辭免、通問、報謝、要約、稱頌、哀悼。狀分陳乞、慶賀、報謝、辭免、迎*。

〔註94〕制策、試策。

〔註95〕制策、試策、進策。

〔註96〕理論、政論、經論、史論、文論、諷論、寓論、設論。

〔註97〕奏議、私議。

〔註98〕議論、敘事。

〔註99〕題、跋、書、讀。

〔註100〕《平賦書並序》，唐李翱。

〔註101〕古義、經義。

〔註102〕官箴、私箴。

〔註103〕散文、韻語。

〔註104〕警戒、祝頌。

〔註105〕散文、韻語。

〔註106〕雜贊、哀贊、史贊。

序號	類　目	卷次	序號	類　目	卷次
75	碑文〔註108〕	49	76	碑陰文	49
77	記〔註109〕	49～51	78	誌	51
79	紀事	51	80	題名	51
81	字說〔註110〕	52	82	行狀〔註111〕	52
83	述	52	84	墓誌銘〔註112〕	52～54
85	墓碑文〔註113〕	55～56	86	墓碣文〔註114〕	56
87	墓表〔註115〕	56	88	諡議〔註116〕	57
89	傳〔註117〕	58～60	90	哀辭	60
91	誄	60	92	祭文〔註118〕	61
93	弔文	61	94	祝文〔註119〕	61
95	碬辭	61	以上爲正集		
96	雜句詩〔註120〕	1	97	雜言詩	1
98	雜體詩〔註121〕	1	99	雜韻詩〔註122〕	1

〔註107〕史評、雜評。
〔註108〕正體、變體、別體。
〔註109〕正體、變體、變而不失其正、別體。
〔註110〕字說、字序、字解、字辭、祝辭、名說、名序、女子名字說。
〔註111〕正體、變體。
〔註112〕墓誌銘、墓誌、墓銘、題云誌銘而有誌無銘、題單云誌而卻有銘、題單云銘而卻有誌、題云誌而卻是銘、題云銘而卻是誌、權厝誌、誌殯、續誌、蓋石文、墓磚記（墓磚銘同）、墓版文（墳版文同）、壙誌、壙銘、槨銘、塔銘。
〔註113〕正體、變體。
〔註114〕墓碣銘、題兼云銘而卻無銘、題單云碣而卻有銘、墓碣。
〔註115〕墓表、阡表、殯表、靈表。
〔註116〕諡議、改議、駁議、答駁議、私議。
〔註117〕史傳、家傳、託傳、假傳。
〔註118〕散文、韻語、儷語。
〔註119〕告、休、祈、報、鬭、謁。
〔註120〕三句詩、五句詩、促句詩。
〔註121〕拗體、蜂腰體、斷弦體、隔句體、偷春體、首尾吟體、盤中體、迴文體、反起體、疊字體、句用字體、犒砧體、兩頭纖纖體、三婦艷體、五雜俎體、五反體、四聲體、單聲疊韻體、問答體。
〔註122〕進退韻體、顚例韻、平仄兩韻。

序號	類　目	卷次	序號	類　目	卷次
100	雜數詩	2	101	雜名詩	2
102	離合詩〔註123〕	2	103	詼諧詩〔註124〕	2
104	詩餘〔註125〕	3～11	105	玉牒文	12
106	符命	12	107	表本	12
108	口宣	12	109	宣答	12
110	致辭	12	111	祝辭	12
112	帖子詞	12	113	上樑文（寶瓶文說、上牌文附）	13
114	樂語	13	115	右語	13
116	道場榜	13	117	道場疏	14
118	表	14	119	青詞（審詞附）	14
120	募緣疏	14	121	法堂疏	14
以上爲附錄					

《增定國朝館課經世宏辭》十五卷，明王錫爵、沈一貫輯。

中國人民大學圖書館藏明末翻刻萬曆十八年周日校萬卷樓刻本。《四庫全書存目叢書補編》第 18 冊。

序號	類　目	卷次	序號	類　目	卷次
1	詔	1	2	冊	1
3	璽書	1	4	誥	1
5	奏	1	6	疏	1～2
7	表	2	8	箋	2
9	致語	2	10	韻語	2
11	檄	2	12	露布	2
13	議	3～4	14	論	4～6
15	策	7～8	16	序	8
17	記	8～9	18	傳	9

〔註123〕附錄目錄題「雜合詩」，「雜」乃「離」字誤。
〔註124〕俳諧體、風人體、諸言體、諸語體、諸意體、字謎體、禽言體。
〔註125〕歌行題、令字題、慢字題、近字題、犯字題、遍字題、兒字題、子字題、天文題（含地理題、時令題、人物題）、人事題、宮室題（器用、花木、珍寶）、數目題、通用題、二字題、三字題、四字題、五字題、七字題。

序號	類　目	卷次	序號	類　目	卷次
19	碑	9	20	考	9
21	評	9	22	辯〔註126〕	10
23	解	10	24	說	10
25	書	10	26	頌	11
27	賦	11	28	箴	11
29	銘	11	30	贊	11
31	跋	11	32	詩〔註127〕	12～13
33	歌（古歌）	13	34	臺省名臣章疏	14～15

《皇明館課經世宏辭》十五卷，明王錫爵、陸翀之輯〔註128〕。

萬曆十八年周曰校萬卷樓刻本。《四庫禁燬書叢刊》第 92～93 冊。

序號	類　目	卷次	序號	類　目	卷次
1	詔	1	2	冊文	1
3	璽書	1	4	誥	1
5	制	1	6	敕	1
7	疏	1～2	8	表	2
9	箋	3	10	致語	3
11	檄	3	12	露布	12
13	議	3～4	14	論	4～5
15	策	6	16	對	6
17	序	7	18	記	7
19	碑	8	20	傳	8
21	考	8	22	原	8
23	辨	9	24	解	9
25	說	10	26	評	10
27	書	10	28	頌	11

〔註126〕萬曆本和翻課本目錄闕「辯」，正文錄之。
〔註127〕五言古詩、五言律詩、五言排律、五言絕句、七言古詩、七言律詩、七言排律、七言絕句。
〔註128〕各卷首題：太原王錫爵元馭父續補，秣陵焦竑弱侯父參訂、邑子陸翀之飛卿父纂輯、繡谷周曰校應賢父督刊。

序號	類　目	卷次	序號	類　目	卷次
29	賦	12	30	箴	12
31	銘	12	32	韻語	12
33	贊	12	34	跋	12
35	詩〔註129〕	13～14	36	經世名臣章奏集	15

《滑耀編》不分卷，明賈三近編。

南京圖書館藏明萬曆刻本。《四庫全書存目叢書》集部第 321 冊。

分體編錄：文、傳、制、誥、表、奏、啓、賦、敘、記、問、對、誌、銘、
　　　　　說、露布、雜著

《岳陽紀勝彙編》四卷，明梅淳撰。

北京大學圖書館藏明萬曆十三年張振先刻本。《四庫全書存目叢書》集部第 321
冊。

序號	類　目	卷次	序號	類　目	卷次
1	騷賦部	1	2	古樂府部	1
3	五言古詩部	1	4	七言古詩部	2
5	五言律詩部	2	6	五言排律部	2
7	七言律詩部	3	8	七言排律部	3
9	五言絕句部	3	10	六言絕句部	3
11	七言絕句部	4	12	詩餘部	4
13	序文部（書附）	4	14	記部	4
15	傳部	4	16	雜著部	4

《彤管新編》八卷，明張之象編。

國家圖書館藏明嘉靖三十三年刻本。《四庫全書存目叢書補編》第 13 冊。

以時序次，時代之中，以人序次分類。

《清源文獻》十八卷，明何炯編。

北京圖書館藏明萬曆二十五年程朝京刻本。《四庫全書存目叢書》集部第 332
冊。

〔註129〕五言古詩、七言古詩、五言律詩、七言律詩、五言排律、七言排律、五言絕
　　　　句、七言絕句、六言律詩、六言絕句、長短句雜體。

序號	類　目	卷　次	序號	類　目	卷　次
1	賦	1	2	詩	2～3
3	調	3	4	偈頌	3
5	制	4	6	敕	4
7	誥	4	8	冊文	4
9	表	4	10	露布	4
11	奏疏	5	12	狀	5
13	頌	6	14	贊	6
15	箴	6	16	銘	6
17	文	6	18	擬	6
19	原	6	20	戒	6
21	論	7	22	議	7
23	評	7	24	說	7
25	篇	7	26	述（誌錄附）	7
27	問	7	28	對	7
29	辨	8	30	解	8
31	讀	8	32	疑	8
33	題	8	34	跋	8
35	雜著	8	36	書	9
37	啓	9	38	序	10～11
39	記	12～13	40	碑	14
41	傳	15	42	行狀（行實紀附）	16
43	疏文	17	44	祭文	17
45	哀辭	17	46	誌銘	18
47	壙誌	18	48	神道碑	18
49	墓表	18	50	墓碣	18

《嶺南文獻》三十二卷，明張邦翼輯。

中山圖書館藏明萬曆間刻本。《四庫全書存目叢書補編》第 21～22 冊。

序號	類　目	卷　次	序號	類　目	卷　次
1	敕書	1	2	敕書	1
3	誥命	1	4	檄	1
5	露布	1	6	頌	2
7	表	2	8	策	2
9	奏箚	2	10	議	3～4
11	疏	5～9	12	序	10～15
13	書	16～17	14	啓	17
15	碑	18	16	墓誌銘碣表	18
17	記	19～20	18	傳	21
19	論	22	20	辯	22
21	說	22	22	解	22
23	跋	22	24	禁諭	22
25	雜文	22	26	祭文	22
27	賦	23～25	28	四言古詩	26
29	古樂府	26	30	五言古詩	26
31	七言古詩	26	32	五言律詩	27
33	六言律詩	27	34	七言律詩	28～30
35	五言排律詩	31	36	七言排律詩	31
37	五言絕句詩	31	38	六言絕句詩	31
39	七言絕句詩	31	40	歌	32
41	行	32	42	草堂詞	32
43	長短句	32	44	操	32
45	曲	32	46	謠	32
47	辭	32	48	雜詠	32

《詞致錄》十六卷，明李天麟編。

明萬曆十五年刻本。《四庫全書存目叢書》集部第 327 冊。

卷次	門目	體類	細目一	細目二
1～2	制詞門	冊文		
		詔令		
		制誥	爵封、宰執、官僚、八座、館殿、臺諫、帥臣、宮觀使、節使	
		敕		
		麻		
		赦		
		批答		
		鐵券文		
		德音		
		賜書		
		策問		
3～7	進奏門	表	賀表	登極、御臨、上尊號、聖壽、聖節、誕儲、封建、寶冊、譜牒、冠婚、祭祝、肆赦、改元、改旦、賀幸、籍田、祥瑞、講好、奏捷、
			起居表	
			請表	
			薦表	
			進表	
			諫表	
			慰表	
			辭免表	
			陳情表	
			謝表	儲二、宰執、侍從、八座、貳卿、內外制、瑣*、丞轄、館閣、官僚、節制、鎮守、轉運、提舉、郡守、內召、加職、及第、敘謫、敘復、賜詔、宮祠、侍養、肆赦、錫賚
			陳乞表	
		章		
		狀		

卷次	門目	體類	細目一	細目二
		議		
		書劄		
		致語		
		對策		
		露布		
		箋	請箋	
			賀箋	
			謝箋	
			上箋	
			辭箋	
			勸進箋	
8～14	啓簡門	啓	賀啓	帝王、師保、宰執、元樞、八座、微省、西掖、翰苑、中司、南床、二卿、丞轄、瑣闥、修撰、秘閣、大小坡、察官、宗卿、卿監、史掖、史館、國學、宰據、爵封、建節、制置、京尹、漕使、倉使、憲使、茶馬史、總管、郡守、郡卒、職曹、邑宰、試中、被召、加職、入覲、宮觀使、致仕、雜賀、正旦、冬至
			謝啓	除授、到仕、升陟、改秩、薦辟、試中、科目、雜謝
			上啓	赴任、干求、論事
			通啓	內任、外任
			回啓	宗藩、內任、帥臣、諸使、郡縣、學職、慕官、科目、節序
			與啓	
			婚啓	
		狀		
		長書		

卷次	門目	體類	細目一	細目二
		小簡		
		合尖		
15	祈告門	朱表		
		青詞		
		疏語		
		告文		
		祭文		
		歎文		
		榜		
16	雜著門	序		
		記		
		論		
		文	上樑、勸農、移文	
		碑		
		辭		
		箴		
		連珠		
		檄		
		牒		
		教		
		判		

《皇明文徵》七十四卷，明何喬遠輯。

吉林圖書館藏崇禎四年自刻本。《四庫全書存目叢書》集部第 328～329 冊。

序號	類目	卷次	序號	類目	卷次
1	賦〔註130〕	1～5	2	樂章	6
3	琴操	6	4	古樂府	7
5	樂府變	7	6	三言古詩	8
7	四言古詩	8	8	五言古詩	9～12
9	七言古詩	13～14	10	五言律詩	15～16
11	六言律詩	16	12	七言律詩	17～18
13	五言排律	19	14	七言排律	19
15	五言絕句	20	16	六言絕句	20
17	七言絕句	21	18	詩餘	22
19	冊文	23	20	詔	23
21	制	23	22	誥	23
23	敕諭	23	24	檄	23
25	策問	23	26	表〔註131〕	24
27	露布	24	28	疏〔註132〕	25～27
29	舉業〔註133〕	28	30	頌〔註134〕	29
31	贊〔註135〕	30	32	箴〔註136〕	31
33	銘〔註137〕	32	34	文〔註138〕	33
35	辭〔註139〕	34	36	枚乘體	35
37	連珠	35	38	讀〔註140〕	36
39	考〔註141〕	36	40	辯〔註142〕	36～37
41	解〔註143〕	37	42	問	38

〔註130〕地輿、天文、時令、感懷、征旅、形體、傷歎、器物、物畜、卉木。
〔註131〕賀表、進表（實錄、憲章、經史）、謝表、陳情。
〔註132〕典禮、忠懇、匡拂、敷陳、經理、求賢、自劾、求退、顧冤。
〔註133〕制義、制策。
〔註134〕君臣、武功、休祥、名臣、賢哲、鎮器。
〔註135〕天象、古賢、名臣、先輩、篤行、精藝、器物、物匯。
〔註136〕修證、政治。
〔註137〕自靖、自警、形勝、宮室、器物、夷狄。
〔註138〕詰讓、身體、憑弔、物類。
〔註139〕祭祀、哀悼、物類。
〔註140〕子史、文集。
〔註141〕律曆、聖系。
〔註142〕天地、經文、子史。
〔註143〕天文、經文、宴飲、物類。

序號	類目	卷次	序號	類目	卷次
43	對（雜對）	38	44	原	39
45	篇	39	46	論〔註144〕	39～40
47	議	41	48	說〔註145〕	42～43
49	序〔註146〕	44～49	50	題〔註147〕	50
51	引〔註148〕	50	52	跋〔註149〕	50～51
53	記〔註150〕	52～55	54	書事	56
55	疏	56	56	上樑文	56
57	啓	56	58	書〔註151〕	57～61
59	傳〔註152〕	62～65	60	述	66
61	雜紀	66	62	碑〔註153〕	67～68
63	神道碑〔註154〕	69～70	64	祭文〔註155〕	71
65	誄	72	66	墓表〔註156〕	73
67	墓誌銘〔註157〕	74			

〔註144〕論經、子史、論治、論邊、感時、數學。
〔註145〕天道、地理、人生、道術、政治、字號、人事、諡法、山川、器物、物類。
〔註146〕典則、經籍、古集、詩篇、詩集、文編、政學、史乘、書籍、紀錄、匯考、書學、音律、藏書、贈送、賀最、賀壽、賀生、記事、贈夷、贈內、試錄、奏疏、稱號、圖繪、志書、邊備。
〔註147〕紀載、書畫、宮室。
〔註148〕論學、論文。
〔註149〕頌聖、紀載、行誼、墨蹟、圖畫、告身、雜跋、考古、詩卷。
〔註150〕樓殿、名跡、御賜、學宮、官署、祠廟（昔賢、今賢、貞女）、齋舍、畫像、考載、會聚、遊覽。
〔註151〕體國、論政、論邊、論學、論史、論文、字書、標持、契賞、讚頌、薦引、訟白、規切、自述、自薦、求退、風俗、述遊、遊戲、永訣。
〔註152〕古賢、名臣、道德、文章、孝烈、節烈、義烈、奇節、獨行、篤行、厚德、清德、自述、閨德、藝術、支離、賢閨、物類。
〔註153〕勅建、典禮、題名、弔古、古賢、名臣、忠烈、忠義、義烈、賢能、貞姜、象教、邊功。
〔註154〕功勳、名臣、忠勇、名秩、高道、藝能、款夷。
〔註155〕明神、前賢、名碩、節槩、英舊、忠勇。
〔註156〕道行、清德、名宦、忠諫、死難、齒德。
〔註157〕名哲、節槩、文詞、仕宦、隱逸、閨閣、釋衲。

《蜀藻幽勝錄》四卷，明傅振商編。

明刻本。《四庫全書存目叢書》集部第 335 冊。

序號	類　目	卷次	序號	類　目	卷次
1	賦	1	2	策	1
3	詔	1	4	敕	1
5	表	1	6	書箋	1
7	序	2	8	記	2～3
9	檄	4	10	難	4
11	銘	4	12	贊	4
13	頌	4	14	箴	4
15	碑	4	16	論	4
17	雜著	4	18	誄	4
19	哀辭	4	20	祭文	4
21	傳	1	22	譜	4
23	跋	4	24	赤牘	4
25	行紀題名	4			

《嶺南文獻軌範補遺》六卷，明楊瞿崍編。

山西大學圖書館藏明刻本。《四庫全書存目叢書》集部第 335 冊。

序號	類　目	卷次	序號	類　目	卷次
1	事理疏議（制敕附）	1	2	理類雜文	2
3	事類雜文	3	4	理類語錄	4
5	事類語錄（銘贊箴賦附）	4	6	事理疏議	5
7	理類雜文	5	8	事類雜文	6

《國朝名公經濟文鈔》十一卷，明張文炎編。

萬曆十五年玉屑齋刻本。《四庫全書存目叢書》集部第 347 冊。

序號	類　目	卷次	序號	類　目	卷次
1	宗藩類	1	2	北虜類（附四夷海防）	2
3	河漕類	3	4	聖學類	4
5	天文類	5	6	地理類	6
7	官制類	7	8	禮制類	8
9	財計類	9	10	兵馬類	10
11	刑法類	11			

《文壇列俎》十卷，明汪廷訥輯。

明萬曆三十五年環翠堂刻本。《四庫全書存目叢書》集部第 348 冊。

序號	類　目	卷次	序號	類　目	卷次
1	經翼〔註158〕	1	2	治資〔註159〕	2
3	鑒林〔註160〕	3	4	史摘〔註161〕	4
5	清尚〔註162〕	5	6	掇藻	6
7	博趣	7	8	別教〔註163〕	8
9	賦則	9	10	詩概	10

《古文奇賞》二十二卷、《續古文奇賞》三十四卷、《三續古文奇賞》二十六卷、《四續古文奇賞》五十三卷、《明文奇賞》四十卷，明陳仁錫選評。

萬曆四十六年至天啓刻本.《四庫全書存目叢書》集部第 352～358 冊。

《古文奇賞》

序號	類　目	卷次	序號	類　目	卷次
1	屈平	1	2	戰國策（《呂覽》、《史記》載後〔註164〕	2
3	漢天子之文〔註165〕	3	4	西漢超絕一代學者之文〔註166〕	4

〔註158〕今所錄者，以闡繹經指爲本，外是有足以洗發見解而其論不根於經者，亦不之採。雖病不能全，要以詔迪芚迷，使經學者睹指識婦，則是編梨然具矣。

〔註159〕錄其最關政要者若干篇，橐於前訓而附以今議。

〔註160〕無如子曰：鑒不在遠而在心亦。今取其立論之極精者用爲心印矣。

〔註161〕摘《春秋左傳》、《史記》、《漢書》敘事議論尤佳者數十篇。

〔註162〕所謂會心不遠者，其清風亦可把也，因錄其概，時莊誦之以祛鄙氣云。

〔註163〕朱子《釋氏論》有云：凡彼言之精者，皆竊取莊列直說爲之，由此言而睹老氏似爲差勝。然論今之老則弊又與釋均矣。大抵二氏之失在倫義周行而儒者顧獨於其微深之言。聰明辨智之徒，苟能讀二氏書必能尊儒道。錄其餘數十百言，儒而爲二氏指者，又數十百言。

〔註164〕東周文、秦文、齊文、楚文、趙文、魏文、韓文、燕文。

〔註165〕西漢：高帝、高后、文帝、武帝、昭帝、宣帝、元帝、成帝、哀帝、傅太后、太后、東漢：光武皇帝、明帝、章帝、和帝、獻帝、季漢：昭烈皇帝、后皇帝、明德馬皇后、和熹鄧皇后。

〔註166〕陸賈《新語》、董仲舒《春秋繁露》、楊雄《太玄經》。

序號	類　目	卷次	序號	類　目	卷次
5	西漢超絕一代才子之文〔註 167〕	5	6	西漢應制之文	6
7	西漢薦舉之文	6	8	西漢郡守相之文	6
9	西漢彈駁之文	6	10	西漢乞休之文	6
11	西漢議禮之文	7	12	西漢皇太子之文	7
13	西漢藩國之文	7	14	西漢災異之文	7
15	西漢籌邊之文	8	16	西漢將帥使絕國之文	8
17	西漢夷虜之文	8	18	西漢議律之文	9
19	西漢訟冤之文	9	20	西漢治河之文	9
21	西漢疢王之文	9	22	西漢策士之文	9
23	西漢奏記之文	9	24	東漢學者之文〔註 168〕	10
25	東漢季漢公卿將相之文（附三國之文〔註 169〕）	11	26	魏文〔註 170〕	12
27	晉文	13	28	宋文	13
29	齊文	13	30	梁文	14
31	陳文	14	32	北齊文	14
33	周文	14	34	隋文	14
35	唐文	15〜20	36	宋文	21〜22

《續古文奇賞》

序號	類　目	卷次	序號	類　目	卷次
1	選經〔註 171〕	1〜3	2	選傳〔註 172〕	4〜9
3	選子〔註 173〕	10〜14	4	選集〔註 174〕	15〜34

〔註 167〕賈誼、《新書》。
〔註 168〕王充《論衡》、徐幹《中論》、荀悅《申鑒》、應邵《風俗通義》、班固《白虎通德論》。
〔註 169〕漢文、魏文、吳文。
〔註 170〕以人敘次。下同
〔註 171〕《武經》、《大戴禮記》。
〔註 172〕《春秋左傳》、《公穀合傳》、《國語》。
〔註 173〕《列子》、《墨子》、《商子》、《管子》、《晏子》、《鶡冠子》。
〔註 174〕《文苑英華》：雜文、賦（天象、歲時、地、帝德、邑居、宮室、苑囿、朝會、祭祀、行幸、軍旅、樂賦（樂和雜技）、飲食、符瑞、認識、述志、射、器用、章服、圖、寶、絲帛、舟車、薪火、紀行、遊覽、哀傷、鳥獸、蟲魚、草木）、制誥、制詔（赦書、德音、冊文、制書、詔敕、批答、蕃書、鐵券文、青詞、歎佛歎道文、策問、策對、判、表、箋、狀、露布、疏、啟、序（文集序、

《三續古文奇賞》

序號	類　目	卷次	序號	類　目	卷次
1	賦〔註175〕	1～4	2	騷	5
3	詔〔註176〕	5	4	敕	5、6
5	冊文	5	6	制〔註177〕	5
7	批答	6	8	疏〔註178〕	6～9
9	表〔註179〕	10	10	狀〔註180〕	10
11	策〔註181〕	11	12	論〔註182〕	11
13	銘	12	14	箴	12
15	戒規	12	16	贊	12
17	書〔註183〕	13～14	18	啓〔註184〕	14
19	記〔註185〕	15	20	序〔註186〕	16～18
21	雜著〔註187〕	19	22	碑〔註188〕	20～23

遊宴序、詩集序、詩序、送餞序（踐送與贈別兩類）、雜序、自序）、論、議、連珠、喻對、頌、贊、銘、傳、記、哀冊哀文、謚議、書、碑、墓誌、行狀、祭文。

〔註175〕天、歲時、地、都、宮殿、苑圃、禮、樂、符瑞、治理、仙、文學、誌、閒適、遊覽、紀行、哀傷、情、器用、茶、寶、絲帛、蟲魚、鳥獸、草木。

〔註176〕詔、策書、教。

〔註177〕招討使制、冊異姓王制、節鎮制、雜制。

〔註178〕遊宴類、端好尚類、警戒類、儆戒類、接下臣類、經筵類、治道類、儲嗣類、外家疏類、辟倖類、宦官類、災異類、禮疏類、選舉類、詮選類、職司、舉訟、彈論、邊事、兵事、度支、救荒、邢禁。

〔註179〕封禪、聽政、太子請、讓謝、讓起復、讓封侯、宰相讓官、節度刺史讓官、文官讓官、致仕類、謝除、遺表、進文章。

〔註180〕謝衣服類。

〔註181〕箋、啓、雜啓、哀策。

〔註182〕論史、論道、名理。

〔註183〕大計、政事、諫諍、論用兵、求通、不遇、敘情、品藻、往復、家誡、論體、論用、論史、雜書、文章。

〔註184〕詩文、謝官、投知。

〔註185〕廳壁、學校、井、田渠、樓、祠廟、園亭、居處、堂、齋、軒、圖畫、書、紀事。

〔註186〕書序、文集、贈送、名字、遊宴、詩、雜序。

〔註187〕經緒、史緒、學緒、政緒、物緒、設論類、自論類、雜文類、雜篇類。

〔註188〕功能、德政、遺愛、嶽瀆、聖賢祠、朝官、藩鎮、高士、婦女。

序號	類　目	卷次	序號	類　目	卷次
23	墓表〔註189〕	23	24	墓誌〔註190〕	23～24
25	行狀	25	26	傳〔註191〕	25
27	祭文〔註192〕	26	28	哀辭〔註193〕	26
29	誄	26			

《四續古文奇賞》

序號	類　目	卷次	序號	類　目	卷次
1	賦	1	2	辭	1
3	詔制	2	4	命令	2
5	哀冊	2	6	發引	2
7	諡議	2	8	疏〔註194〕	3～7
9	表〔註195〕	8～9	10	策問	10
11	策〔註196〕	11	12	論〔註197〕	12～15
13	檄文	16	14	露布	16
15	移文	16	16	公移	16
17	符命	17	18	連珠	17
19	上樑文	15	20	序〔註198〕	18～22
21	記〔註199〕	23～26	22	頌	27～28
23	銘	29	24	箴	29
25	誡	29	26	贊	30

〔註189〕碣類。
〔註190〕大臣、職官、素德、婦人。
〔註191〕勳名、賢雋、節俠、婦人。
〔註192〕祭群神、聖賢、交舊、親屬、婦人。
〔註193〕雜祭、誄。
〔註194〕治道、災祥、宮闈、外家、嬖倖、宦官、禮儀、銓選、職司、用人、舉訟、
　　　　邊事、財計、節儉、刑禁、鹽鐵、好尚、劄子。
〔註195〕辭讓、諫上、薦人、進文、請。
〔註196〕對、雜策。
〔註197〕論經、論治、論史、名理、西漢雜論、《唐書》雜論、五代雜論。
〔註198〕書序、書後、文集、贈送、贈別、名字、宴會、詩賦、雜序。
〔註199〕學校、樓閣、祠廟、城堤、池山、亭、堂記、軒齋、圖畫、詩文、雜。

序號	類　目	卷次	序號	類　目	卷次
27	箋	31	28	對	31
29	議	31	30	啓〔註200〕	32
31	書〔註201〕	33～35	32	諸史〔註202〕	36～37
33	年表	37	34	諸子〔註203〕	38～39
35	七	40	36	雜著〔註204〕	41～43
37	傳〔註205〕	44	38	碑〔註206〕	45～49
39	墓表	50	40	墓誌〔註207〕	51～52

《明文奇賞》

按人序次

《奇賞齋古文匯編》二百三十六卷，明陳仁錫選評。

崇禎七年刻本。《四庫全書存目叢書》集部第 359～365 冊。

序號	類　目	卷次	序號	類　目	卷次
1	選經	1～36	2	選史	37～84
3	選子	85～130	4	選集	131～236
1	周禮	1～3	2	儀禮	4～9
3	大戴禮	10～12	4	水經	13～32
5	太玄經	33～36	以上爲選經		
7	春秋左傳	37～40	8	春秋公穀合傳	41
9	春秋雋	42	10	春秋賞析	43

〔註200〕投知、賀謝。
〔註201〕政事、諫諍、求通、薦賢、品藻、辭薦、往復、家誡、經傳禮樂、文字書、
　　　　藥書、病書、往復雜書。
〔註202〕論贊。
〔註203〕道術、汎論、論性、外篇、明察、賢術、雜篇。
〔註204〕藝緒、物緒、設論。
〔註205〕賢雋、節俠、勳名。
〔註206〕武功、嶽瀆、祠廟、家廟、祠宇、寺院、像塔、僧道、名碩、朝官、藩鎮、
　　　　州縣、將軍、高士、命婦。
〔註207〕職官、將軍、婦女。

序號	類　目	卷次	序號	類　目	卷次
11	春秋辭命	44～45	12	戰國策	46～53
13	國語	54～59	14	越絕書	60～61
15	呂氏春秋	60～69	16	春秋繁露	70～73
17	漢天子之文	74～75	18	應制之文	76
19	薦舉之文	76	20	守相之文	76
21	彈駁之文	77	22	乞休之文	77
23	理財之文	77	24	議理之文	78
25	皇太子之文	78	26	藩國之文	78
27	災異之文	79	28	籌邊之文	79
29	將師之文	80	30	夷虜之文	80
31	議律之文	80	32	訟冤之文	80
33	治河之文	81	34	疢王之文	81
35	策士之文	81	36	奏記之文	81
37	三國之文	82～83		以上為選史	
39	老子	85	40	鬻子	85
41	列子	86	42	莊子	87～89
43	屈子	90	44	管子	91～93
45	韓子	94～96	46	鄧析子	97
47	孫武子	97	48	亢倉子	97
49	子華子	97	50	司馬華	98
51	尹文子	98	52	文子	98
53	商子	99	54	晏子	100
55	墨子	101～102	56	鶡冠子	103
57	荀子	104～105	58	黃石子（《陰符經》附）	106
59	陸子《新語》	107	60	孔叢子	108
61	韓子外傳	108	62	賈子新語	109～110
63	淮南子	111～114	64	桓子鹽鐵論	115
65	劉子說苑	116～118	66	京子易傳	119
67	王子易略例	119	68	揚子法言	120

序號	類　目	卷次	序號	類　目	卷次
69	班子白虎通	121	70	馬子忠經	121
71	徐子中論	121	72	王子論衡	122
73	蔡子獨斷	123	74	應子風俗通	123
75	小荀子	123	76	劉子人物志	124
77	王子潛夫論	124	78	劉子文心雕龍	125～126
79	劉子雜篇	127	80	抱朴子	128
81	文中子	129	82	鹿門子	130
83	玄眞子	130	84	無能子	130
85	天隱子	130	86	齊丘子	130
以上爲選子					
87	賦〔註208〕	131～140	88	詔敕	141
89	詔制	142	90	詔冊	143
91	制書	144	92	哀冊	145
93	諡議	146	94	雜議	147
95	策問	148	96	策對	149～150
97	表	151～155	98	奏疏	156～165
99	判	166	100	檄文	167
101	頌	168	102	銘	169
103	贊	169	104	七	170
105	箴	171	106	誡	171
107	規	171	108	訓	171
109	序	172～181	110	論	182～187
111	記	188～194	112	啓	195～198
113	書	199～208	114	碑	209～218
115	行狀	219	116	傳	220～221
117	墓表	222	118	墓誌	223～226
119	弔古	227	120	祭文	228
121	雜著	229～236	以上爲選集		

〔註208〕細分類別。

《釣臺集》二卷，明楊束編。

中共中央黨校圖書館藏明萬曆十三年刻本。《四庫全書存目叢書》集部第 329
冊。

序號	類　　目	卷次	序號	類　　目	卷次
1	《嚴子陵釣臺圖》《嚴子陵遺像》	1	2	文〔註209〕	2
3	賦	3	4	詩〔註210〕	4
5	聯	4			

《皇明經濟文輯》二十三卷，明陳其愫輯。

首都圖書館藏明天啓七年刻本。《四庫全書存目叢書》集部第 369 冊。

序號	類　　目	卷次	序號	類　　目	卷次
1	聖學	1	2	儲宮	1
3	宗藩	1	4	官制	2
5	財計	3〜6	6	漕輓	7
7	地理	9〜10	8	禮制	11〜12
9	樂律	13	10	兵政	14〜15
11	刑法	16	12	河渠	17
13	工虞	17	14	海防	18
15	九邊	19〜22	16	四夷	23

《古文品外錄》十二卷，明陳繼儒選評。

明刻本。《四庫全書存目叢書》集部第 351 冊。

大致按時代作家先後編次。

《樂府廣序》三十卷，清朱嘉徵編。

清康熙見清遠堂刻本。《四庫全書存目叢書》集部第 385 冊。

卷次	類　　目	收錄作品	卷次	類　　目	收錄作品
1	漢風一	相和六引（闕）、相和曲八曲	16	魏雅一（吳雅附）	鼓吹十二曲、吳鼓吹十二曲（附）
2	漢風二	吟歎曲一曲	17	漢雅二	橫吹四曲
3	漢風三	平調曲四曲	18	漢雅三	雅舞一曲
4	漢風四	清調曲四曲	19	魏雅之變二	雅舞四曲

〔註209〕以時間先後順次排列文章。
〔註210〕以朝代順次編次。

卷次	類　目	收錄作品	卷次	類　目	收錄作品
5	漢風五	瑟調曲十五曲	20	漢雅之變四	雜舞四曲
6	漢風六	楚調曲四曲	21	魏雅之變三	雜舞五曲
7	漢風七	大曲一曲	22	漢頌一	郊祀樂章十九章
8	魏風一	相和六引一曲、相和曲十五曲	23	漢頌二	郊祀樂章十六章
9	魏風二	平調曲時十七曲	24	魏頌一	郊祀樂章三章
10	魏風三	清調曲十七曲	25	漢一	歌詩上
11	魏風四	瑟調曲二十九曲	26	漢二	歌詩中
12	魏風五	楚調曲四曲	27	漢三	歌詩下
13	漢風八	雜曲三十一曲	28	魏一	歌詩
14	魏風六	雜曲二十九曲	29	漢一	琴曲
15	漢雅一	鼓吹二十二曲	30	魏一	琴曲

參考文獻

說明：參考文獻主要分爲兩類：著作類和論文類。著作類包括古籍、研究著作，論文類包括碩士博士學位論文、博士後出站報告、學術期刊論文。各以著者姓氏拼音字母順序排列。

一、著作類

B

1. 北京圖書館編：《北京圖書館古籍善本書目》，書目文獻出版社 1989 年版。

C

1. 蔡士英編：《滕王閣全集》，《四庫全書存目叢書》集部，第 393 冊。
2. 曹之：《中國古籍編撰史》，武漢大學出版社 1999 年版。
3. 晁瑮：《晁氏寶文堂書目》，上海古籍出版社 2005 年版。
4. 陳必祥：《古代散文文體概論》，河南人民出版社 1986 年版。
5. 陳第：《世善堂藏書目錄》，《宋元明清書目題跋叢刊（五）》，中華書局 2006 年版。
6. 陳高華等點校：《元典章》，中華書局、天津古籍出版社 2011 年版。
7. 陳振孫著，徐小蠻、顧美華點校：《直齋書錄解題》，上海古籍出版社 1987 年版。
8. 陳仁錫選評：《古文奇賞》，《四庫全書存目叢書》集部，第 352～353 冊。
9. 陳仁錫選評：《續古文奇賞》，《四庫全書存目叢書》集部，第 353～355 冊。

10. 陳仁錫選評：《三續古文奇賞齋廣文苑英華》，《四庫全書存目叢書》集部，第 355～356 冊。

11. 陳仁錫選評：《四續古文奇賞》，《四庫全書存目叢書》集部，第 356～357 冊。

12. 陳仁錫選評：《明文奇賞》，《四庫全書存目叢書》集部，第 357～358 冊。

13. 陳仁錫選評：《奇賞齋古文匯編》，《四庫全書存目叢書》集部，第 359～365 冊。

14. 陳其愫輯：《皇明經濟文輯》，《四庫全書存目叢書》集部第 369 冊。

15. 陳繼儒選評：《古文品外錄》，《四庫全書存目叢書》集部，第 351 冊。

16. 陳騤、王利器校點：《文則》，人民文學出版社 1960 年版。

17. 陳寅恪：《金明館叢稿二編》，上海古籍出版社 1980 年版。

18. 陳望道：《文法簡論》，上海教育出版社 1978 年版。

19. 陳望道：《修辭學發凡》，上海教育出版社 1997 年版。

20. 陳子龍等輯：《皇明經世文編》，《續修四庫全書》集部，第 1655～1662 冊。

21. 陳克昌編：《麻姑集》，《四庫全書存目叢書》集部，第 304 冊。

22. 程敏政編：《新安文獻志》，《景印文淵閣四庫全書》集部，第 1375～1376 冊。

23. 程敏政：《皇明文衡》，《四部叢刊》初編本，商務印書館 1936 年版。

24. 程章燦：《魏晉南北朝賦史》，江蘇古籍出版社 1993 年版。

25. 褚斌傑：《中國古代文體概論》，北京大學出版社 1997 年版。

26. 儲欣：《唐宋八大家類選》，廣東省中山圖書館藏光緒元年（1875 年）湖北崇文書局刻本。

D

1. 董誥等輯：《皇清文穎續編》，《續修四庫全書》集部，第 1663～1667 冊。

2. 董遵編：《滕王閣集》，《四庫全書存目叢書》集部，第 301 冊。

3. 董斯張輯：《吳興藝文補》，《四庫全書存目叢書》集部，第 376～378 冊。

4. 杜澤遜：《四庫存目標注》，上海古籍出版社 2007 年版。

5. 杜文瀾輯，周紹良整理：《古謠諺》，中華書局 1958 年版。

6. 杜佑：《通典》，中華書局 1988 年標點本。

7. 杜應芳、胡承詔輯：《補續全蜀藝文志》，《續修四庫全書》集部，第 1677 冊。

8. 丁立中撰：《八千卷樓書目》，《海王邨古籍書目題跋叢刊》（第四冊），中國書店 2008 年版。

9. 鄧國光：《摯虞研究》，學衡出版社 1990 年版。

F

1. 范大成撰，陸振岳點校：《吳郡志》，江蘇古籍出版社 1986 年版。

2. 方苞編，王同舟、李瀾校注：《欽定四書文校注》，武漢大學出版社 2009 年版。

3. 方師鐸：《傳統文學與類書之關係》，天津古籍出版社 1986 年版。

4. 傅璇琮：《唐代科舉與文學》，陝西人民出版社 1986 年版。

5. 傅增湘：《藏園群書經眼錄》，中華書局 1983 年版。

6. 傅增湘：《藏園群書題記》，上海古籍出版社 1989 年版。

7. 傅剛：《〈昭明文選〉研究》，中國社會科學出版社 2000 年版。

8. 傅修延：《文本學──文本主義文論系統研究》，北京大學出版社 2004 年版。

9. 傅振商編：《蜀藻幽勝錄》，《四庫全書存目叢書》集部，第 335 冊。

10. 馮惠民、李萬健：《明代書目題跋叢刊》，書目文獻出版社 1994 年版。

11. 馮其庸：《中國古代散文的發展》，北京出版社 1964 年版。

G

1. 高廷愉：《（嘉靖）普安州志》，明嘉靖刻本。

2. 高棅編選：《唐詩品匯》，上海古籍出版社 1982 年版。

3. 郭鈇：《石洞貽芳集》，《四庫全書存目叢書》集部，第 300 冊。

4. 郭英德：《中國古代文體學論稿》，北京大學出版社 2005 年版。

5. 郭預衡：《中國散文史》，上海古籍出版社 2000 年版。

6. 郭茂倩：《樂府詩集》，中華書局 1979 年版。

7. 郭紹虞、王文生編：《中國歷代文論選》，上海古籍出版社 1979 年版。

8. 郭紹虞：《中國文學批評史》，上海古籍出版社 1979 年版。

9. 郭紹虞：《照隅室古典文學論集》，上海古籍出版社 1983 年版。

10. 郭紹虞：《照隅室雜著》，上海古籍出版社 1986 年版。

11. 顧沅：《吳郡文編》，《蘇州文獻叢書》第一輯，上海古籍出版社 2011 年版。

H

1. 賀泰輯：《唐文鑒》，《四庫全書存目叢書補編》，第 11 冊。
2. 賀復徵：《文章辨體匯選》，《景印文淵閣四庫全書》集部，第 1402～1410 冊。
3. 胡松編：《唐宋元名表》，《景印文淵閣四庫全書》集部，第 1382 冊。
4. 何鎮邦：《文體的自覺與抉擇》，人民文學出版社 1995 年版。
5. 何新文：《中國賦論史稿》，開明出版社 1993 年版。
6. 何炯編：《清源文獻》，《四庫全書存目叢書》集部，第 332 冊。
7. 何喬遠輯：《皇明文徵》，《四庫全書存目叢書》集部，第 328～329 冊。
8. 黃宗羲編：《明文海》，中華書局 1987 年版。
9. 黃丕烈著：《蕘圃藏書題識》，上海遠東出版社 1999 年版。
10. 黃虞稷撰，瞿鳳起、潘鄭整理：《千頃堂書目》，上海古籍出版社 2001 年版。
11. 胡應麟：《詩藪》，上海古籍出版社 1979 年版。
12. 胡玉縉撰，吳格整理：《續四庫提要三種》，上海書店出版社 2002 年版。
13. 胡仔纂集，廖德明校點：《苕溪漁隱叢話》，人民文學出版 1962 年版。
14. 胡震亨著：《唐音癸籤》，上海古籍出版社 1981 年版。
15. 弘法大師原撰，王利器校注：《文鏡秘府論校注》，中國社會科學出版社 1983 年版。
16. 洪興祖撰：《楚辭補注》，中華書局 1983 年版。
17. 韓高年：《詩賦文體源流新探》，巴蜀書社 2004 年版。

J

1. 金德琜：《新安文粹》，《四庫全書存目叢書》集部，第 292 冊。
2. 賈三近編：《滑耀編》，《四庫全書存目叢書》集部，第 321 冊。
3. 焦竑：《澹園續集》，金陵叢書本。
4. 蔣伯潛：《文體論纂要》，正中書局 1942 年版。
5. 姜濤：《古代散文文體概論》，山西人民出版社 1990 年版。
6. 姜亮夫：《文學概論講述》，雲南人民出版社 2000 年版。
7. 金開誠、葛兆光：《古詩文要籍敘錄》，中華書局 2005 年版。

L

1. 來裕恂著，高維國、張格注釋：《漢文典注釋》，南開大學出版社 1993 年版。

2. 梁啟超：《中國近三百年學術史》，東方出版社 2012 年版。

3. 李昉等編纂：《文苑英華》，中華書局 1966 年版。

4. 李兆洛選輯：《駢體文鈔》，上海書店 1988 年版。

5. 李士彪：《魏晉南北朝文體學》，世紀出版集團、上海古籍出版社 2004 年版。

6. 李時漸編：《三臺文獻錄》，《四庫全書存目叢書補編》第 14 冊。

7. 李祖陶輯：《國朝文錄》，《續修四庫全書》集部，第 1669～1670 冊。

8. 李祖陶輯：《國朝文錄續編》，《續修四庫全書》集部，第 1671～1672 冊。

9. 李伯璵編：《文翰類選大成》，《四庫全書存目叢書》集部，第 293～296 冊。

10. 李嗣京編：《滕王閣續集》，《四庫全書存目叢書》集部，第 370 冊。

11. 李天麟編：《詞致錄》，《四庫全書存目叢書》集部，第 327 冊。

12. 凌迪知編：《國朝名公翰藻》，《四庫全書存目叢書》集部，第 313～314 冊。

13. 林表民編：《赤城集》，《景印文淵閣四庫全書》集部，第 1356 冊。

14. 林紓著，舒蕪校點：《春覺齋論文》，人民文學出版社 1998 年版。

15. 劉師培著，舒蕪點校：《中國中古文學史·論文雜記》，人民文學出版社 1959 年版。

16. 劉師培：《劉申叔遺書》，江蘇古籍出版社 1997 年版。

17. 劉將孫：《養吾齋集》，《景印文淵閣四庫全書》集部，第 1199 冊。

18. 劉克莊撰，王蓉貴、向以鮮校點，刁忠民審訂：《後村先生大全集》，四川大學出版社 2008 年版。

19. 劉大櫆、吳德旋、林紓撰：《論文偶記》，人民文學出版社 1959 年版。

20. 劉克莊撰，王秀梅點校：《後村詩話》，中華書局 1983 年版。

21. 劉師培著，舒蕪校點：《中國中古文學史論文雜記》，人民文學出版社 1998 年版。

22. 劉世生、朱瑞青編著：《文體學概論》，北京大學出版社 2006 年版。

23. 劉向撰，向宗魯校證：《說苑校證》，中華書局 1987 年版。

24. 劉勰著，詹鍈義證：《文心雕龍義證》，上海古籍出版社 1989 年版。

25. 劉振東：《中國古代散文發展史》，中州古籍出版社 1991 年版。

26. 龍啓瑞:《經德堂文集》,《續修四庫全書》集部,第 1541 冊。

27. 雷夢水著:《古籍經眼錄》,齊魯書社 1984 年版。

28. 羅大經撰,王瑞來點校:《鶴林玉露》,中華書局 1983 年版。

29. 羅根澤:《中國文學批評史》,上海古籍出版社 1984 年版。

30. 羅根澤:《樂府文學史》,東方文學社 1996 年版。

31. 羅宗強著:《魏晉南北朝文學思想史》,中華書局 2006 年版。

32. 駱鴻凱:《文選學》,中華書局 1989 年版。

33. 羅大經撰,王瑞來點校:《鶴林玉露》,中華書局 1983 年版。

34. 黎庶昌:《續古文辭類纂》,《續修四庫全書》集部,第 1610 冊。

35. 陸心源:《皕宋樓藏書志》,《宋元明清善本書目題跋叢刊》(第十冊),中華書局 2006 年版。

36. 陸葇評選《歷朝賦格》,《四庫全書存目叢書》集部,第 399 冊。

37. 魯銓、鍾英修,洪亮吉、施晉纂:《嘉慶寧國府志》,《中國地方志集成(安徽府縣志輯)》,江蘇古籍出版社、上海書店、巴蜀書社 1998 年版。

38. 呂祖謙編,齊治平點校:《宋文鑒》,中華書局 1992 年版。

39. 逯欽立輯:《先秦漢魏晉南北朝詩》,中華書局 1983 年版。

M

1. 馬端臨:《文獻通考》,中華書局 1991 年版。

2. 馬守中:《中國古代詩歌體裁概論》,吉林大學出版社 1988 年版。

3. 馬建智:《中國古代文體分類研究》,中國社會科學出版社 2008 年版。

4. 梅鼎祚編:《皇霸文紀》,《景印文淵閣四庫全書》集部,第 1396 冊。

5. 梅鼎祚編:《西漢文紀》,《景印文淵閣四庫全書》集部,第 1396 冊。

6. 梅鼎祚編:《東漢文紀》,《景印文淵閣四庫全書》集部,第 1397 冊。

7. 梅鼎祚編:《西晉文紀》,《景印文淵閣四庫全書》集部,第 1398 冊。

8. 梅鼎祚編:《宋文紀》,《景印文淵閣四庫全書》集部,第 1398 冊。

9. 梅鼎祚編:《梁文紀》,《景印文淵閣四庫全書》集部,第 1399 冊。

10. 梅鼎祚編:《陳文紀》,《景印文淵閣四庫全書》集部,第 1399 冊。

11. 梅鼎祚編:《北齊文紀》,《景印文淵閣四庫全書》集部,第 1400 冊。

12. 梅鼎祚編:《南齊文紀》,《景印文淵閣四庫全書》集部,第 1399 冊。

13. 梅鼎祚編:《後周文紀》,《景印文淵閣四庫全書》集部,第 1400 冊。

14. 梅鼎祚編:《隋文紀》,《景印文淵閣四庫全書》集部,第 1400 冊。

15. 梅鼎祚編:《釋文紀》,《景印文淵閣四庫全書》集部,第 1400～1401 冊。

16. 梅鼎祚編：《古樂苑》，《景印文淵閣四庫全書》集部，第 1395 冊。

17. 梅淳：《岳陽紀勝彙編》，《四庫全書存目叢書》集部，第 321 冊。

18. 茅坤編：《唐宋八大家文鈔》，《景印文淵閣四庫全書》集部，第 1383～ 1384 冊。

19. 莫友芝撰，傅增湘訂補：《邵亭知見傳本書目》，中華書局 1993 年版。

20. 繆荃孫撰：《清人書目題跋叢刊》之七《藝風堂藏書記》，中華書局 1993 年版。

P

1. 彭元瑞等撰：《天祿琳琅書目》、《天祿琳琅書目後編》，《清人書目題跋從刊》（十），中華書局 1995 年版。

2. 彭定求等：《全唐詩》，中華書局 1960 年版。

3. 彭玉平：《詩文評的體性》，北京大學出版社 2012 年版。

Q

1. 錢曾撰，丁瑜點校：《讀書敏求記》，書目文獻出版社 1984 年版。

2. 錢鍾書：《管錐編》，中華書局 1979 年版。

3. 錢鍾書：《談藝錄》，中華書局 1984 年版。

4. 秦白秀：《文體學概論》，湖南教育出版社 1986 年版。

5. 慶桂：《國朝宮史續編》，《續修四庫全書》史部，第 825 冊。

6. 全祖望：《鮚埼亭集外編》，《四部從刊》初編本。

R

1. 阮元校刻：《十三經注疏》，中華書局 1980 年版。

2. 任昉撰，陳懋仁注：《文章緣起》，《景印文淵閣四庫全書》集部，第 1478 冊。

3. 任遂虎：《文體價值論》，青海人民出版社 1996 年版。

4. 阮升基：《（嘉慶）宜興縣志》，成文出版社 1970 年版。

5. 阮元撰，王愛亭、趙嬿點校，杜澤遜審定：《文選樓藏書記》，上海古籍出版社 2009 年版。

S

1. 沈易：《五倫詩》，《四庫全書存目叢書》集部，第 290 冊。

2. 沈立岩：《先秦語言活動之形態觀念及其文學意義》，人民出版社 2005 年版。

3. 沈粹芬、黃人等輯：《國朝文匯》，《續修四庫全書》集部，第 1672～1676 冊。

4. 孫星衍輯：《續古文苑》，《續修四庫全書》集部，第 1609 冊。

5. 蘇易簡：《文選雙字類要》，《四庫全書存目叢書》子部，第 166 冊。

6. 蘇軾著，孔凡禮點校：《蘇軾文集》，中華書局 1986 年版。

7. 蘇天爵：《元文類》，《景印文淵閣四庫全書》集部，第 1367 冊。

8. 孫梅：《四六叢話》，人民文學出版社 2010 年版。

9. 孫祖同著：《盧靜齋宋元明本書目》，上海圖書館藏 1960 年油印本。

10. 孫殿起、雷夢水著：《販書偶記續編》，上海古籍出版社 1980 年版。

11. 孫殿起著：《販書偶記》，上海古籍出版社 1982 年版。

12. 申丹：《敘述學與小說文體學研究》，北京大學出版社 2004 年版。

13. 上海圖書館編：《中國叢書綜錄》，上海古籍出版社 1982 年版。

T

1. 唐庚：《眉山文集》，《景印文淵閣四庫全書》集部，第 1124 冊。

2. 唐天麟：《至元嘉禾志》，《宋元方志叢刊》（第 5 冊），中華書局 1990 年版。

3. 唐順之：《文編》，《景印文淵閣四庫全書》集部，第 1377～1378 冊。

4. 陶東風：《文體演變及其文化意味》，雲南人民出版社 1994 年版。

5. 童慶炳：《文體與文體的創造》，雲南人民出版社 1994 年版。

W

1. 汪森編輯、黃盛陸等校點：《粵西文載》，廣西人民出版社 1990 年版。

2. 王立道：《具茨文集》，《景印文淵閣四庫全書》集部，第 1277 冊。

3. 王先謙撰，沈嘯寰、王星賢點校：《荀子集解》，中華書局 1988 年版。

4. 汪廷訥編：《文壇列俎》，《四庫全書存目叢書》集部，第 348 冊。

5. 王應麟：《玉海》，江蘇古籍出版社、上海書店 1987 年版。

6. 王錫爵、沈一貫輯：《增定國朝館課經世宏辭》，《四庫全書存目叢書補編》，第 18 冊。

7. 王錫爵、陸翀之輯：《皇明館課經世宏辭》，《四庫禁燬書叢刊》，第 92～93 冊。

8. 王恕輯，沈詔增刪：《石鍾山集》，《四庫全書存目叢書補編》，第 75 冊。

9. 王志堅編：《四六法海》，《景印文淵閣四庫全書》集部，第 1394 冊。

10. 王先謙輯：《續古文辭類纂》，《續修四庫全書》集部，第 1610 冊。

11. 王昶輯：《湖海文傳》，《續修四庫全書》集部，第 1668～1669 冊。

12. 魏徵、令狐德棻：《隋書》，中華書局 1973 年版。

13. 吳承學：《晚明小品研究》，江蘇古籍出版社 1998 年版。

14. 吳承學：《中國古代文學風格學》，北京大學出版社 2011 年版。

15. 吳承學：《中國古代文體學研究》，人民出版社 2011 年版。

16. 吳承學：《中國古代文體形態研究》，北京大學出版社 2012 年版。

17. 吳曾祺：《涵芬樓古今文鈔》，商務印書館 1910 年版。

18. 吳訥：《文章辨體》，《四庫全書存目叢書》集部，第 291 冊。

19. 吳訥撰、於北山校點：《文章辨體序說》，人民文學出版社 1982 年版。

20. 吳曾祺：《涵芬樓古今文鈔》，上海商務印書館 1911 年版。

21. 王重民：《中國善本書提要》，上海古籍出版社 1983 年版。

22. 王重民：《中國善本書提要補編》，北京圖書館出版社 1997 年版。

23. 王凱符：《古代文章學概論》，武漢大學出版社 1983 年版。

24. 王立群：《〈文選〉成書研究》，商務印書館 2005 年版。

25. 王齊洲：《中國文學觀念論稿》，湖北教育出版社 2003 年版。

26. 王瑤：《中古文學史論》，北京大學出版社 1998 年版。

27. 王運熙：《漢魏樂府詩》，上海古籍出版社 1986 年版。

28. 王運熙：《樂府詩述論》，上海古籍出版社 1996 年版。

29. 王運熙、顧易生主編：《中國文學批評史新編》，復旦大學出版社 2001 年版。

30. 王運熙：《漢魏六朝唐代文學論叢》，復旦大學出版社 2002 年版。

31. 王之望：《文學風格論》，學海出版社 2004 年版。

X

1. 謝枋得：《文章軌範》，《景印文淵閣四庫全書》集部，第 1359 冊。

2. 蕭統編，李善等注：《文選》，中華書局 1987 年版。

3. 徐師曾：《文體明辯》，《四庫全書存目叢書》集部，第 310～312 冊。

4. 徐師曾著，羅根澤校點：《文體明辨序說》，人民文學出版社 1962 年版。

5. 徐松輯：《宋會要輯稿》，中華書局 1957 年版。

6. 徐興華：《中國古代文體總覽》，瀋陽出版社 1994 年版。

7. 許逸民編:《唐鈔文選集注匯存》,上海古籍出版社 2000 年版。

8. 許學夷撰,杜維沫校點:《詩源辨體》,人民文學出版社 1987 年版。

9. 許嘉璐:《古代文體常識》,中華書局 2013 年版。

10. 許槤評選、黎經誥注:《六朝文絜箋注》十二卷,《續修四庫全書》集部,第 1611 冊。

11. 薛鳳昌:《文體論》,商務印書館 1947 年版。

12. 熊禮匯:《中國古代散文藝術史論》,湖北人民出版社 2005 年版。

13. 續修四庫全書總目提要編纂委員會:《續修四庫全書總目提要·集部》,上海古籍出版社 2015 年版。

Y

1. 楊啓高:《中國文學體例談》,南京書店 1930 年版。

2. 楊秉琪:《古代散文體裁簡論》,內蒙古人民出版社 1986 年版。

3. 楊慶存:《宋代散文研究》,人民文學出版社 2002 年版。

4. 楊守敬:《日本訪書志》,《宋元明清善本書目題跋叢刊》(第十九冊),中華書局 2006 年版。

5. 楊仲義:《中國古代詩體簡論》,中華書局 1997 年版。

6. 楊士奇:《東里續集》,《景印文淵閣四庫全書》集部,第 1358 冊。

7. 楊儀編:《驪珠隨錄》,《四庫全書存目叢書》集部,第 304 冊。

8. 楊瞿崍編:《嶺南文獻軌範補遺》,《四庫全書存目叢書》集部,第 335 冊。

9. 楊束編:《釣臺集》,《四庫全書存目叢書》集部,第 329 冊。

10. 葉廷琯輯:《金文最拾遺》,《續修四庫全書》集部,第 1654 冊。

11. 葉翼編:《餘姚海隄集》,《四庫全書存目叢書》集部,第 289 冊。

12. 嚴可均輯:《全上古三代秦漢三國六朝文》,中華書局 1987 年版。

13. 嚴羽著,郭紹虞校釋:《滄浪詩話校釋》,人民文學出版社 1983 年版。

14. 姚振宗:《漢書藝文志拾補》,《二十五史補編》本,中華書局 1955 年版。

15. 姚名達:《中國目錄學史》,商務印書館 1936 年版。

16. 姚鼐選纂,宋晶如、章榮注釋:《古文辭類纂》,中國書店 1986 年版。

17. 姚鼐:《正續古文辭類纂》,浙江古籍出版社(據民國戊午年(公元 1917 年)上海會文堂書局依滁州李氏求要堂精校印本影印)1998 年版。

18. 姚鉉:《唐文粹》,《四部叢刊》初編本。

19. 姚永樸:《文學研究法》,商務印書館 1916 年版。

20. 永瑢等:《四庫全書總目》,中華書局 1965 年版。

21. 袁說友編、趙玉蘭整理：《成都文類》，上海古籍出版社 2011 年版。

22. 葉德輝：《書林清話》，中華書局 1957 年影印本。

23. 余嘉錫：《四庫提要辨證》，中華書局 1980 年版。

24. 於景祥：《唐宋駢文史》，遼寧人民出版社 1991 年版。

25. 于敏中：《天祿琳琅書目》，《宋元明清善本書目題跋叢刊》（第十七冊），中華書局 2006 年版。

26. 嚴可均校輯：《全上古三代秦漢三國六朝文》，中華書局 1958 年版。

27. 袁行霈：《中國文學史》，高等教育出版社 1999 年版。

28. 俞樾：《春在堂雜文（四編）》，《清代詩文集彙編》，上海古籍出版社 2010 年版。

29. 余嘉錫：《四庫提要辨證》，中華書局 1980 年版。

Z

1. 查志隆編：《宋文鈔》，《四庫全書存目叢書》集部，第 314 冊。

2. 章如愚：《山堂考索續集》，中華書局 1992 年版。

3. 章太炎撰，陳平原導讀：《國故論衡》，上海古籍出版社 2003 年版。

4. 章學誠撰，葉瑛校注：《文史通義校注》，中華書局 2005 年版。

5. 張相：《古今文綜》，中華書局民國十一年本。

6. 張國淦：《中國古方志考》，中華書局 1962 年版。

7. 張廷玉等：《明史》，中華書局 1974 年版。

8. 張英、王士禛等編：《御定淵鑒類函》，《景印文淵閣四庫全書》子部，第 982 冊。

9. 張金吾輯：《金文最》，《續修四庫全書》集部，第 1654 冊。

10. 張鳴珂輯：《國朝駢體正宗續編》，《續修四庫全書》集部，第 1668 冊。

11. 張時徹編：《明文範》，《四庫全書存目叢書》集部，第 302～303 冊。

12. 張之象編：《彤管新編》，《四庫全書存目叢書補編》，第 13 冊。

13. 張邦翼輯：《嶺南文獻》，《四庫全書存目叢書補編》，第 21～22 冊。

14. 張文炎編：《國朝名公經濟文鈔》，《四庫全書存目叢書》集部，第 347 冊。

15. 張壽康：《文章學概論》，山東教育出版社 1983 年版。

16. 張滌華：《古代詩文總集選介》，上海古籍出版社 1985 年版。

17. 張毅：《文學文體概說》，中國人民大學出版社 1993 年版。

18. 張伯偉：《中國古代文學批評方法研究》，中華書局 2002 年版。

19. 張德祿：《功能文體學》，山東教育出版社 1998 年版。

20. 張少康等：《文心雕龍研究史》，北京大學出版社 2001 年版。

21. 張舜徽：《四庫提要敘講疏》，雲南人民出版社 2005 年版。

22. 章樵注，李錫齡輯：《古文苑》，清光緒二十二年長沙重刊本。

23. 真德秀：《文章正宗》，《景印文淵閣四庫全書》集部，第 1355 冊。

24. 曾國藩纂，孫雍長標點：《經史百家雜鈔》，嶽麓書社 1987 年版。

25. 鄭樵：《通志》，中華書局 1987 年版。

26. 鄭樵撰，王樹民點校：《通志二十略》，中華書局 1959 年版。

27. 鍾濤：《六朝駢文形式及其文化意蘊》，東方出版社 1997 年版。

28. 周中孚：《鄭堂讀書記》，商務印書館 1958 年版。

29. 周振甫：《中國文章學史》，江蘇教育出版社 2006 年版。

30. 周應治：《廣廣文選》，《四庫全書存目叢書補編》，第 19 冊。

31. 朱長文撰，金菊林校點：《吳郡圖經續記》，江蘇古籍出版社 1999 年版。

32. 祝堯：《古賦辯體》，《景印文淵閣四庫全書》集部，第 1366 冊。

33. 祝尚書：《宋人總集敘錄》，中華書局 2004 年版。

34. 趙憲章：《文體與形式》，人民文學出版社 2004 年版。

35. 趙憲章編：《漢語文體與文化認同研究》，中華書局 2008 年版。

36. 曾燠輯：《國朝駢體正宗》，《續修四庫全書》集部，第 1668 冊。

37. 鄭太和編：《麟溪》，《四庫全書存目叢書》集部，第 289 冊。

38. 朱栩輯：《文章類選》，《四庫全書存目叢書》集部，第 290 冊。

39. 周復俊編：《全蜀藝文志》，《景印文淵閣四庫全書》集部，第 1381 冊。

40. 中國書店編：《中國書店三十年所收善本書目》，中國書店 1982 年版。

41. 中國古籍善本書目編輯委員會編：《中國古籍善本書目》，上海古籍出版社 1989 年版。

42. 中國社會科學院圖書館編：《續修四庫全書總目提要（稿本）》，齊魯書社 1996 年版。

二、論文類

C

1. 曹虹：《異轍合軌：清人賦予「古文辭」概念的混成意趣》，《文學遺產》 2015 年第 4 期。

2. 陳正宏：《〈明文海〉與黃宗羲明文研究中的兩重性》，《中國文學研究》 1999 年第 1 輯。

3. 陳劍暉：《中國文體研究的演變、特徵與方法論問題》，《福建論壇·人文社會科學版)》2012 年第 10 期。

4. 程民生：《略論宋代地域文化》，《歷史研究》1995 年第 1 期。

5. 崔軍紅：《論魏晉南北朝時期總集編纂文體分類之關係》，《圖書館理論與實踐》2010 年第 10 期。

6. 常恆暢：《儲欣及其〈唐宋八大家類選〉》，《學術研究》2013 年第 4 期。

D

1. 董芬芬：《春秋辭令的文體研究》，西北師範大學博士學位論文，2006 年。

2. 杜海軍：《「唐宋八大家」緣起》，《江海學刊》2003 年第 6 期。

G

1. 高黛英：《〈古文辭類纂〉的文體學貢獻》，《文學評論》2005 年第 5 期。

2. 郭紹虞：《提倡一些文體分類學》，《復旦學報 (社會科學版)》1981 年第 1 期。

3. 郭英德：《論中國古代文體分類的生成方式》，《學術研究》2005 年第 1 期。

4. 郭英德：《由行爲方式向文本方式的變遷──論中國古代文體分類的生成方式》，《陝西師範大學學報 (哲學社會科學版)》2005 年第 1 期。

5. 郭英德：《中國古代文體分類芻議》，《中山大學學報 (社會科學版)》2005 年第 3 期。

6. 郭英德：《中國古代文體形態學論略》，《求索》2001 年第 5 期。

7. 郭英德：《黃宗羲明文總集的編纂與流傳──兼論清前期編選明代詩文總集的文化意義》，《鄭州大學學報 (社會科學版)》2000 年第 4 期。

H

1. 黃燕生：《宋代的地方志》，《史學史研究》1984 年第 3 期。

2. 何詩海：《從文章總集看清人的文體分類思想》，《中山大學學報 (社會科學版)》2012 年第 1 期。

3. 何詩海：《明清文體學研究的學術空間》，《文學遺產》2011 年第 3 期。

4. 何新文：《從〈詩賦略〉到〈文集錄〉──論兩漢魏晉北南北朝文學目錄的發展變化》，《湖北大學學報 (哲學社會科學版)》1996 年第 2 期。

5. 何新文、劉國民：《「集部」的確立和「文類」的產生──論隋唐宋代文學目錄的發展變化》，《湖北大學學報 (哲學社會科學版)》1999 年第 6 期。

6. 何新文:《論元明清時代的文學目錄(哲學社會科學版)》,《湖北大學學報(哲學社會科學版)》2000 年第 6 期。

7. 何新文:《從「辭賦不分」到「以賦論賦」——古代賦文體論述的發展趨勢及當代啓示》,《文學遺產》2015 年第 2 期。

8. 洪偉、曹虹:《清代駢文總集編纂述要》,《古代文獻研究》2010 年第 13 輯。

9. 洪本健:《從韓柳歐蘇文看唐宋文的差異》,《文史哲》1990 年第 3 期。

10. 胡吉星:《作爲文體的頌讚與中國美頌傳統的形成》,暨南大學博士學位論文,2009 年。

11. 胡元德:《古代公文文體流變論述》,南京師範大學博士學位論文,2006 年。

J

1. 蔣瑜:《唐頌略論》,四川大學碩士學位論文,2006 年。

2. 江慶柏:《清代的文選學》,《華南師範大學學報(社會科學版)》1987 年第 3 期。

3. 金振邦:《略論中國古代文體分類》,《東北師大學報(哲學社會科學版)》1989 年第 4 期。

L

1. 李弘毅:《〈文章正宗〉的成書、流傳及文化價值》,《西南師範大學學報(哲學社會科學版)》1997 年第 2 期。

2. 李光輝:《〈墨子〉成書年代及著者考證綜述》,《殷都學刊》2006 年第 4 期。

3. 李曉紅:《中國古代詩歌文體研究》,中山大學博士學位論文,2010 年。

4. 李長徽:《〈文心雕龍〉文體論研究》,山東大學博士學位論文,2001 年。

5. 劉成國:《宋代學記研究》,《文學遺產》2007 年第 4 期。

6. 劉家榮:《文體學方法論》,《西南師範大學學報(人文社會科學版)》2004 年第 3 期。

7. 劉湘蘭:《中國古代散文文體概論》,中山大學博士後研究工作報告,2007 年。

8. 柳燕:《傳統目錄著作中總集類發展史略》,《海南大學學報(人文社會科學版)》2011 年第 3 期。

9. 陸銀湘:《〈詩經〉「頌」詩的研究》,暨南大學碩士學位論文,2002 年。

10. 駱兆平：《〈明文案〉〈明文海〉稿本述略》，《文獻》1987 年第 2 期。

11. 呂雙偉：《清代駢文理論研究》，浙江大學博士學位論文，2006 年。

M

1. 馬建智：《中國古代文體分類理論研究》，四川大學博士學位論文，2005 年。

2. 孟偉：《清人編選的文章選本與文學批評研究》，復旦大學博士學位論文，2006 年。

3. 孟偉：《清人所編清代駢文總集的文獻價值與文學批評意義》，《古籍整理研究學刊》2015 年第 4 期。

N

1. 俰榮本：《論文學史的文體分類及其流變》，《江海學刊》1999 年第 3 期。

P

1. 潘慧瓊：《南朝文體分類的思維特點》，《南京理工大學學報（社會科學版）》2007 年第 5 期。

2. 潘曉泉：《文體演變的內在動力》，《江淮論壇》1990 年第 2 期。

Q

1. 錢志熙：《論中國古代的文體學傳統——兼論古代文學文體研究的對象與方法》，《北京大學學報（哲學社會科學版）》2004 年第 5 期。

2. 錢志熙：《再論古代文學文體學的內涵與方法》，《中山大學學報（社會科學版）》2005 年第 3 期。

3. 渠曉雲：《中國古代散文概念的變遷及散文範疇的界定》，《上海大學學報（社會科學版）》2006 年第 4 期。

R

1. 任競澤：《〈文章正宗〉「四分法」的文體分類史地位》，《北方論叢》2011 年第 6 期。

2. 任競澤：《宋人總集編纂的文體學貢獻和文學史意義》，《學術探索》2010 年第 2 期。

3. 阮忠：《前散文時代的文化思潮與散文的萌生》，《華中師範大學學報（人文社會科學版）》2001 年第 3 期。

4. 閔清景:《文體特徵與文化認知》,《河南師範大學學報(哲學社會科學版)》2008 年第 1 期。

S

1. 施懿超:《總集類宋四六文敘錄》,《中國典籍與文化》2006 年第 3 期。
2. 沈國芳:《文體發展三律論》,《南京師大學報 (社會科學版)》1994 年第 4 期。
3. 孫小力:《論中國古代的文體分類觀》,《上海大學學報 (社科版)》1994 年第 4 期。
4. 孫振玉:《山東大學圖書館藏〈風雅翼〉敘錄》,《古籍整理研究學刊》2011 年第 6 期。

T

1. 童正倫:《〈明文海〉的編纂與傳本》,《文獻》2003 年第 2 期。

W

1. 王齊洲:《文筆之分與六朝文學觀念》,《南京師範大學文學院學報》2002 年第 2 期。
2. 王齊洲:《雅俗觀念的演進與文學形態的發展》,《中國社會科學》2005 年第 3 期。
3. 王運熙:《總集與選本》,《古典文學知識》2004 年 5 月。
4. 吳承學、陳贇:《對「文本於經」說的文體學考察》,《學術研究》2006 年第 1 期。
5. 吳承學、何詩海:《賀復徵與〈文章辨體匯選〉》,《學術研究》2005 年第 5 期。
6. 吳承學、李曉紅:《任昉〈文章緣起〉考論》,《文學遺產》2007 年第 4 期。
7. 吳承學、沙紅兵:《中國古代文體學學科論綱》,《文學遺產》2005 年第 1 期。
8. 吳承學、沙紅兵:《中國古代文體學研究展望》,《中山大學學報 (社會科學版)》2005 年第 3 期。
9. 吳承學:《文體形態:有意味的形式》,《學術研究》2001 年第 4 期。
10. 吳承學:《中國古代文體風格學的歷史發展》,《中山大學學報 (社會科學版)》1993 年第 1 期。

11. 吳承學：《清代文章研究的歷史與現狀》，《文學遺產》2006 年第 1 期。

12. 吳承學：《明代文章總集與文體學──以〈文章辨體〉等三部總集爲中心》，《文學遺產》2008 年第 6 期。

13. 吳承學：《宋代文章總集的文體學意義》，《中國社會科學》2009 年第 2 期。

14. 吳承學、何詩海：《〈古文辭類纂〉編纂體例之文體學意義》，《北京大學學報（哲學社會科學版）》2015 年第 3 期。

X

1. 郗文倩：《文體功能──中國古代文體分類的基本參照標準》，《福建師範大學學報（哲學社會科學版）》2009 年第 6 期。

2. 郗文倩：《中國古代文體功能研究──以漢代文體爲中心》，河北大學博士學位論文 2007 年。

3. 夏靜：《眞德秀文學思想論》，《北方論叢》2007 年第 2 期。

4. 徐豔：《晚明小品文體研究》，復旦大學博士學位論文，2003 年。

5. 許結：《歷代賦集與賦學批評》，《南京大學學報（哲學・人文科學・社會科學）》2001 年第 6 期。

6. 薛慧卿：《中國方志源流探論》，《河南社會科學》2003 年第 6 期。

Y

1. 楊春燕：《清代文體分類論》，《長沙大學學報》1998 年 9 月第 3 期。

2. 楊東林：《漢魏六朝文體論與文體觀念的演變》，中山大學博士學位論文，2004 年。

3. 葉素青：《文體分類趨向論──兼爲「師範文體」正名》，《福建師範大學學報（哲學社會科學版）》1991 年第 2 期。

4. 欒棟：《説「文」》，《文學評論》2007 年第 4 期。

5. 于雪棠：《先秦兩漢文體研究》，北京師範大學博士後研究工作報告，2002 年。

6. 余恕誠：《中國古代散文發展述論》，《安徽師範大學學報（人文社會科學版）》2005 年第 2 期。

Z

1. 張海鷗、孫耀斌：《〈論學繩尺〉與南宋論體文及南宋論學》，《文學遺產》2006 年第 1 期。

2. 張劍華：《論「總集」的演變》,《晉圖學刊》2010 年 1 月第 1 期。

3. 張新科：《漢賦在明代的經典話途徑》,《文學評論》2012 年第 3 期。

4. 張巍：《論唐宋時期的類編詩文集及其與類書的關係》,《文學遺產》2008 年第 3 期。

5. 趙敏俐：《漢代樂府官署興廢考論》,《文獻》2009 年第 3 期。

6. 趙嘉善：《明清科舉與文學》,《上海師範大學學報》1992 年第 1 期。

7. 曾軍：《從經史到文苑——「記」之文體內涵的源流及變遷》,《江漢大學學報（人文科學版）》2007 年 2 月期。

8. 曾主陶：《論文章分類學》,《圖書館建設》1988 年第 4 期。

9. 朱廣成：《古今散文概念與文體的發展》,《杭州師範學院學報（社會科學版）》1994 年第 5 期。

10. 朱迎平：《單體總集編纂的文體學意義——以唐宋元時期爲例》,《中山大學學報（社會科學版）》2013 年第 5 期。

11. 左楊：《晚明題跋分類與文體觀念的呈現——以晚明三部重要選本爲中心》,《北方論叢》2014 年第 4 期。

後　記（一）

　　以前讀書，尤喜後記，因為那裡，總有直抵作者內心世界的文字。於我而言，後記的沉重，不亞於一個城市的記憶。第一次後記，我在南下的火車上憶著安慶的龍山鳳水；第二次後記，廣州康樂園的紅樓疊影已漸行漸遠；這一次寫完，再回珞珈是何年？

　　本研究報告是博士論文《宋元文章總集分體與分類研究》的邏輯延伸。明清文章總集存世數量極大，一一為其整理敘錄實屬不易。開題答辯時面對諸位老師的質疑，我當時信心滿滿。《文心雕龍》有云：「方其搦翰，氣倍辭前，既乎篇成，半折心始」。如今，原先設計的明清文章總集分類敘錄最後只得以表格形式呈現，好在整體內容框架之前已大致設計好，添磚加瓦之功勉強過關。種種遺憾，期待日後一一彌補。

　　能夠進入武漢大學文學院博士後流動站工作，跟隨尚永亮教授繼續學習，走過一段對我來說特別重要的道路，這是難得的幸運。我曾想，若不是先生一再堅持、極力督促，我斷不會如此順利地通過層層申報審核，最後落戶珞珈。在我之前，先生已經四年未曾接收博士後流動人員。博士師弟成松曾私下概括先生教授學生的方式是「放而不任」、「寬而有容」，而於我，更是加倍。僅從研究報告選題確立來看，先生就給予我最大限度的自由和信任，讓我按照自己的興趣所在和研究專長來展開。兩年中，從考核簽字到項目申請，從進站開題到出站答辯，先生一次次為我排憂解難，答疑解惑。翻看郵箱中先生與我的往復信件，字裏字外的鼓勵關愛之情，讓我倍感溫暖。因婚姻家庭關係，先是往返於武漢、銅陵之間，又後輾轉至咸陽，分散我不少學習時間精力，先生一直在背後默默支持理解。從進站伊始，先生就一直心繫

我出站去向，爲此曾多次徵求我的意願。凡先生出行交流之際，定多方留意打探，最終在先生的推薦下得以任職陝西師範大學文學院。在此，向先生致以最誠摯的感謝。

承蒙武漢大學文學院中國古代文學教研室王兆鵬教授、曹建國教授、譚新紅教授、程芸教授關愛，諸位先生不辭辛苦，爲我主持開題答辯；感謝王兆鵬先生爲我的博後面上基金項目撰寫專家推薦信，又就我國家社科基金申請書提出寶貴的修改建議。汪超師兄不嫌我資質駑鈍，邀我參與國家社科青年項目和武漢大學自主科研項目；同門師兄葛剛岩，師姐趙舒，師弟龍成松、張任，師妹趙雅娟、段亞青、谷維佳、劉曉、毛梅清對我照顧有加，在此一併感謝。

感謝我的博士導師吳承學先生和碩士導師方錫球先生，感謝彭玉平先生和張海鷗先生你們在我畢業之後依然心繫我的學習科研、生活工作；承蒙博士師兄王法敏、何詩海、張鵬飛，師姐劉湘蘭、張慕華、李曉紅，悉心關愛、督促鼓勵，讓我在溫馨的學習生活中完成出站報告；感謝蔣鵬舉師姐在繁忙的工作之際一直關心我的工作去向，並積極引薦，最終修成正果。感謝身邊那些不離不棄的朋友同學，是你們在我艱苦的歲月裏不停歇地戲謔、鼓勵和不留情面的打擊，讓我倔強而頑強地成長。

博士畢業後，四年異地戀有了一個短暫的結束。不久後我來武大就職，依然異地。爲遷就我的工作去向，妻子毅然辭去省重點高中的編制，工作五年後再次回歸校園讀書，期間又經歷結婚生子，各種艱辛冷暖，難與他人道說。對此，我深懷愧疚與感激。女兒令識的出生，讓我更好地理解了我們所生活的世界。初爲父母，慌亂之中難免照顧不周，月初我回武漢後，令識因肺炎住院，家長不得探視，至今仍在監護之中。祈禱你早日康復，對世界永遠保持一種溫暖的感受並永遠致力於它的溫暖與美好。感恩父母兄弟和岳父一家人，你們的關愛是我前進的動力，雖相隔萬里，我時刻祈禱你們健康平安，你們的存在始終是這個世界於我的重要意義。

武漢大學鯤鵬廣場的雕塑基座上刻有「北冥深廣，鯤翼垂天，雲搏九萬，水擊三千」字樣。莊子「逍遙」，可望未必可求，但求永不言棄，扶搖直上。是爲記。

2016 年 5 月於珞珈山

後　記（二）

　　連綿數日的夏雨再次侵襲長安，消退了一些酷暑，送走了很多學生，迎來了繁忙期末。我也在這幾天裡完成此書的清樣校對。兩年前，一如這樣的雨夜，我完成了出站報告的撰寫。文學院曾請李中華、張三夕、何新文諸先生審閱、評議，獲得了很多溫情的鼓勵和寶貴的意見。專家們的批評建議開拓了我的思路，也給我很多的啓發，從而更清晰透徹地認識到自己的不足。我對諸位先生懷有深深的感激。

　　不久後，我告別珞珈山，來到西安，進入陝西師範大學文學院，開始了新生活。這裡的一切都是新的。經過兩年的磨合，我開始慢慢適應並逐漸喜歡上這裡的工作和生活。承蒙張新科、樊列武、趙學清、蘇仲樂、楊曉斌、李躍力、王同亮諸位老師的關懷與鼓勵，讓我得以心無旁騖地投身於教學科研工作；古代文學教研室的劉鋒燾、吳言生、傅紹良、柏俊才、魏景波、王偉、祁偉、張錦輝、甯雯等老師在我帶隊教育實習和即將赴日訪學期間，承擔繁重的教學任務。在此，向文學院的諸位老師表示真摯的感謝。青年教師周廣幹、郭雪妮、伏奕冰、黃政、張自春、瞿林江、邵琛欣、侯治中、孔軍，我們相互扶持，相互鼓勵，共同努力，共同進步。嚴寅春、許昱、莫尚葭、羅嬋媛、張甯、楊波、方王勇、陳銳、李博、章朋、王頌慶等多年好友，幸好有你們在過往的歲月裡一路相伴，不捨不棄。

　　兩年後，妻子碩士畢業。在此，感謝張新科教授的包容和關愛，讓她得以隨張老師繼續讀博，何其幸哉！因為，我知道，這對她來說是多麼地來之不易。當然，接下來的三年，這即將開始的全新的學習之旅，也給她更多的考驗。而她是堅定的。眼下女兒令識已漸長大，我卻即將遠赴他國訪學十個

月，於她們我多有虧欠。年初，父親突患重度抑鬱症，頓然讓一家人慌亂如麻，好在及時就醫，目前病情已經控制。岳父岳母已年邁，然勤勞一生卻不肯歇息，一在家依舊務農，一於杭州福利院照顧老人。我知道，他們一直呵護著我們。祈禱他們快樂安康，與我們一起共享幸福。

　　拙著得以在花木蘭文化事業有限公司出版，主要得益於博士後合作導師尚永亮教授的極力推薦。同時，也感謝楊嘉樂女士在本書編輯過程中的辛勞付出。即將付梓之時，心中卻愈加惶恐。於此，借用博士生導師吳承學教授關愛青年學者的經典語錄來勉勵自己：

　　　　從容一些，走得更遠。

蔣旅佳於長安文匯樓

2018 年 7 月 6 日